全国高等医药院校
医事法学规划教材
QUANGUO GAODENG YIYAO YUANXIAO
YISHI FAXUE GUIHUA JIAOCAI

医事法学

（第二版）

主　编　蒲　川　王安富
副主编　蒋　祎　罗　秀
编　委　邓　虹　王　萍　田　尧　李晓堰
　　　　冯　磊　孙　雪　张　放　彭艳霞

西南师范大学出版社
国家一级出版社　全国百佳图书出版单位

图书在版编目(CIP)数据

医事法学/蒲川．王安富主编．—重庆：西南师范大学出版社，2008.1
ISBN 978-7-5621-4016-0
Ⅰ．医… Ⅱ．蒲… Ⅲ．王… Ⅳ．医药卫生管理－行政法－法的理论 Ⅳ.D912.101

中国版本图书馆 CIP 数据核字(2007)第 197385 号

医事法学

蒲　川　王安富　主编

责任编辑：李　玲　丁　威
封面设计：王玉菊
出版发行：西南师范大学出版社
　　　　　地址：重庆市北碚区天生路 1 号　400715
　　　　　市场营销部电话：023－68868624,68254350(传真)
　　　　　http://www.xscbs.com
经　　销：全国新华书店
印　　刷：重庆紫石东南印务有限公司
幅面尺寸：180mm×230mm
印　　张：17.5
字　　数：350 千字
版　　次：2020 年 8 月　第 2 版
印　　次：2020 年 8 月　第 2 次印刷
书　　号：ISBN 978-7-5621-4016-0
定　　价：53.00 元

目 录

绪 论 ……………………………………………………………………（1）

第一章　医事法概述 ……………………………………………………（7）
第一节　医事法的概念和特征 …………………………………………（7）
第二节　医事法的基本原则 ……………………………………………（9）
第三节　医事法的渊源 …………………………………………………（11）
第四节　医事法的历史沿革 ……………………………………………（12）
第五节　医事法的作用 …………………………………………………（15）

第二章　医疗行为 ………………………………………………………（18）
第一节　医疗行为的概念及范围 ………………………………………（18）
第二节　医疗行为的特征 ………………………………………………（19）
第三节　医疗辅助行为 …………………………………………………（24）
第四节　临床性与实验性医疗行为 ……………………………………（25）

第三章　医患关系 ………………………………………………………（31）
第一节　医患关系概述 …………………………………………………（31）
第二节　医患法律关系的概念与属性 …………………………………（35）
第三节　医患法律关系的构成要素 ……………………………………（41）
第四节　医方的权利与义务 ……………………………………………（43）
第五节　患方的权利与义务 ……………………………………………（51）

第四章　医疗合同 ………………………………………………………（59）
第一节　医疗合同概述 …………………………………………………（59）
第二节　医疗合同的法律性质 …………………………………………（66）
第三节　医疗合同的法律责任 …………………………………………（71）

第五章 医疗侵权的民事责任（上） (76)
第一节 民事责任概述 (76)
第二节 医疗侵权责任的概念和特征 (79)
第三节 医疗侵权责任的主要类型 (81)
第四节 医疗侵权民事责任的归责原则 (93)
第五节 医疗损害责任的免除 (95)

第六章 医疗侵权的民事责任（下） (99)
第一节 医疗侵权民事责任构成概述 (99)
第二节 医疗侵权行为 (102)
第三节 医疗损害 (103)
第四节 医疗侵权责任中的因果关系 (108)
第五节 医疗过失 (116)

第七章 医疗损害赔偿 (123)
第一节 医疗损害赔偿的概念及原则 (123)
第二节 医疗损害赔偿应考虑的相关因素 (125)
第三节 对直接受害人的赔偿范围 (131)
第四节 对间接受害人的赔偿范围 (135)
第五节 精神损害赔偿 (136)

第八章 医疗侵权诉讼 (138)
第一节 医疗侵权诉讼概述 (138)
第二节 医疗侵权诉讼程序 (144)
第三节 医疗侵权诉讼中的举证责任 (151)

第九章 医事诉讼证据 (159)
第一节 医事证据概述 (159)
第二节 医事证明 (170)
第三节 医事书证 (179)

第十章 医疗损害司法鉴定 (187)
第一节 医疗损害司法鉴定概述 (187)

第二节　司法鉴定机构管理法律制度 ··· (194)

　　第三节　司法鉴定人管理法律制度 ·· (202)

　　第四节　司法鉴定范围与程序 ··· (207)

　　第五节　司法鉴定意见 ··· (211)

第十一章　医疗纠纷预防和处理法律制度 ··· (215)

　　第一节　医疗纠纷预防和处理法律制度概述 ·································· (215)

　　第二节　医疗纠纷的预防 ··· (220)

　　第三节　医疗纠纷的处理 ··· (227)

　　第四节　医疗事故处理法律制度 ·· (232)

第十二章　医疗纠纷第三方调解制度 ·· (240)

　　第一节　医疗纠纷第三方调解制度概述 ··· (240)

　　第二节　医疗纠纷人民调解委员会 ·· (251)

　　第三节　医疗纠纷第三方调解与其他解决方式的衔接 ····················· (256)

　　第四节　医疗责任保险理赔处理 ·· (262)

后　记 ·· (272)

绪 论

一、医事法学的概念和研究对象

(一)医事法学的概念

医事法学,是研究医事法及其发展规律的学科。

人类在改造客观世界的过程中,为了社会和自身的生存与发展,需要调整人与自然、人与社会、人与人之间的关系,包括人的健康与自然界的关系,与社会的关系以及与人类自身的卫生行为之间的关系。这些关系都不同程度地需要运用法律进行调整和规范,由此逐渐产生了大量的医药卫生方面的行为规范。20世纪以来,随着科技的不断发展,医学科学与社会科学逐渐融合,生命现象不再局限于生物学领域,传统的生物医学模式被新的生物—心理—社会医学模式替代。人们开始探讨医学的社会属性,并运用伦理、法律手段规范各种医学活动。在这样的社会背景下,医事法学应运而生,成为医学与法学的一门交叉学科。从医学角度来看,医事法学属于理论医学的范畴;从法律角度来看,医事法学则属于法律科学中有关医药卫生的应用科学范畴。

与医事法学相近的学科名称有卫生法学、医学法学等。在日本和我国台湾地区,医事法学一般被称为医事法。美国则既有"Science of Health Law"又有"Jurisprudence of Medicine",前者强调卫生法律条文,偏重应用;后者则注重对医学中法律原理的研究,更重理论性。而我国内地以前一般称医事法学为"卫生法",论著和教材也多以卫生法学命名,近年则逐渐以医事法学称之。应该说,二者是有区别的。

按照我国台湾学者黄丁全的看法,卫生法学的主要内容是研究卫生法制建设及其发展规律,主要任务是疾病预防、环境卫生改善、保护与增进人体健康,与医事法学的根本目的和任务是一致的。只是由于传统一般沿用卫生法、卫生法规等名称,而不称医事法学。但随着医学不断发展,卫生法学已经不能适应医学模式的转变,而被医事法学所取代。也就是说,医事法学包括了卫生法学,卫生法学已经成为医事法学的一部分。也有学者认为,卫生法与医事法并无本质上的区别,只是注重和强调的方面不同;在实际中,可以按照应用范围的不同,使用不同的名称,如卫生部、WHO等侧重政策指导和应用者可选用"卫生法学",而学校教育、理论学术研究、专业论著则宜选用"医学法学"或"医事法学"。

要区别医事法学与卫生法学,需要正确理解"医事"与"卫生"的含义。"卫生"一词在我国先秦时代即已经出现,最初的含义为养生、保护生命。随着社会的发展,卫生的范围不断扩大,现代意义的卫生是指为增进人体健康,预防疾病,改善和创造符合生理要求的生产环境、生活条件所采取的个人和社会的措施,即为维护人的健康所进行的一切个人和群体的社会活动。卫生的含义有广义和狭义之分。广义的卫生是指有关卫生的一切事项,包括环境保护、环境卫生、生产安全、社会保障等;狭义的卫生则专指卫生法所规范的事项,主要包括公共卫生、医疗保健和健康相关产品等方面。而"医事"一词,也有广义和狭义之分。广义的医事包括临床医学、疾病控制、卫生管理、人口政策、医学科研等一切与医疗有关的事务;狭义的医事则专指医疗活动中的事务,包括医疗活动、医疗业务等。

本书对"医事法"的定义,以狭义上的"医事"为依据,采用"医事"一词概括有关医药卫生的法律事务,并与其他法律事务方面的用语,如"民事"、"刑事"等相呼应。

(二)医事法学的研究对象

医事法学是以医事法规为研究对象,主要研究医药、卫生的法律法规、制度,探讨医事法规的基本理论,分析和阐述近代医学发展中出现的法律问题,从而促进医学科学的发展,保障人体生命健康。

具体来讲,医事法学的研究对象包括:医事法的概念、调整对象、特征、基本原则和体系;医事法的制定和实施;医事法律关系与医事法律责任;医事法的立法和司法实践;医事法律制度,包括公共卫生监督与疾病防治法律制度、医政管理法律制度、医疗技术人员管理法律制度、中医和民族医药管理法律制度、医学教育管理法律制度等,以及现代医学发展中的法律问题。

医学科学的发展,医学新技术的不断应用,将会导致一系列新的社会关系的产生、变化和发展,医事法学的研究领域也将不断拓宽。

二、医事法学和相关学科的关系

(一)医事法学与法学

法学是以法和法律现象及发展规律为研究对象的一门社会学科。医事法学则是以医事法为研究对象的一门法学分支学科。二者之间是一般和特殊的关系。医事法学在法学基础理论的指导下,开拓和发展自己的专门研究领域;法学则可以吸收医事法中带有普遍意义的原则和规律来丰富自己。因此,学习医事法学必须努力掌握法学基本理论知识。

(二)医事法学与医学

医学是研究人类生命过程及防治疾病的科学,属于自然科学范畴,而医事法学则属于社会科学的范畴。但从其使命来看,二者都是为了保护人体的生命健康,因此是相通的,有着必然的联系,主要表现在:

(1)医学的发展对法律思想产生影响和启迪,对传统的法律部门提出了新的问题和挑战,促进了新的医事法规的产生,使医事法逐步形成了自己的结构和体系,形成一个独立的法律部门;医学发展产生的新理论与新成果被应用到医事法立法过程中,使其内容更加科学化。

(2)医事法律为医学的发展创造了良好的社会环境,保障了国家对医学卫生事业的有效管理,形成有利于卫生事业发展的运行机制;运用医事法制可以控制、消除现代医学无序、失控和异化带来的社会危害,促进医学的发展。

(三)医事法学与法医学

法医学是应用医学、生物学、化学以及其他自然科学理论和技术,研究并解决司法实践中有关人身伤亡的各种医学问题的学科。

法医学与医事法学研究的内容都与医学密切相关,并且都与法律密不可分,因此联系很多,如果将法医学进行分类,可以分为基础法医学及应用法医学,医事法学就属于基础法医学中的理论法医学的具体内容。二者的区别主要为:

(1)产生的依据与任务不同。法医学是应法律的需要而产生的,其任务是运用自然科学解决司法实践中的医学问题;医事法学是应医学的发展而产生的,运用法律手段促进医学卫生事业的发展,保障人体生命健康。

(2)研究对象不同。法医学以司法实践中有关人身伤亡和涉及法律的各种医学问题为研究对象,而医事法学则以医事法为研究对象,分别属于医学和法学的分支学科。

(四)医事法学与医学社会学

医学社会学是应用社会学研究方法,研究医学中的社会因素、社会关系、社会问题的学科,其主要研究内容为:人们对疾病的态度、人类疾病的分布情况、人类疾病与社会组织之间的关系、医院组织结构、医疗费用与社会计划、医院中的各种社会角色等。医事法学与医学社会学在研究内容与客体上都有着相似之处,目的都在于通过研究制定相应的社会卫生措施,保护和促进人群身体健康。

(五)医事法学与医学伦理学

医学伦理学是关于医学道德的一门学科。医事法学规范和医德规范都是调整人们行为的准则,其共同使命都是调整人际关系、维护社会秩序和人民利益。医事法体现了医德的要求,是培养、传播和实现医德的有力武器;医德也体现了医事法的要求,是维护、加强和实施医事法的重要精神力量。二者相互渗透,互为补充,相辅相成。它们的不同点主要有:

(1)产生的形式不同。医德是在长期的医事活动中逐渐形成和发展起来的,其形成和发展,是医疗人员长期自我教育、自我训练所呈现的道德意识。和其他道德一样,很难确定其准确的产生时间。而医事法规则是由国家或行政机关按照一定程序制定并颁布,有明确的公布和施行时间。

(2)实现的方式和效力不同。医事法是由国家制定,并由国家强制力保证实施的社会规范,具有普遍的约束力,对违反者的制裁是具体实际的。而医德主要依赖社会舆论、习俗以及人们内心信念的力量来调整和实现,违反者仅仅受到道德或舆论的遣责,是抽象的。

(3)调整范围不同,医德调整的范围要宽于医事法。一般说来,凡是医事法禁止的行为也是违反医德的行为,但违反医德的行为不一定要受到医事法的制裁。

(4)表现形式不同。医事法一般具有确定的性质,表现为成文的法律、法规、规则、办法等规范性文件形式。而医学道德存在于人们的意识和社会舆论中,虽然有一些具体的文字规范,如《希波克拉底誓言》和我国唐代孙思邈的《千金方·论大医精诚》,但一般都不如医事法律有明确的性质和具体的表现形式。

(六)医事法学与卫生政策学

卫生政策学是以卫生政策的制定和贯彻落实为研究对象的一门学科。卫生政策是党和国家在一定历史时期内,为实现一定卫生目标和任务而制定的行为准则。医事法和卫生政策都是建立在社会主义经济基础之上的上层建筑,在本质上是一致的,体现了广大人民群众的意志和利益,都具有规范性,是调整社会关系的行为准则。二者的联系主要表现在:卫生政策是医事法的灵魂和依据,医事法的制定要体现卫生政策的精神和内容;医事法是实现卫生政策的工具,是卫生政策的具体化、条文化、规范化和法制化。

(七)医事法学与卫生事业管理学

卫生事业管理学是研究卫生事业管理工作中普遍应用的基本管理理论、知识和方法的学科。卫生事业管理的方法很多,法律方法仅仅是其中的一种。卫生事业管理的法律方法是运用医事立法、司法和遵纪守法教育等手段,规范和监督卫生组织及其成员的行为,以使卫生事业管理目标得以顺利实现,即卫生法制管理。所以,医事法律规范是卫生事业管理工作的活动准则和依据,具有强制性。

三、学习医事法学的意义

(一)依法治国,建设社会主义法治国家的需要

"依法治国,建设社会主义法治国家"是我国的基本方针。医药卫生事业是社会主义事业的重要组成部分,依法管理医药卫生事业是实现依法治国,建设社会主义法治国家的重要内容。只有加强法治教育,包括医药卫生法治教育,不断提高广大人民群众的法治观念和法治意识,才能实现依法治国,建设社会主义法治国家。

(二)发展医药卫生事业的需要

未来的社会将是法制健全的社会,医药卫生事业的发展需要法律予以保障,逐步走向法制化的道路。医疗卫生机构的设置、各类医疗人员的执业都需要法制管理。因此,对于医疗人员和医学学生来讲,学习医事法学可以丰富自己的知识,拓宽知识领域,了解与专业相关的医事法规,明确自己的权利和义务,增强法律意识,为保护人民身体健康、促进医药卫生事业发展做出贡献。

(三)提高医事行政执法水平的需要

医事行政执法是政府管理社会医事活动的基本方式,是实现预防战略、保护人体生命健康的基本手段。医事行政执法水平的高低,不仅关系到改善社会公共卫生状况、提高社会卫生水平和人民生活质量的问题,而且关系到规范社会市场经济秩序、促进经济发展的问题。因此,提高医事执法水平,需要一支既有专业知识又熟悉医事法律规范的高素质的执法队伍。学习医事法律知识,有助于医事执法人员依法行政,不断提高医事执法水平。

(四)维护公民身体健康的需要

我们的医药卫生事业,是以为人民健康服务、维护公民的健康权利为己任的。学习医事法学,有助于管理者和司法人员正确及时地处理日益增加的医事纠纷,调解医患矛盾冲突,更好地维护公民的健康权利;而对广大公民来讲,通过学习医事法

学,树立医事法治观念,有助于维护自己的合法权利。

四、学习医事法学的方法

(一)理论联系实际的方法

理论与实际结合是马克思主义理论研究的出发点和归宿。医事法学是一门应用性的理论学科,具有很强的实践性。这里的理论,包括医事法学的基本理论和相关学科的基本理论。因此,必须要认真学习医事法学的基本知识,包括法律基本知识,才具备理论联系实际的前提。要密切结合我国医药卫生事业改革和医药卫生法治的实践,在实践中不断检验、发展医事法理论,并同自己的工作、学习相结合。只有广泛地联系和深入地考察社会实际,才能使我们的思路开阔,避免认识僵化,提高运用理论解决实际问题的能力。

(二)历史分析的方法

法是人类社会发展到一定历史阶段的产物,同社会物质生活条件有着密切联系,受一定的社会政治、经济、文化、宗教等社会意识形态的影响。因此,学习医事法学一定要坚持历史分析的方法,以马克思主义的辩证唯物主义和历史唯物主义的世界观和方法论为指导,把对法律现象及法律关系的研究同一定的社会经济关系、意识形态以及医药卫生的发展实际等结合起来,深入研究不同医事法律的产生与发展基础,正确认识医事法学产生、发展的根源和条件。只有这样,才能对医事法学做出科学的说明,揭示其本质与其产生和发展的规律。

(三)比较分析的方法

比较分析的方法是探求和论证某一事物与其他事物的共同点和不同点的学习方法,可以分为纵向比较和横向比较两种方法。纵向比较,就是要了解古今医事法律规范的历史演变,用批判分析的态度借鉴历史。横向比较,就是要了解世界各个国家的医事法制制度和国际医事立法的情况,既要借鉴国外有益的经验,又要去除其不合理的部分,既要避免盲目照搬,又要克服全盘否定,从我国国情出发加以取舍和改造,有分析、有选择地学习和吸收,从而形成和发展有中国特色的医事法学体系。

第一章 医事法概述

学习目标

掌握：医事法的渊源、特征和基本原则，充分认识医事法在保障生命健康权益方面所发挥的重要作用

熟悉：医事法的效力等级及其划分的依据

了解：医事法的基本概念、调整对象和发展历史

第一节 医事法的概念和特征

一、医事法的概念

医事法是指在调整公民生命健康活动中所形成的各种社会关系的法律规范的总称。

医事法有狭义和广义两种理解。狭义的医事法指医事法律，仅指由全国人民代表大会及其常务委员会所制定的各种医事法律。广义的医事法，不仅包括上述各种医事法律，还包括被授权的其他国家机关颁布的从属于医事法律的并在其所辖范围内普遍有效的医事法规和规章，如相关条例、规则、决定、标准、章程、办法等，以及宪法和其他部门法律中有关医事的内容。本书所述医事法即属于广义的医事法。

二、医事法的调整对象

医事法的调整对象，是指各种医事法律规范所调整的社会关系。一般来说，医事法主要调整以下三个方面的社会关系。

（一）医事组织关系

医事法对医事组织关系的调整是指在医事组织活动中，将各级医药卫生行政部门和各级各类医药卫生组织的法律地位、组织形式、隶属关系、职权范围以及权利义

务等用法律条文的形式固定下来,形成合理的管理体系和制度。例如,国务院发布施行的《医疗机构管理条例》调整的就是医事组织关系。

(二)医事管理关系

医事管理活动是国家卫生行政机关根据国家法律规定,对医事相关工作进行的组织、计划、指挥、调节和监督等活动,以期达到控制和消除疾病,提高人民健康水平的目的。在医事管理活动中,医事法调整国家医药卫生行政机关与其他国家机关、企事业单位、社会团体及公民形成的权利义务关系,这是一种纵向的行政关系。它可以表现为医事行政隶属关系,如卫生行政机关和医疗机构的医政管理关系,也可以表现为医事职能管辖关系、医事管理中的行政许可关系、行政处罚关系及行政复议关系等。

(三)医事服务关系

医事服务是指医药卫生行政机关、医疗卫生组织向社会公众提供的医疗预防保健服务、医药卫生咨询、医药卫生设施服务等活动。医事服务关系是一种横向的社会关系,虽然提供服务的主体具有特殊性,但仍然是平等主体之间的权利义务关系。

三、医事法的特征

医事法作为法律体系中新的部门法,其调整对象是围绕人体生命健康权益而产生的各种社会关系,不仅要受到经济、政治、文化、社会习俗的影响和制约,而且要受到自然规律和科学技术发展水平,特别是医药科学技术发展水平的影响。因此,医事法有其独有特征。

(一)科学性与技术规范性

医事法是调整人们各种医药卫生活动的法律规范,因而医事立法必须符合医药科学的基本规律。它的许多具体内容是依据医学(如基础、临床、预防医学)、卫生学、药物学等自然科学基本原理和研究成果制定的,特别是当代科学技术成果广泛引入医药科学领域,使人类对生命科学的探索进入了全新的境界,从而也为医事立法、执法和司法丰富了内容,拓展了领域,奠定了坚实的科学基础。

医事法保护的是人体生命健康,必然要将大量的医药技术规范法律化。也就是说,医事法将直接关系到公民生命健康安全的科学方法、工作程序、操作规范、卫生标准等确定为技术法规,把遵守这些技术法规作为法定义务,从而使公民的生命健康权获得法律保障。

医药卫生工作是一项技术性很强的专业工作,随着科学技术飞速发展,医学诊断和治疗过程以及公共卫生的治理保护过程日益专业化复杂化,更需要用立法来强化医药卫生技术规范。在众多的医事法律规范中,"允许、限制和禁止"、"合法与违法"的界限就是取决于医药卫生技术规程和标准,因而这是两种规范(法的规范与医药卫生技术规范)紧密结合在一起的法律规范,这是医事法有别于其他法律规范的一个基本特征。

(二)综合性和多样性

保护公民的生命健康权益,是一项社会系统工程。不仅涉及人们在劳动、学习、生活中的卫生条件和居住环境的改善,而且涉及社区环境对疾病的治疗、预防和控制;不仅关系到一定区域人口增长与国民经济和社会发展相协调,还涉及国家优生优育和社会保健事业的发展;不仅要处理因医药卫生问题而产生的各种纠纷,还要解决一系列医药卫生质量中的技术问题和物质保障问题等等。其范围广、层次多,这就决定了医事法调节手段的多样性,既需要采用行政手段来调节医药行政管理活动中产生的社会关系,又需要采用民事手段来调整医疗服务活动中的社会关系。

(三)社会共同性

在人类文明不断发展的今天,健康问题已成为当今人类所面临的共同问题。各国政府都在探求解决人人享有健康保健,预防和消除疾病,保障人体生命健康,促进社会经济发展等问题的办法,这在各国医事法中都反映了一些具有共性的规律。世界卫生组织等国际组织制定了诸多国际医事协议、条例和公约,成为国际社会共同遵守的准则,从而推动了国际医事法的发展。这些情况都充分体现了医事法的社会共同性的特征。

第二节 医事法的基本原则

医事法的基本原则,是指贯穿于各种医事法律和法规之中的,对调整、保护人体生命健康而发生的各种社会关系的具有普遍指导意义的准则,是国家医药卫生工作的根本方针、政策在法律上的具体体现。

一、医事法的基本原则

(一)保护公民身体健康的原则

生命健康权是公民的一项基本权利,是法律赋予公民的各种权利中最根本的权利,是享有和实现其他权利的基础。医事法重要的一面就是保护公民身体健康受到侵害后所享有的权利和敦促公民履行侵害他人身体健康所应承担的义务。

(二)预防为主的原则

医事工作要坚持"预防为主,综合治理"的方针,正确处理防病和治病的关系,把防疫工作放在首位,坚持预防为主,防治结合。这是一项综合性的系统工程,必须增强全体公民的预防保健意识,做好疾病预防工作是全社会的共同责任。

(三)国家卫生监督的原则

医药卫生行政机关或国家授权的医药卫生职能部门,对管辖范围内有关单位和个人执行国家颁布的医事法律、法规、条例和标准情况予以监察督导。国家医事监督包括医政监督、药政监督、预防监督和其他有关医事监督。

二、医事法的主要内容

医事法的主要内容分四个部分:第一部分是医事法的基本理论和原则;第二部分是医患关系和医疗行为的基本概念及其法律属性;第三部分是医疗行为产生的各种民事争议,即医疗服务合同关系,医疗侵权民事责任的认定和构成;第四部分是我国现阶段医疗领域的相关管理制度。

(一)医事法的基本理论和原则

主要内容包括医事法的概念及其调整对象,医事法的基本特征,医事立法的历史沿革,医事立法的机构和程序,以及违反医事法的法律责任等。

(二)医患关系和医疗行为

主要内容包括医患关系的基本内容和法律属性,医疗行为的特征及其认定,医患双方的权利与义务。

(三)医疗服务合同关系与医疗侵权民事责任

主要内容包括医疗合同的性质和内容,医疗事故法律制度,医疗侵权行为的构成及其民事责任的承担,医疗损害赔偿的范围及医疗鉴定的法律规定,医疗侵权诉讼的基本程序。

(四)现阶段医疗领域的相关管理制度

主要内容包括医疗机构管理制度、中医药管理制度、医护人员管理制度、医疗器械管理制度等,再就是医疗技术发展中出现的人工生殖技术、基因工程、器官移植、脑死亡及安乐死等现代医学法律问题。

第三节　医事法的渊源

医事法的渊源又称医事法的法源,是指医事法律规范的各种形式。主要包括:

一、宪法

宪法是国家的根本大法,具有最高的法律效力。它不仅是国家一切立法的基础,也是制定各种法律、法规的依据。我国宪法中有关保护公民生命健康的医药卫生方面的许多条款,就是我国医事法的渊源之一,是制定医事法的重要依据,并在医事法律体系中具有最高的法律效力。

二、医事法律

我国现有12部医事法律,都是由全国人大常委会制定的,分别是:《食品卫生法》《药品管理法》《国境卫生检疫法》《传染病防治法》《红十字会法》《母婴保健法》《献血法》《执业医师法》《职业病防治法》《人口与计划生育法》以及《精神卫生法》《疫苗管理法》。此外,刑法、民法、婚姻法、劳动法等法律中也有相关医药卫生方面的条款。

三、医事行政法规

医事行政法规是国家行政机关以宪法和医事法律为依据,针对医药卫生而制定的规范性文件。有两种类型:第一种是由国家最高行政机关即国务院制定的,如《医疗纠纷预防与处理条例》;第二种是由各省、自治区、直辖市人民代表大会及其常委会根据国家授权或为贯彻执行国家法律,结合当地实际情况制定的,为地方性法规,如《重庆市医疗机构管理条例》。

四、医事部门规章

医事部门规章从制定的程序和发布的形式看有三种类型:第一种是由国务院卫生行政部门制定发布的,如《护士管理办法》;第二种是由国务院卫生行政部门与其他部门联合制定发布的,如《精神疾病司法鉴定暂行规定》;第三种是由各省、自治区、直辖市以及各省、自治区人民政府所在地和经国务院批准的较大城市的人民政府,根据医事法律制定的地方规章。

五、技术性规范

技术性规范通常指卫生行政部门以及全国性行业协（学）会制定的各种标准、规程、规范和制度的总称。具有技术性、规范性和可操作性等特征，对医疗活动具有指导和规范的作用，如《临床输血技术规范》《医院感染管理规范》《医院消毒卫生标准》《医院消毒供应室验收标准》《医院感染诊断标准》等。这些标准、规范和规程可分为国家和地方两级。前者由卫生部制定颁布，后者由地方政府医药卫生行政部门制定颁布。这些标准、规范和规程是相当重要的，因为医事法律、法规只对医药卫生管理中的一些问题作了原则规定，而对某种具体行为的认定和把握，则需要依靠标准、规范和规程。所以，从一定意义上说，只要医事法律、法规对某种行为作了规范，那么医事标准、规范和规程就有了相应的法律效力。

六、国际医事条约

国际医事条约是由我国政府与外国政府或国际组织签订的，或批准、承认的有关医事法律法规的国际性条约。它可由全国人大常委会决定同外国缔结医事条约和医事协定，或由国务院按职权范围同外国缔结医事条约和协定。国际医事条约除我国声明保留的条款外，对我国产生约束力，如《国际卫生条例》《麻醉品单一公约》等。

第四节　医事法的历史沿革

一、医事立法沿革概述

（一）我国的医事立法

我国早在2000多年前就有了医事方面的法律规范，散见于各种律书和古籍之中，构成了我国医事法的发展轮廓和演变轨迹。西周的《周礼》记载了我国最早的医事管理制度，包括负责医药的机构、病历书写和医生考核制度等等。周代有世界上最早的病历记录和报告制度，"凡邦之有疾者……则使医诊而治之。死终则书其所以，而入于医师。"（《周礼·天官》）

随着封建法典不断得到完善，医事立法也有了较大发展。《唐律》中就有许多涉及医药卫生的条文，对医师误伤、调剂失误、针刺差错、毒药贩卖、行医欺诈等行为均有刑罚规定，对饮食卫生、卫生管理也有一些规定。宋朝于12世纪颁布的《安剂法》，规定了医务人员人数和升降标准，这是我国最早的医院管理规章。宋法严治庸医，规定庸医伤人致死要施以刑罚；凡利用医药诈财物者，以匪盗论处。

民国时期是我国医事立法专门化、具体化时期。制定了卫生行政大纲和涉及卫生行政、防疫、公共卫生、医政、药政、食品卫生和医学教育等多方面内容的一系列法规。

中华人民共和国成立后，标志着我国的医事立法工作进入了一个新的历史时期。特别是改革开放以来，医事立法工作有了突破性进展。1982年宪法规定发展国家医疗卫生事业，保护人民健康，随着社会主义市场经济体制的逐步形成与完善和医药卫生事业改革的不断深化，医事卫生法制建设的重要性和迫切性日益显著，并为医事立法工作创造了良好的环境。医事立法取得了突破性的进展，进入了医事法空前发展和繁荣的新时期。目前，全国人大常委会制定了12部医事法律，国务院及其所属的卫生健康委员会、市场监督管理总局等国家行政机关也制定发布了大量行政法规和部门规章，各省、自治区、直辖市也结合实际制定了一大批地方性法规或规章。上述规范性文件初步形成了我国的医事法律体系。

（二）外国的医事立法

公元前3000年古埃及就颁布了关于掩埋尸体、排水以及处罚违纪医生、严禁弃婴的规定；公元前二世纪的《摩奴法典》规定，医生出现医疗事故，处以罚金；公元前18世纪的《汉谟拉比法典》中记载医药的条文有四十款，对医术、药物、公共卫生都有详细的规定；古罗马的《十二铜表法》《阿基拉法》等，也有反映奴隶制时代的医药卫生法律的内容。

随着西方资本主义制度的确立，医事立法日趋发展。英国1601年制定的《伊丽莎白济贫法》是近代意义上最早的医事立法，影响达300余年。1848年英国又制定了《医事法》《医疗法》，1859年公布了《药品食品法》，1878年颁布了《全国检疫法》，后又相继制定了《助产士法》《妇幼保健法》等。

美国则于1866年通过了《都会保健法案》，1878年颁布了《全国检疫法》，1902年制定了有关生物制品的法规，1906年颁布了《纯净食品与药物法》，1914年制定了《联邦麻醉剂法令》。

20世纪60年代后期，医事立法得到了迅速发展。世界上许多国家都把医事立法作为贯彻实施国家医药卫生方针政策，实现医药卫生领域重大战略目标的主要手段。虽然各国政治、经济、历史、文化传统有所差异，但都根据各自国家不同时期的任务和存在的医事问题，加强了医事立法。其主要内容涉及公共卫生、疾病防治、医

政管理、药政管理、医疗保健、健康教育、精神卫生等诸多方面。

(三)国际医事立法

近代以来,工业经济的发展,对人类健康和地球生态环境带来较大的威胁,使不同国家的人民迫切地感到需要国际合作来解决人类面临的种种卫生问题,这就促使了国际医事法的出现。

1851年,在巴黎举行的由11个国家参加的第一次国际卫生会议上,产生了第一个地区性的《国际卫生公约》。1905年,美洲24个国家签订了《泛美卫生法规》。第二次世界大战以后,国际医事法发展步伐日益加快,在1948年的《日内瓦宣言》基础上通过了《医学伦理学国家法》。1948年世界卫生组织(WHO)成立后,为了实现其"使全世界人民获得可能的最高水平的健康"的宗旨,把提出将制定国际卫生公约、规划和协定及制定食品、药品、生物制品的国际标准和诊断方法等国际规范,作为自己的任务之一,并编辑出版了《国际卫生立法汇编》,积极推动国家间卫生立法的交流合作。联合国及其他有关机构,也制定了多项与保护人体健康有关的国际卫生条约或形成了有关决议和宣言,诸如《精神药物公约》(1971年)、《儿童生存、保护和发展世界宣言》(1990年)等。

世界卫生组织近年来还加强了对医事立法的研讨,并主持召开了一系列国际卫生立法会议。目前,国际医事法的内容涉及公共卫生与疾病控制、临床医学、职业卫生、人口与生殖健康、特殊人群健康保护、精神卫生、卫生资源、药物管理、食品卫生、传统医学等诸多方面。

一些国际性非政府组织也参与了医事立法的活动。如世界医学会(WMH)制定了一系列世界性的医学原则,如有关人体实验原则的《赫尔辛基宣言》(1964年),有关医学流产问题的《奥斯陆宣言》(1970年),有关死亡确定问题的《悉尼宣言》(1968年)等。

二、我国医事法的发展趋势

20世纪80年代以来,我国医事立法获得了长足发展。形成了以医事法律、卫生行政法规、卫生行政规章、地方性卫生法规规章、卫生标准及技术规程等不同层次、不同形式、具有不同效力的卫生法律规范体系。这个法律体系规范了医事活动的全部过程。

尽管医事法律规范体系尚不完善,但在保护公民身体健康,维护正常有序的医疗工作环境,保障医疗卫生事业的发展,促进医学科学进步,推进国际医药卫生交流与合作等方面都发挥了积极的作用。

医事法的兴起和发展具有鲜明的时代特征。随着人类社会的发展,物质文明和精神文明程度的提高,人类健康受到越来越多的关注,整个社会将十分重视作为基本人权的公民健康权。现代医药卫生科技的发展在给人类健康带来了巨大利益的同时,也带来了不少隐患。法律从没有像今天这样面临着医学科学技术对它提出的挑战,诸如:医药卫生资源的配置,社会模式的转换,人工生殖技术的应用,人体卫生与组织的移植,人体试验,基因工程,公共卫生与人类健康、药品管理、个人生活方式和行为健康等。正因为上述问题关系到全人类的健康和生存,所以需要以法律形式将其纳入规范化轨道。各国先后都根据各自国家不同的情况对卫生问题加强了立法,并把立法作为贯彻实施国家卫生方针政策、实现公民健康重大战略目标的主要手段。这也表明,医事法处理社会公共事务的职能将随着人类社会的发展而日益重要。

我国医药卫生事业正处在改革与发展的新的历史时期,医疗卫生领域在现实发展中产生的许多新的法律问题,需要制定能反映卫生发展规律的法律规范来调整;医学科学技术的广泛应用,需要通过立法来加强管理;医药卫生事业在社会主义现代化建设中的地位和作用,需要国家以法律手段来保障。

第五节　医事法的作用

习近平总书记在2016年召开的全国卫生与健康大会中指出,没有全民健康,就没有全面小康。要把人民健康放在优先发展的战略地位,以普及健康生活、优化健康服务、完善健康保障、建设健康环境、发展健康产业为重点,加快推进健康中国建设,努力全方位、全周期保障人民健康,为实现"两个一百年"奋斗目标、实现中华民族伟大复兴的中国梦打下坚实健康基础。完善医事法律法规体系,对推进健康中国建设发挥着十分重要的作用。

一、保障公民生命健康,促进社会进步

防治疾病,保护人类健康是医药卫生工作的目的。如果不用法律规范来强化医药卫生技术规范,用国家强制力来保证实施这些技术规范得到执行,那么医药卫生工作的这一目标就很难实现。医事法把现代医药卫生工作中的许多技术规范变成了被赋予国家强制力的法律规范,使公民的生命健康权从法律上得到了保障,有助

于健康中国目标的实现。

二、贯彻医药卫生政策，建设医药卫生事业

政府部门通过制定医药卫生政策，规范各级政府的医事工作和人们的医事行为。医事法律把一系列医药卫生工作纳入法制轨道，使医药卫生政策法律化，成为具有相对稳定性、明确规范性和国家强制性的法律条文。医药卫生行政部门和司法机关可以根据医事法律规范的规定，坚持依法行政，切实保护公民和社会组织的合法权益；公民和各种社会组织可以对照医事法律规范的规定，判断和约束自己的医事行为。对一切危害公共卫生和人体健康的行为，能依法受到应有的惩外。可以说，医事法是各级医药卫生管理机关实施医药卫生监督管理工作的法律依据，是国家医药卫生管理职能的重要手段。

三、增强医事法制观念，推动医学科学的进步

医事法律制度的完善，有助于增强人们的法制观念，使政府部门、企事业单位、社会团体、医药卫生组织和公民，明确各自在医事活动中的权利和义务，努力改善和提高卫生条件，对违反医事的行为进行制裁。

医事法是保证和促进医学发展的重要手段。医事法律、法规和规章，使医药卫生事业从行政管理上升为法律管理，从一般技术规范和医德规范提高到法律规范，为医学科学的进步和发展起到强有力的法律保障作用。随着新的科学技术不断应用到医学领域中来，当代医学科学也向医事立法提出了一系列新的课题。例如，人工授精、试管婴儿、安乐死、脑死亡、人体器官与组织的移植、克隆技术等问题，都需要法律作出明文规定，用法律手段加以调整。

四、促进国际医事交流和合作

随着全球一体化进程的不断加速，各国的交流不断深化，我国与国外涉及的医药卫生事务更加宽泛和复杂。为了预防传染病在国际传播，维护我国主权，保障彼此间权利和义务，我国颁布了《国境卫生检疫法》《外国医师来华短期行医暂行管理办法》等一系列涉外的医事法律、法规和规章。为了推动世界医药卫生事业的发展，我国政府正式加入了《国际卫生条约》，参加缔结了《麻醉品单一公约》《精神药物公约》等一系列国际条约。在医事立法上，我国还注意与有关的国际条例、协约、公约相协调，既维护国家生权，保护人体生命健康，又履行国际的义务。

思考与练习题

1. 医事法的概念是什么?
2. 医事法的基本特征是什么?
3. 医事法的作用是什么?
4. 医事法的渊源包括哪些?

※第一章　医事法概述

第二章 医疗行为

学习目标

掌握：医疗行为的定义、分类及特征；临床性医疗行为和实验性医疗行为的定义
熟悉：实验性医疗行为的原则；医疗辅助行为的涵义，医生指示的范围
了解：日本和我国台湾地区关于医疗行为定义的学说

医疗损害是由医疗行为造成的，没有医疗行为就不会有医疗损害的发生。在追究医师的医疗损害的赔偿责任时，必须确认其医疗过失行为是否存在，因此有必要对医疗行为作界定，即确定医疗行为的内涵及外延。此外，在认定医疗过失时必须考虑医疗行为的特殊性，以及临床性和实验性医疗行为的不同标准和注意义务，如此才能公正合理地处理医疗损害事件，既能保护患者的权益，又能促进医疗科学技术的进步。

第一节 医疗行为的概念及范围

一、医疗行为的概念

医疗行为，是指医务人员对患者疾病的诊断、治疗、预后判断、疗养指导等具有综合性内容的行为[1]。

依据医疗行为的目的，可分为诊疗目的性与非诊疗目的性医疗行为。

诊疗目的性医疗行为是指以目前疾病治疗及将来疾病预防为目的所实施的医学上公认的、合乎医学水准的医疗行为，如实施的诊断、检查、手术等。

非诊疗目的性医疗行为，是指实验性医疗行为和非以疾病的治疗或预防为目的的医疗行为。前者如人体试验等，后者如以整形为目的的整形手术、变性手术等。

---

[1] 柳经纬，李茂年．医患关系法论．北京：中信出版社，2002.14

依据医疗行为的疗效,可分为临床性医疗行为和实验性医疗行为。

临床性医疗行为是指医疗方法或者医疗技术,经动物或人体实验证实其疗效,为医学上公认的医疗行为。

实验性医疗行为是指新的医疗方法或技术已于动物实验获得成功,初期试用于人类伤病之治疗、矫正、预防,但其疗效还未被证实或者无完全成功把握的医疗行为。

二、医疗行为的范围

在我国台湾地区,对于医疗行为的界定有狭义和广义之分。狭义的医疗行为是:"凡以治疗、矫正或预防人体疾病、伤害残缺或保健为直接目的所为之诊察、诊断及治疗或基于诊察、诊断结果,以治疗为目的所为之处方或用具等行为之一部或全部之总称,为医疗行为。"[1]但是实验性医疗、新的不具治疗性医疗技术等医学实践的发展,已大大超越以诊疗为目的的传统见解,对狭义的医疗行为定义提出了挑战。广义的医疗行为包括以下四种类型:临床型医疗行为、实验性医疗行为、诊疗目的性医疗行为、非诊疗目的性医疗行为。[2]

在日本,存在"医疗行为"和"医行为"两个不同的概念。"医疗行为"是以疾病的预防、患者身体状况的把握和疾病原因以及障害的发现、病情分析和障害治疗以及因疾病而引起的痛苦的减轻,患者身体状况及精神状况改善为目的的对身心所做的诊察治疗行为。[3] 即"医疗行为"具有诊疗目的"医行为"是若欠缺医师的医学判断及其技术,则对人体会有危害的行为。即"医行为"并不仅强调诊疗目的。

由于近代医疗科技的发展,使许多医疗相关行为已然超出以诊疗目的为基础的狭义医疗行为定义的范畴。因此,本书认为将定义扩大,把非诊疗目的性的医疗行为纳入其中,更符合医学的目的性要求和保全患者合法权益。

第二节 医疗行为的特征

医疗行为是民事法律行为,具有民事法律行为最基本的特征,即是有目的性、达

---

[1] 龚赛红.医疗损害赔偿立法研究.北京:法律出版社,2001.2
[2] 龚赛红.医疗损害赔偿立法研究.北京:法律出版社,2001.3
[3] 柳经纬,李茂年.医患关系法论.北京:中信出版社,2002.14

到一定民事法律效果的、以意思表示为要素的、具有法律约束力的合法行为。同时，由于医疗行为由人发出，又由人接收，医疗行为能否实现其目的由医疗发展水平、医务人员的技术水平以及患者的具体情形所决定。因此，医疗行为有其自身的特征，有别于人类其他社会活动。

一、医疗行为具有一定的人身侵害性

医疗行为常常伴随对患者身体产生侵袭的结果。无论是造影、穿刺、抽血等临床检查，还是注射、手术等行为，都具有一定的侵害性。从形式上看，似乎与伤害并无不同。但是，在法律上，医疗行为与伤害却有着本质的区别。医疗行为的目的在于挽救患者的生命或使患者恢复健康，或是维护患者其他的利益，这种行为具有违法阻却的性质，依据有二：第一，被害者同意说。医疗行为阻却违法的核心在于患者的同意，患者享有身体的自我决定权，在知情的前提下同意医务人员采取治疗行为对其身体造成一定程度的侵害，是患者行使自我决定权的结果；第二，医疗目的正当说。医疗行为的目的是增进健康、预防疾病、减轻伤痛、促进机体恢复，具有"社会正当性"，从社会公益和大众健康出发，医疗行为应被视为阻却违法。因此，法律允许医疗行为在一定限度内侵害个体利益。

二、医疗行为的高度专业性

在现代社会，随着社会分工的日趋精细，知识结构也日趋专门化。人们在处理涉及专门知识的事务时，基于自身专业知识的欠缺，就必须要求助专家（如医师、律师、会计师、建筑师）。一个专业人员至少有以下特征：在某特定领域中具有足够的知识与技术；持续训练其专业之谨慎与判断；显著与其他专业不同之心智活动特性；专业活动之结果与特定时期无法被标准化[1]。在医疗领域中，医疗行为的高技术、高风险性，医学学科的专门性、复杂性、综合性，要求从业者必须经过专门的教育培训，经过严格的考试取得从业资格。例如在美国，完成4年的医学院校教育以后，医学生进入毕业后医学教育阶段，毕业后医学教育都是在医院里进行的。这个阶段的长短由所学专业决定，时间从3~7年不等。在这个阶段，医学生的身份将完成从实习生到住院医师再到正式医师的转变。在学习中，医学生担负着照顾病人的职责，同时还是医疗过程的主要参与者。学习以外，他们还要承担低年级医学生和年轻住院医师的部分教学任务。毕业后医学教育要对学生以下6个方面进行考核：病人关

---

[1] 刘永弘. 医疗关系与损害填补制度之研究. 台北：东吴大学. 1996

爱、医学知识、人际交流、职业精神、基于实践的学习和基于系统的实践。同时,本阶段的医学生要接受高级住院医师和主治医师的考核,考核内容包括病历书写和病例处理。此外,还要参加美国医师执照考试并获取医师执照。在成功地完成了住院医师阶段的学习以后,如果医学生通过了专科委员会组织的考试,那么,就可以获得专科委员会证书。每7～9年,专科委员会要对证书持有者进行再次审核,以决定该证书是否仍然有效。

医师的专业性并不仅仅体现在对疾病做出诊断,医师在借助各种检查、检验手段时,对这些检查、检验手段的适用范围、准确率的了解及结果的判读都需要专门知识。同时,疾病治疗所需要的药物或手术,医师对其适应性、副作用、并发症、后遗症的了解和选择,也需要专门知识。因此,医师执业是一项高度专业性的职业。不具有相应资格的人员擅自从事诊疗活动,即使客观上也确实具有一定疗效,但因其不具备行医主体资格,其行为不能归入法律意义上的医疗行为,情节严重的可构成非法行医罪。

三、医疗行为的不确定性

医疗行为的不确定性首先表现为医疗行为的高风险性。虽然现有的医疗行为建立在长期总结治疗经验和反复科学实践的基础上,已具有相当程度的适用性,但医务人员在尽了注意义务的情况下,由于患者的个体差异,仍有可能发生危险。如青霉素的使用,甚至有的患者在进行过敏试验的过程中就过敏性休克死亡。又如,药物治疗对先天性胆道闭锁完全无效。在未进行肝脏移植前,须进行引流胆汁的卡赛氏手术,而此手术能改善黄疸的几率有九成,但能长期维持肝功能健康者只占一半,而哪些患者属于另一半,医师事前不能判断[1]。所以,英国民事责任和人身赔偿皇家委员会认为:在医生与其病人之间有一种特殊的、几乎是独特的关系,在医疗方面做出的决定包含有某些风险,有时是灾难性的,甚至是致命性的风险[2]。

医疗行为的不确定性还表现为医疗行为的探索性[3]。受限于人类的科技水平和认识能力,在生命科学领域中还存在许多谜团,例如我们至今还不完全了解自己的疾病发生是否与人类的基因缺陷或突变具有决定性关联,仍然不清楚外界因素及药物对人体细胞、器官作用的综合性影响等。此外,人类对疾病的认识只有在病情发

---

[1] 刘永弘. 医疗关系与损害填补制度之研究. 台北:东吴大学.1996
[2] 安迪·卡恩. 英国法院审理医疗过失事件的某些新近的趋向. 莱夫译. 法学译丛.1987.2
[3] 蒲川. 医疗侵权行为法研究. 成都:电子科技大学出版社,2006.4

生并达到一定的数量后,才能依据观察的结果和经验加以统计分析,做出初步判断。这些因素都决定了人类对自身的了解在很大程度上是跟随疾病的出现而被动地进行的。同时,在治疗过程中,疾病的诊断是从已知的病情资料中推断其可能患有的几种疾病,再将几种疾病作鉴别诊断,初步确定后拟订治疗方案。随着患者症状及病情的变化,医师须适时调整治疗方案。就治疗效果而言,医疗行为应以诊疗时一般加以承认的医学专业修养为标准,但由于个体差异,即使以公认的治疗标准加以诊疗,其疗效仍然会有差距。

四、医疗行为的自主性和合作性

医疗行为的自主性,是指医师所做的医疗行为,依靠自己的知识与经验而独立判断并实施,不受他人干涉。

一方面,自主性存在于医务人员之间。一般来说,医师不批判其他医师所做的医疗行为,也不接受来自别人对自己的医疗行为的批判[①]。按照现在医师培养训练体系,主治医师负责个案整体医疗计划,并对结果负责,住院医师在主治医师的监督下进行实际操作,在一定范围内有决定权,实习医师必须在主治医师或者住院医师的指导和监督下进行实际操作,为一定范围的医疗行为,因此可以看出,住院医师和实习医师都不具有完全的自主性。

另一方面,自主性也存在于医患之间。由于接受医疗行为的人多不具备足够的医学知识,所以传统上认为医师可以决定有利于患者的措施。随着社会文明程度的提高和医学知识的普及,患者在医疗活动中的参与度逐渐增高,尊重患者的自主权成为医学道德的重要原则,即改变患者弱者、从者的地位,使患者在医患关系中以平等的地位接受治疗,以杜绝牺牲患者生命或健康为代价的所谓医疗试验。因此,医师有义务尊重患者的自主权。但患者的自主权不是绝对的,是有条件的:第一,它建立在医师为患者提供适量、正确且患者能够理解的信息基础之上;第二,患者有自主能力,且其自主决定须经过深思熟虑;第三,患者的自主决定不危害社会和他人的利益。因此,在以下场合,医师的自主性是适宜的:面对丧失或缺乏自主能力且需要急救的病人,无法与其家属取得联系的;患者的病情十分危急,来不及与患者或家属商讨的;对传染病人进行隔离的;对患者有危害社会安全或他人生命健康的企图是否

---

①龚赛红.医疗损害赔偿立法研究.北京:法律出版社,2001.15

保密等①。我国《侵权责任法》第五十七条的规定"因抢救生命垂危的患者等紧急情况,不能取得患者或者其近亲属意见的,经医疗机构负责人或者授权的负责人批准,可以立即实施相应的医疗措施。"就是对特殊情况下医师行使自主权予以的法律保障。

医疗行为的合作性也体现在两个方面。其一,医疗人员之间的合作。在现有医学条件下,几乎没有一个医师可以不依靠其他卫生技术人员的配合就能独自完成疾病的诊疗工作。其二,医患之间的合作。1956年,美国社会学家萨斯和荷伦德根据医师和患者的地位、主动性大小,首次将医患关系分为三种类型:主动—被动型、指导—合作型、共同—参与型②。主动—被动型是传统的医患关系模式,指导—合作型是现代医患关系的基本模式,共同—参与型是现代医患关系的发展模式。在现代医学模式下,医师对病患的疾病病因、诊断方法、治疗原则以及疾病可能的预后等向其说明,并取得患者的同意或否决,同时,医师的诊断和治疗需要患者的协力,患者须真实陈述病症状况,配合检查、检验、治疗,遵守医嘱,以达到最佳医疗效果。

五、医疗行为的公益性

医疗机构的宗旨是救死扶伤、防病治病、为公民的健康服务。1997年1月国务院《关于卫生改革与发展的决定》明确指出,我国卫生事业是政府实行一定福利政策的社会公益事业,政府对发展卫生事业负有重要的责任;卫生改革要坚持为人民服务的宗旨,正确处理社会效益与经济效益的关系,把社会效益放在首位,要以提高人民的健康水平为中心,优先发展和保证基本卫生服务,体现社会公平。我国的《执业医师法》第3条规定"医师应当具备良好的职业道德和医疗执业水平,发扬人道主义精神,履行防病治病、救死扶伤、保护人民健康的职责。"《执业医师法》第28条规定"遇有自然灾害、传染病流行、突发重大伤亡事故及其他严重威胁人民生命健康的紧急情况时,医师应当服从县级以上人民政府卫生行政部门的调遣。"法律法规及文件对于医疗机构和医师的相关规定,正是医疗行为具有公益性的表现。

---

①李本富.病人自主性与医师自主性的关系.健康报.1999.9.18.转引自龚赛红.医疗损害赔偿立法研究.北京:法律出版社,2001.10
②黄丁全.医事法.北京:中国政法大学出版社,2003.229

第三节　医疗辅助行为

一、医疗辅助行为的含义

医疗辅助行为是指除了医师应当亲自执行的诊断、处方、麻醉、手术、病历记录以外,在医师指导或指示下由其他医务人员(如护理人员、实用医师)所做的医疗行为。[①]

医疗辅助行为的范围极为广泛,以护理人员为例,包括如下业务:侵入性检查的护理;侵入性治疗、处理的护理;各项手术全程护理;分娩全程护理;加护病房、急诊室病人全程护理、住院病人、暂留病人口服药物的投与;生命征象监视仪器的监测;住院病人生命征象的测量与评估;等等。除了传统的业务,随着医疗技术的发展,不断涌现出新的业务,给护理人员提出了更高的要求。如胸外科围手术期呼吸功能训练,功能性鼻腔鼻窦内窥镜手术的护理,多胎减胎术后病人的心理护理,等等。

二、医师的指示

医疗辅助行为须在医师的指示下进行。它包括两方面:一是事前的指示,或者在医疗行为进行过程中,医师在医疗现场监督时的指示,其他医务人员必须按照医师指示执行医疗辅助行为;二是医师在医疗过程中负有指挥监督的责任,若其他医务人员完全遵照医师的指示,或认真观察病患的病情,将结果如实报告医师,而医师不予理睬,不做具体指示,造成损害后果,由医师承担应有的责任。

在现实生活中,不一定所有的医疗行为都需医师的指示而进行,如遇急危病患,必要时须先行给予紧急救护处理。例如我国台湾地区《护理人员法》第 26 条就规定,护理人员遇危急病患,并于联络医师后医师仍不及时处理时,即须依其各自的医学常识在技术允许的范围内,实施紧急救护处理。

三、指示方法

学界和实务界对于医师的指示的方式均无统一看法。有观点认为医师的指示方式不一,无论是明示或默示、书面指示或口头指示,都属于指示的范围,换言之,只要医师发出意思表示并让其他医务人员充分了解即可,并无必要守在现场对所指示

[①]黄丁全.医事法.北京:中国政法大学出版社,2003.83

的事项进行监督。对此解释的看法,在日本医务行政上,厚生省仅称指示不以书面形式为必要,医生的指示应依据具体情况具体分析。

医疗行为事关病患的生命安危,应以明示为必要,如果按照默示的方式,可能会发生误解医师指示以致发生危险的情形。若医师指示的医疗辅助行为有高度危险性时,医师须在场监督,以维护安全。如果已经过医师诊断并确定病名,开始治疗,且确定了以后的治疗方法、药剂的投与,而该病症的治疗客观上只需依医师的指示内容执行即可时,医疗辅助人员可以继续依照指示进行治疗护理,即医师不必寸步不离的守着患者。

四、指示不明确

医师的指示必须明确可行,如果指示的内容模糊不清,其他医务人员有义务询问发出医嘱的医师,请求确认,如我国台湾地区《药师法》第16条规定,药师受理处方时,如有可疑之点,应询明原处方医师确认后方得调剂。医师如对不明确的医嘱拒绝修改或确认时,应向上级医师报告,请求协助。

第四节　临床性与实验性医疗行为

一、临床性医疗行为与实验性医疗行为的涵义

(一)临床性医疗行为

临床性医疗行为是指医疗方法或者医疗技术,经动物或人体实验证实其疗效,为医学上公认的医疗行为。[1] 疾病的检查、诊断、治疗、手术、麻醉、注射、给药以及处方、病历记录、术后疗养指导,中医的望、闻、问、切、针灸、推拿等,都属于临床性医疗行为。

临床性医疗行为是医学上公认的医疗行为,也就是要受到当时医学技术发展水平的限制。例如,患者下肢感染某种细菌,在当时没有杀灭这种细菌的药物,为了防止细菌扩散,保护患者的生命,医师对患者实施下肢截肢,这种行为就视为当时公认的医疗行为。而随着医疗技术的发展,有了杀灭该菌的药物,如果医师仍对患者实施截肢治疗,这种行为就不是正当的医疗行为。因此,在论断医疗行为的责任时,不

---

[1] 黄丁全. 医事法. 北京:中国政法大学出版社,2003.83

能违背客观的医学公认的标准,仅凭主观意志状态判断。

(二)实验性医疗行为

实验性医疗行为是指新的医疗方法或技术已于动物实验获得成功,初期试用于人类伤病之治疗、矫正、预防,但其疗效还未被证实或者无完全成功把握的医疗行为。[①]

有学者把实验性医疗行为分为研究性实验医疗行为和治疗性实验医疗行为两类,前者以科学研究为目的,对自愿接受者实施新的医疗方法或新的医疗技术,后者则完全以治疗疾病为目的。

1. 治疗性实验医疗行为

1996年版本赫尔辛基宣言对于治疗性实验医疗行为的规定:(1)在病人的治疗中,医师若判定一种新的诊断或治疗方法有望于挽救生命、恢复健康或减轻病痛时,必须不受限制地应用此种方法。(2)对一种新方法的可能价值、危险和不适,均须与现有的最佳诊疗方法的优点作比较。(3)在任何医学研究中,对每一医病人,包括对照组中的病人,应该保证提供现有业已证实的最佳诊疗方法。(4)病人拒绝参加研究绝不影响医师与病人的关系。(5)如果医师认为不必取得知情同意书,此建议的特殊理由必须在试验计划书中阐明,并转呈独立的伦理委员会。(6)医师可将医学研究与目的在于取得新的医学知识的医疗措施相结合,但仅限于该种医疗措施对病人已被证实具有可能的诊断或治疗价值时才可进行。

治疗性临床医疗行为又可以分为药物临床试验、治疗技术临床试验、医疗器械临床试验等。

2. 非治疗性(研究性)实验医疗行为

对于非治疗性医疗行为,1996年版赫尔辛基宣言也有明确的规定:(1)在人体进行的纯学术型医学研究中,医师的责任始终是保护受试者的生命与健康。(2)受试对象应为志愿者,可为健康人,试验计划与疾病无关,必须得被试验人之同意。(3)如研究者或研究组判断继续进行试验将对受试者造成损害时,即应停止研究。(4)对人体试验而言,科学上的或社会的利益绝不应优于受试者健康被考虑。

2000年,赫尔辛基宣言进行第二次大幅修改后,取消了治疗性和非治疗性试验的区分,使修订后的赫尔辛基宣言更符合医学研究的现实,不再将实验性医疗行为作治疗性和研究性的区分。

---

① 黄丁全. 医事法. 北京:中国政法大学出版社,2003.83

二、实验性医疗行为应遵循的原则

医师在做出实验性医疗行为时,被公众充分讨论的是"知情同意",即尊重受试人员的自主意志。其次是不伤害原则,即善行原则,它作为医疗实践中的一条普遍性原则,源于古希腊医师希波克拉底。由于医疗活动的风险性,受试人员所要冒的风险和更大多数人的利益构成冲突,但仍应遵循"不伤害"优先于"利益"的原则。最后,遵循公平原则。在医疗实践上,违背公认的基本道德原则的事例时常发生。①

(一)自主原则

纽伦堡审判中揭露了纳粹医生强迫受试者接受不人道的野蛮实验的大量事实,在审判后通过的《纽伦堡原则》中规定:"人类受试者的自愿同意是绝对必要的","应该使他能够行使自由选择的权利,而没有任何暴力、欺骗、欺诈、强逼、哄骗以及其他隐蔽形式的强制或强迫等因素的干预","应该使他对所涉及的问题有充分的知识和理解,以便能够作出明智的决定。"这要求在受试者做出决定前,使他知道试验的性质、持续时间和目的,进行试验的方法和手段,可能发生的不方便和危害,他的参与对他的健康和个人可能产生的影响,即要遵循自主原则。

尊重自主原则包括两个方面:承认自主权和保护丧失自主能力的个人。

尊重自主权是尊重有自主能力的个人的意见和选择。只要他没对别人造成危害,就不能妨碍他的行动。对有自主能力的个人的不尊重指的是否定个人熟思后的看法,剥夺他按这些想法去做的自由,以及毫无理由地扣留对他做决定有用的信息。然而,有些人由于疾病、精神、年龄或自由受限制的处境而全部或部分丧失自主能力。对于这部分完全或部分丧失自主能力的人提供保护的程度应取决于伤害的概率以及所受益处的可能性。

(二)善行原则

人类不断在冒险中重新安排和改变环境,以保证健康,创造更好的生活。在冒险的实验性医疗行为中,我们不可能有超强的洞察力知晓所有伴随而来的危险,因此,为减少遗憾必须尽可能地保留较多的选择,这就意味着在人体试验时,选择不那么激进,甚至更为保守的方式。首先就是善行原则,即不伤害原则。不伤害原则早在希波克拉底时就成为医界的格言,是医界长期以来普遍接受和遵守的基本道德原则。伯纳德把这一原则延伸到研究领域,声称不管有多大好处也不应伤害人。对善

---

① 黄丁全. 医事法. 北京:中国政法大学出版社,2003.83

行的执行不仅牵涉到个别试验工作者,也涉及整个社会,因为它将二者与具体试验项目及整个试验领域联系了起来。就具体来说,试验工作者以及成员必须事先筹划,以便最大限度增加益处,减少试验可能带来的危险。就整体来看,人们必须认清由于知识进步以及医学、心理治疗和社会程度的发展而带来的较长期的利益和危险。

(三)公正原则

谁应享受试验结果带来的好处,谁应承担试验的责任？这是一个平等公正的问题。早前一项关于如何以更便宜的方法来防止艾滋病毒从孕妇传到胎儿的研究便是最佳的例子。该项研究在象牙海岸、乌干达、坦桑尼亚、多米尼加、泰国、埃塞俄比亚等国家进行,研究对象高达17000人。研究人员一方面给部分带有艾滋病毒的孕妇试用各种测试疗法,而其他带菌孕妇则只服用无效对照剂。其实医学界已确知有疗法可降低母婴传染率,不过研究人员认为以无效对照剂作为对照测试能得出最可靠的答案。无可否认,有数百名婴儿在没有药物协助的情况下不必要地感染了病毒。现实中,在发展中国家进行的研究甚少会用来帮助发展中国家的人,因为,这些贫穷的国家政府根本承担不了这些药品的费用,到头来受益的还是发达国家。例如艾滋病疫苗是以非洲穷困的病人进行人体试验,成功的疫苗却只用于北美富有的同性恋者,这就明显的违反了公正原则。

执行公正原则要平等对待双方。谁是不平等的一方？怎么证明不平等？有以下五条公认的能合理分布责任和利益的公式为证:(1)每人平分;(2)根据个人需要;(3)根据各人的努力;(4)根据每人对社会的贡献;(5)每人的功绩[①]。

三、实验性医疗行为的类型

按照实验对象的不同,可以将其分为药物临床试验、医疗技术临床试验、医疗器械临床试验等。

(一)药物临床试验

按照《药物临床试验质量管理规范》的定义,药物临床试验是指任何在人体(病人或健康志愿者)进行药物的系统性研究,以证实或揭示试验药物的作用、不良反应及试验药物的吸收、分布、代谢和排泄,目的是确定试验药物的疗效与安全性。

药物临床试验是新药研发中的必经阶段,是新药疗效和安全性评价的不可替代

---

① 黄丁全．医疗 法律与生命伦理．北京:法律出版社,2004.257

的环节，也是药品监督管理部门进行新药评审的重要依据。为了减少试验风险，保障受试者的生命安全，药物临床试验分为四个阶段：一期，包括初步的临床药理学、人体安全性评价试验及药代动力学试验，为制定给药方案提供依据；二期，治疗作用初步评价阶段，其目的是初步评价药物对目标适应证患者的治疗作用和安全性，也包括为三期临床试验研究设计方案和给药方案的确定提供依据；三期，治疗作用确证阶段。进一步验证药物对目标适应证患者的治疗作用和安全性，评价患者受益与风险关系，最终为药物注册申请的审查提供充分的依据，试验一般应为具有足够样本量的随机盲法对照试验；四期，为新药上市后由申请人进行的应用研究阶段，其目的是考察在广泛使用条件下的药物的疗效和不良反应，评价在普通或者特殊人群中使用的受益与风险关系以及改进给药剂量。

（二）医疗技术临床试验

广义的医疗技术是指用于卫生保健领域和医疗服务系统的特定知识体系。狭义的医疗技术指医疗机构及其义务人员以诊断和治疗疾病为目的，对疾病做出判断，为消除疾病、缓解病情、减轻痛苦、改善功能、延长生命、帮助患者恢复健康而采取的诊断、治疗措施和方法。

随着医学科学的快速进步，医疗新技术层出不穷，在临床上应用日渐广泛，但也带来了一系列的伦理和法律问题。医疗新技术的不断创新是医学进步的产物，这种进步又必然伴随着风险。人类受已有知识的限制，对医学新技术的评估可能阻碍医疗技术的进步，这就意味着在控制风险的同时可能丢失机遇。如：骨髓移植技术发展早期，化学疗法和骨髓移植的效力是有限的，后期的良好效果是因为医生通过重复的临床试验使这些技术更加安全和有效。但在技术发明的早期，如果介入技术准入、评估机制，会带来何种结果？是否会因为当时的规制而限制新技术的发展也是一个矛盾的综合体。所以，在保障患者权利的同时，需要平衡风险控制与医疗技术的进步。

（三）医疗器械临床试验

医疗器械临床试验，是指获得医疗器械临床试验资格的医疗机构对申请注册的医疗器械在正常使用条件下的安全性和有效性按照规定进行试用或验证的过程。目的是评价受试产品是否具有预期的安全性和有效性，分为医疗器械的临床试用和临床验证。

思考与练习题：

以下是二则有关医师不在时的医疗辅助行为造成患者损害的案例分析。

1. 医师因外出应诊,忽有一女童病患前来求诊,护理人员漫不经心地将链霉素及葛林根混合液 2.7CC 注射于女童之臀部,女童休克,不久死亡。判决认为护理人员未经医师指示,也未确认安全性,便将上述抗生物质注射女童臀部,导致女童休克死亡,应负刑事责任(参照日本判例时报二五九号第三十二页,日本熊本简略式昭和四十六年四月八日判决)。

2. 一男病患,曾来医院治疗腰疼。某日趁来医院探望朋友之便,强烈要求给予治疗腰疼,当时医师不在,护理人员按照以前的病历记载及经验,将依尔卡皮林(保春松、氨基比林、硅酸镁、氢氧化铝凝胶复合制剂)3CC 注射于臀部上方四分之一的部位,病患因此坐骨神经麻痹,引起步行障碍。判决认为,护理人员注射依尔卡皮林部位正确,方法适当,且从患者臀部的脂肪组织、肌肉组织的发达状况,判定注射亦不容易浸润坐骨神经,否定护理人员有过失,并否定注射行为与坐骨神经麻痹有因果关系,驳回病患损害赔偿之请求(日本千叶地院昭和五十六年九月二十五日判决)。

按照我国台湾学者黄丁全先生的理解,上述医疗行为未经医师指示,护理人员毫无疑问应承担相关责任,但该治疗行为凭借护理人员的医学知识及经验并非没有实施的能力,实施时又已经尽到了应尽的注意义务,不仅注射部位正确、方法适当,且结果与注射并无因果关系,故不存在医疗过失责任。同时,上述情形纵然经过医师的指示,以同一方法仍将产生统一结果,属于偶发事故,故视为不可抗力。

(1)对比以上二则案例,医师因出差或外出应诊不在医院时,应由医师指示才能进行的医疗行为,医疗辅助行为人员可否不经医师指示而独立执行?

(2)医师指示之后,医疗辅助人员依其指示进行医疗辅助行为。但由于在继续实施医疗辅助行为过程中,医师不在,或者不能继续做出指示行为,医疗辅助人员能不能继续依照以前的指示做出相应医疗行为?

(成都医学院 罗秀)

第三章 医患关系

学习目标

掌握：医患法律关系的概念及构成要素；医方和患方的权利和义务
熟悉：医患关系的概念及特征；医患法律关系的属性
了解：医患关系的类型；医患关系的现状和原因

第一节 医患关系概述

一、医患关系的概念及特征

医患关系是在医疗过程中医方与患方之间形成的社会的、心理的、伦理的、经济的、法律的等多方面关系的集合体。其基本特征如下：

(一) 医患关系是在医疗过程中形成的

医患关系主要形成于医患双方围绕疾病进行的诊断、治疗、手术、护理、预后判断以及疗养康复等以诊疗为目的的医疗过程中，还形成于对无疾病的患者进行疾病预防和身体矫正等以非诊疗为目的的医疗过程中，如预防接种、医疗美容整容、变性手术、体格检查、无痛分娩、人工授精、妊娠中止、试管婴儿、人工流产等。在医学上，诊断是指由医学角度对人们的精神和体质状态作出的判断，不仅包括对病人所患疾病的判断，对正常人的健康状态、劳动能力和某一特定的生理过程（如妊娠）的判断也属诊断的范畴。诊断过程一般包括问诊、检查、观察以及说明四个阶段。治疗是指解除病痛所进行的活动，也包括单纯的营养、保健活动。护理是指帮助病人或健康人保持、恢复、增进健康的医疗技术服务。总之医患关系是在疾病的预防、诊断、治疗、护理以及对身体的矫治等医疗过程中形成的。

(二) 医患关系建立在医方和患方之间

目前，对于医患关系中的"医方"的理解和定义主要有三种观点：一是根据《医疗

事故处理条例》的规定,指出"医方"指医疗机构及其医务人员。二是认为"医方"指进行诊疗、护理等医疗活动的医务人员,包括医护人员、医疗技术人员、医务行政管理人员等。三是将"医方"仅限于医师,即《执业医师法》第二条所规定的执业医师和执业助理医师,指依法取得执业医师资格或者执业助理医师资格,经注册在医疗、预防、保健机构中执业的专业医务人员。虽然在医疗活动中患者直接接触的是具体的医师、药师、护理人员、医疗技术人员、医务行政管理人员等,但是他们作为医疗机构的工作人员,在医疗活动中,其行为代表医院,行为的后果也由医院承担,因此,医患关系中的"医方"不仅包括医务人员,还包括其所属的医疗机构。医疗机构是指根据《医疗机构管理条例》和《医疗机构管理条例实施细则》的规定,经登记取得《医疗机构执业许可证》的机构,包括从事疾病诊断、治疗活动的医院、卫生院、疗养院、门诊部、诊所、卫生所(室)以及急救站等。

同时,对于"患方"的定义同样在外延上有不同的理解:一是按照《医疗事故处理条例》的规定,"患方"指患者。二是按照《医疗纠纷预防和处理条例》的规定,"患方"指患者及其近亲属。第三种观点认为除患者及其近亲属外,"患方"还包括与患者有直接或间接关系的监护人,及其所在部门、单位等。考虑到患者虽然是医疗行为直接作用的对象,但其他与患者有直接或间接关系的近亲属、监护人及其所在工作部门、单位等也会受到医疗行为直接或间接的影响,虽然这种影响不是因医疗行为直接作用于其自身所引起的,但都源自于患者接受医疗机构诊治这一事实,所以,将医患关系中的"患方"理解为接受诊治的患者及其近亲属以及其他相关人员是合适的。

(三)医患关系是社会的、心理的、伦理的、经济的、法律的等多方面关系的集合体

医疗过程当中,医生与患者在社会、心理、伦理、经济等多方面形成多重的道德、利益和法律关系。在医患关系中,绝大多数患者对医学本身是陌生的,难以评判医护人员在实施医疗行为过程中诊断、治疗或护理中的技术问题,他们更关注的是以医师为代表的医护群体的职责,直接体现在对医护人员的服务态度是否端正,医德是否高尚,医疗行为是否合理合法,自身的地位和待遇是否受到尊重和保护等方面,而这也直接影响到医疗的效果和评价。希波克拉底曾说过:"一些病人虽然意识到其病况的险恶,却仅仅由于对医生德行的满足而恢复了健康。"但医学不是万能的,在这种情况下,要求医师具备高尚的医德、精湛的医术的同时,还要掌握心理学、伦理学、沟通学、社会学和医事法律等人文科学方面的知识。医患关系是一种双向的人际关系,相应地病人也应当尊重医生,充分理解医疗工作的特殊性,在信息沟通顺

畅的情况下不断提高治疗效果。可以说医患关系是各种社会关系的集合体，双方都应当遵守相关法律规范，处理好医患双方的关系，加深理解和信任，才能实现医患关系的和谐。

二、医患关系的类型

按照医师与患者在疾病的诊疗过程中的地位不同、主动性和自主权的大小，可以将医患关系主要分为三种类型：

(一)家长型医患关系

家长型医患关系是一种传统的医患关系，其根源于深受希波克拉底誓言影响的西方医学传统，赋予医生全权治疗其病人的责任与义务，该义务的内容包含了以病人的最大利益为依归作出医疗决策，不管此决定本身事实上是否符合病人自己的价值观和意愿。医师因其所受的专业训练以及临床经验和技能在疾病诊治过程中于绝对主动的位置，患者因欠缺足够的医学知识和判断能力来衡量不同治疗手段的利弊而处于被动地位，任由医师对疾病进行处置，其关系类似于父母与未成年子女之间的关系。这种类型的医患关系在现代社会已很少见，但在患者患有精神疾病、处于休克昏迷状态或不能表达自主意识等情况下仍然适用。

(二)合作契约型医患关系

在合作契约型医患关系下，医师虽然在诊疗过程中仍处于主导地位，发挥着指导者的作用，但患者也具有一定的主动性，患者要主动诉说病情，反映诊疗中的情况，配合医师的检查与治疗等。在合作契约型医患关系中，患者的意见及认识不仅被认为是必要的，并且具有相当的价值。患者不仅能配合治疗，尚能参与意见，协助医生做出相对正确的诊疗，医生与患者具有近乎平等的权利，他们可以共同参与医疗方案的制定和实施，这有利于提高医疗质量，建立良好的医患关系。但由于医疗行为本身的高度专业性和技术性，患者对医师的诊疗措施通常无法提出建设性的抑或反对的意见，因而此种模式更适宜应用于对慢性病患者、心理疾病患者的诊疗。

(三)利益信赖型医患关系

考虑到医疗行为的专业性和高度风险性，利益信赖模式在确定"病人利益最大化"原则的同时，在医生的治疗决定权和病人的自主决定权之间进行了协调，使得医生在有利于病人的客观医疗利益的前提下，对患者拥有治疗决定权，即当病人的客观医疗利益与其主观意愿产生冲突时，则不一定依病人意愿行事，在一定程度上承认了医生治疗决定权的适用空间，从而使得医疗人道主义不受个人主义的侵害，

同时对于知情同意作为医疗行为违法性阻却和病人自主决定权的价值冲突在一定程度上予以协调。现今一般采用此种模式,在此种医患关系模式下,不再是简单的命令服从关系,也并非完全平等的契约关系,而是强调医师和患者两方面的积极性,这种医患关系有利于消除医患之间的隔阂,建立互相信任的医患关系。

三、医患关系的现状和原因分析

中国医师协会于2015年和2017年先后发布《中国医师执业状况白皮书》(以下简称《白皮书》)。2009年医师执业状况调研报告分析表明,在被调查的医师中,认为医师执业环境"良好"和"一般"的分别为7.44%、28.9%,而选择"较差"和"极为恶劣"的则分别达到39.57%和24.04%。2011年医师执业状况调研报告对执业环境统计结果显示,近一半(48.51%)的医务工作人员对当时的执业环境不满意,而满意的比例仅为19.02%。而根据最新国家公布的数据来看,2016年全国医疗纠纷比2015年减少6.7%,涉医违法犯罪2016年比2015年减少14.1%,医师执业环境的改善是明显的,但2017年的调研显示仍有62%的医师认为执业环境没有改善,50%的医护人员认为工作没有得到社会认可。这一数据与2015年的数据相近,分析原因可能与医师对自身执业状况改善的关注度增加,但个别地方政府维护医师权益的力度不到位,导致一线医师对整体执业环境改善的感觉滞后等因素有关。

一段时期以来医患关系紧张、医疗纠纷增多,伤医事件也不断出现。2014年调研结果显示,59.79%的医务人员受到过语言暴力,13.07%的医务人员受到过身体上的伤害,仅有27.14%的医务人员未遭遇过暴力事件。根据医师协会调查统计截止到2015年之前医师受到伤害事件逐年增多。几年来,通过立法机构、司法部门和医疗卫生部门的联合综合治理,2017年《白皮书》的调研数据显示,有38%的医师未亲身经历过医疗纠纷,62%的医师发生过不同程度的医疗纠纷;在伤医问题上,34%的医师未亲身经历过暴力伤医事件,66%的医师经历过不同程度的医患冲突,但绝大多数为偶尔的语言暴力(51%)。这一数据变化表明,针对医师的暴力事件以及事件的严重程度均有所下降,医患关系得到一定程度的改善,但总体情况仍不容乐观。

造成医患关系紧张的原因有许多,包括政治、经济、社会、个人等多方面因素,主要包括以下五个方面:(1)医疗资源配置不合理,患者就医需求和医疗服务供给不平衡;(2)过度检查的"防御性治疗"和医院"以药养医"的运行机制使得医患间信任缺失;(3)医患间沟通不畅,医生与患者沟通的意识和技巧缺乏,医生的职业素养和人文素养有待提高;(4)患者对医学认知存在偏差,实际上医学不是万能的,患者对疾病治疗效果期望值过高;(5)医疗纠纷解决机制和社会保障机制不健全,滋长了"医

闹"借机谋取非法利益、扰乱医疗秩序、破坏医患和谐的势焰。

第二节 医患法律关系的概念与属性

医患法律关系与医患关系有所不同,医患关系是医患交往中形成的各种社会关系的复合体,而医患法律关系仅体现在医患双方在法律上的权利义务关系。医患关系是医事法律调整的对象,而医患法律关系是医事法律对医患关系进行调整的结果,二者有严格的区别,不能混为一谈。

一、医患法律关系的概念

医患法律关系是指法律法规所调整的医患之间的权利和义务关系,是基于约定或法律直接规定在医患之间发生的,医方在对患者实施诊断、治疗、护理等医疗行为过程中形成的医患双方法律上的权利义务关系。由医患法律关系的定义可见,其至少包含五层含义:

(一)医患法律关系以医事法律规范为依据

医患法律关系,是由医事法律规范调整医方与患方在医疗活动中形成的各种关系而产生的一种特殊的法律关系。也就是说,医患法律关系能否产生,有赖于是否有调整医患法律关系的医事法律规范的存在。任何医方与患方之间因医疗活动而发生的医患关系,若未经医事法律规范的调整,就只能是一般社会关系。医患法律关系的形成以医事法律规范的存在为前提,这正是医事法律创造性之体现。

(二)医患法律关系是基于约定或法律直接规定产生的

1. 医疗合同关系

医疗合同关系基于医患双方缔结的合同而产生,是医方与患方之间就患者疾患的诊断、治疗、护理等医疗活动形成的意思表示一致的民事法律关系。医疗合同是医疗技术服务合同,医方为患者提供医疗服务,患方为此支付医疗费用。这类关系一般发生于非紧急情况要求治疗的医疗行为中,也是最基本的医患法律关系。患者到医疗机构就诊挂号形成一项合同要约,医疗机构接受患者就诊发给挂号单或挂号收费依据构成一项合同承诺,此时医疗服务合同成立。合同成立后,双方当事人应当按照合同约定履行各自义务。医疗合同关系是最基本的医患法律关系。

2. 医疗无因管理关系

医疗无因管理关系是由于医方在没有约定义务和法定义务的情况下，为避免患者的生命健康利益受到损害，自愿为患者提供医疗服务行为而发生的一种债权债务法律关系，也是一种民事法律关系。医疗无因管理是对患者身体健康进行诊疗，一般是患者处于昏迷，难以行使同意权的情况下，成立医疗上的无因管理。实践中主要有三种情形：一是医师在医院外，发现危急或昏迷之患者而对其加以治疗，如医生对在火车上遇到行将分娩的孕妇加以诊疗；二是对自杀未遂而不愿就医者予以救治；三是特定的第三人将意识不清或不能实施意见表示的患者送到医院，医院对其加以救治，而该第三人没有负担诊疗报酬的意思。无因管理的医患关系也可以转化为医患合同关系，患者恢复意识表达能力后愿意接受医院治疗或其亲属表示愿意患者接受治疗，就转化为医疗合同关系。

3. 强制医疗关系

强制医疗关系是指基于法律的直接规定而发生的卫生行政部门、医疗机构和患者之间的强制诊疗关系。它是国家基于公益目的和对公民生命和身体健康的维护，在法律上赋予医方的强制诊疗和患者的强制治疗义务。我国《传染病防治法》规定，医疗机构发现甲类传染病时，应当及时对病人、病原携带者，予以隔离治疗，隔离期限根据医学检查结果确定；对疑似病人，确诊前在指定场所单独隔离治疗；对医疗机构内的病人、病原携带者、疑似病人的密切接触者，在指定场所进行医学观察和采取其他必要的预防措施。拒绝隔离治疗或者隔离期未满擅自脱离隔离治疗的，可以由公安机关协助医疗机构采取强制隔离治疗措施。医疗机构发现乙类或者丙类传染病病人，应当根据病情采取必要的治疗和控制传播措施。同时，我国《传染病防治法实施办法》也规定，甲类传染病病人和病原携带者以及乙类传染病中的艾滋病、淋病、梅毒病人的密切接触者必须按照有关规定接受检疫、医学检查和防治措施。除此之外的乙类传染病病人及病原携带者的密切接触者，也应当接受医学检查和防治措施。《突发公共卫生事件应急条例》等也都规定了适用强制医疗的法定情形。依照上述规定，对传染病人、疑似传染病人以及密切接触者采取强制诊疗或检查措施，是为了控制传染病的流行，确保公众健康。

4. 医疗侵权关系

患者在诊疗活动中因医疗机构及其医务人员的过错而受到损害时，医患双方成立医疗侵权关系，由医疗机构承担侵权损害赔偿责任。医疗损害侵权责任的构成要件有四个：一是法定医疗机构及其医务人员的诊疗行为；二是患者有损害结果；三是诊疗行为与损害结果之间有因果关系；四是医疗机构及其医务人员存在过错，主要

是医疗过失。医疗侵权关系及其法律责任的相关内容将在第五、六章进行详细阐述。

(三)医患法律关系是在医患之间产生的

医患法律关系的主体是医方和患方,即医疗机构及其医务人员和接受诊治的患者及其近亲属。其具体内容将在本章第三节中详细展开。

(四)医患法律关系是医方在对患者实施诊疗行为的过程中形成的

此部分内容已在本章第一节中详细说明,不再赘述。

(五)医患法律关系是医患双方在法律上的权利义务关系

医患之间的权利义务关系不同于一般民事合同的当事人的权利和义务在合同成立之时即可确定,医患之间的权利义务内容是在对患者进行诊疗的实施过程中逐渐确定的,因此,医患法律关系具有动态性的特征。同时,医患之间的权利义务具有较强的对应性。医生的权利是患者的义务,如医生的医疗权与患者的配合医疗的义务;而患者的权利是医生及医疗机构的义务,如患者的知情权与医生的告知义务。再有,由于医疗行为的多样性,医患法律关系中的权利义务也具有复杂性的特征。

二、医患法律关系的属性

对于医患法律关系属性的认识一直存在争议,主要有公益与行政法律关系说、消费法律关系说、民事法律关系说三种学说,本书将逐一介绍并阐述。

(一)行政法律关系说

在新中国成立初期的计划经济体制下,医疗机构承担着国家的医疗服务和管理职能,医疗卫生是福利性、公益性的,医患双方并非完全意义上的契约关系,而是一种行政管理和服务关系。《医师执业法》规定"医师应当具有良好的职业道德和医疗执业水平,发扬人道主义精神,履行防病治病、救死扶伤、保护人民健康的神圣职责"。医方的医疗行为有时带有强制的性质,医方在任何情况下都无权拒绝患者的治疗要求,若患者病情超出医师的治疗能力,医师应指示患者转诊,但医生不能因为患者无力支付医疗费用而拒绝对患者实施治疗。同时,国家基于社会公共安全的目的,对新生儿及幼儿等实行强制预防接种制度,对吸毒、性病、艾滋病及其他一些传染性疾病进行强制治疗或者隔离。例如我国的《执业医师法》第二十八条规定:"遇有自然灾害、传染病流行、突发重大伤亡事故及其他严重威胁人民生命健康的紧急情况时,医师应当服从县级以上人民政府卫生行政部门的调遣。"这是国家强制患者

接受治疗的一种行政强制措施,政府、卫生部门和其他有关部门负有强制诊疗的义务,而患者则负有接受强制治疗的义务。再如 2003 年国务院颁布的《突发公共卫生事件应急条例》中明确规定,在突发事件发生后,国务院和省、自治区、直辖市人民政府设立突发事件应急处理指挥部,负责对突发事件应急处理的统一领导、统一指挥,卫生部门和其他有关部门在各自的职责范围内作好相应工作;另一方面,全国突发事件应急指挥部对地方突发事件应急处理进行督察与指导,地方政府与部门要给予配合,省、自治区、直辖市突发事件应急处理指挥部对本行政区域内突发事件应急处理进行督察与指导。从这一规定可以看出,在公共卫生领域,医患关系中有一方主体是行使行政职权的行政主体,医患关系是一种行政法律关系。在公共卫生领域,医患关系的产生、变更和消灭主要以政府和卫生行政部门的单方意思表示为根据。

但是,随着我国医疗卫生制度的改革,大批非公立医疗机构的出现,医疗服务领域的日益市场化,用"行政授权"或"行政委托"来解释医患法律关系十分牵强,行政授权和行政委托必须在行政机关的职能范围之内进行授权或委托,而不能将本不属于自己的权力,授予或委托给他人行使。任何行政主体均不具有治疗权(包括强制治疗权),这种治疗权是医师和医疗机构所特有的,这种固有权力无须法律授权更不用其他行政机关委托医疗机构行使。同时,大量的医患法律关系并不由行政法律法规调整,将医患法律关系全部归结为行政法律关系显然行不通。

(二)消费法律关系说

有学者认为,对医疗纠纷适用《消费者权益保护法》可以更好地保护患者的权利。首先,《消费者权益保护法》明确了经营者的合同附随义务,经营者在合同缔约过程中负有告知义务,消费者享有知情权;经营者负有出具购货凭证或服务单据的协助义务。患者接受医疗服务属于生活消费,而且是"生存消费",是必需的消费,享有知情权。其次,最高人民法院在《关于审理人身损害赔偿案件适用法律若干问题的解释》(以下简称《人身损害赔偿司法解释》)第六条明确规定了经营者的安全保障义务,当经营者未尽合理限度范围内的安全保障义务,导致他人遭受人身损害的,应承担损害赔偿责任;当损害是由第三人侵权行为所导致,但经营者在防止或制止损害方面存在过错时,将承担补充赔偿责任。如果医疗机构被视为经营者,其就对患者承担安全保障义务。如果患者因而遭受人身损害的,可以医疗机构违反安全保障义务为由,提出损害赔偿之请求。再次,医疗机构在向患者提供诊断、建议或治疗等服务的同时,需要使用适当的药品或医用产品,例如治疗骨折所需的钢板、心脏起搏器、心脏搭桥手术的支架等,如果认定医疗机构是药品或医用产品的销售者,那么根据《产品质量法》第四章的规定，对质量瑕疵所造成的损害，医疗机构应当向患者承担独立或连带的赔偿责任。

但是，对医患法律关系是消费关系的观点也存在诸多质疑，主要有以下几点：

第一，从法律关系的主体看，患者不是消费者，医疗机构不是经营者。在消费者权益保护法理论上，消费者与经营者是一对具有特定含义的概念，消费者是指为生活消费需要而购买或利用商品和服务的个人或单位，经营者则是为消费者提供商品和服务的生产者、销售者和服务者。患者因病而接受医疗机构的诊疗服务，不是日常生活消费，不能等同于消费者权益保护法上的消费者。医疗机构根据《医疗机构管理条例》第三条之规定，是以救死扶伤，防病治病，为公民的健康服务为宗旨，并不以营利为经营目的，不是《消费者权益保护法》所说的从事提供商品或服务的经营者。

第二，从法律关系的内容看，医疗机构承担的提供医疗服务的义务不同于经营者提供商品和服务的义务。经营者对消费者所负的核心义务是按照合同约定提供商品和服务，并且这属于结果义务，在消费合同成立时即可确定。但是，医疗机构所负的核心义务是向患者提供医疗服务，医疗机构所负的义务并非结果义务，而是过程义务。在医患关系中，医疗机构或医生并不承诺包治百病，医生只要按照法律规定以及医学规范或当事人的约定提供了医疗服务，即使未能治好患者的疾病，以至出现病情恶化甚至死亡，也视为履行了义务。

第三，从法律救济手段上看，保护消费者权益的特殊救济手段也不适用于对患者的救济。首先，在医患关系中，医疗机构提供的医疗服务经常对患者人体有侵害性，适度侵害是治疗疾病所需要的，为法律所容许。经营者的商品或服务对消费者则不能造成任何伤害。其次，经营者对消费者负严格的结果责任，即无过错责任，只要是由于产品的缺陷造成消费者的损害的，经营者不论有无过错，都应承担责任。然而，严格责任不适用于医疗机构的责任承担，《侵权责任法》第五十四条规定："患者在诊疗活动中受到损害，医疗机构及其医务人员有过错的，由医疗机构承担赔偿责任。"再次，医患法律关系中，患者对医疗机构提供的医疗服务或药品，并不适用"后悔期制度"和"惩罚性赔偿制度"。

（三）民事法律关系说

民事法律关系说认为医患法律关系本质上是民事法律关系，具有民事法律关系的特征，是一种特殊的合同关系。

首先，医患法律关系的主体双方具有平等的法律地位。因为在医方提供服务，

患方接受服务的过程中,双方之间不存在行政上的隶属关系。虽然由于医学专业的特殊性,医患双方在医疗实践中存在着服务与被服务、主动与被动的"不平等",但究其原因还是医患双方在心理上以及拥有医学知识和技术上的"不平等"所导致的,这种不平等只是形式或表面的不平等或者是由于社会分工不同、角色不同而已。医患双方为了达到治愈疾病这一目标,在法律地位这一实质问题上是平等的。医患双方无地位尊卑、身份贵贱、单位大小之分。

其次,医患法律关系双方的意思表示是自愿的。这种自愿原则贯穿于医患关系的全过程。自愿原则和平等原则有着密切联系。平等是自愿的前提而自愿是平等的必然体现。自愿指的是民事主体意志的独立、自由和行为的自主,在民事活动中享有自主的决策权。在医患双方中,作为服务方的医疗机构及医务人员根据患者的病情,依照自身的技术能力和设备条件来确定是否能够为该患者服务,如果不能,他则有权向病人做出合理的解释后,让病人选择技术更高、设备更好的医疗机构或医务人员为其提供服务;作为需要诊治的被服务方的患者,同样有权根据自己的病情选择某医院为其提供医疗服务,因而,在医患关系中,作为提供诊治服务的医疗机构及医务人员和需要得到诊治服务的患者都是"自愿"的。

再次,合同中的违约责任在很多国家普遍实行的是过失推定责任,而该原则对违约人提出了比受害人更重的举证责任,它要求医方要自证自己在诊疗行为过程中无过失方能免责。相反对受害人的举证责任要求比较低,这正可以改变当前患者因医方技术独占而难以举证医方有过失行为的被动局面。让医方承担技术操作是否适当的举证责任也符合现代法理要求。

第四,民事法律关系的保障措施具有补偿性和财产性的特征。由于医疗服务行业的特殊性,在医疗过失行为发生后,法律应施展其救济功能和预防功能,而不能以惩罚功能为主。同时,合同违约的赔偿范围一般小于侵权的赔偿范围,并仅限于对正常的积极利益的损失负责,且违约的赔偿额当事人可以事先约定,也可以由法律来设定。同时在诉讼时效上,各国对侵权之诉和合同之诉大都规定了不同的时效期限。一般来说,违约的诉讼时效要比侵权的诉讼时效长,所以把医患关系归结为合同关系很符合临床上有些医疗后果在短期内难以发觉的特点,也有利于更好地保护患者的利益。由此可见,把医患法律关系设定为特殊的合同关系更符合医患法律关系的本质,更有利于医疗纠纷的处理和解决。

第三节 医患法律关系的构成要素

一、医患法律关系的主体

医患法律关系的主体是医疗机构及其医务人员和接受诊疗的患者及其近亲属以及其他利害关系人。根据2017年《医疗机构管理条例实施细则》第二条的规定，医疗机构是指依照《医疗机构管理条例》和细则的规定，经登记取得《医疗机构执业许可证》的机构。医疗机构包括综合医院、中医医院、中西医结合医院、民族医医院、专科医院(如传染病院、精神病院、结核病院、妇产医院、儿童医院、麻风病防治院、职业病防治院、肿瘤医院、口腔医院、眼科医院、骨科医院、整形外科医院等)、康复医院；妇幼保健院、妇幼保健计划生育服务中心；中心卫生院、乡(镇)卫生院、街道卫生院；疗养院；综合门诊部、专科门诊部、中医门诊部、中西医结合门诊部、民族医门诊部；诊所、中医诊所、民族医诊所、卫生所、医务室、卫生保健所、卫生站；村卫生室(所)；急救中心、急救站；临床检验中心；专科疾病防治院、专科疾病防治所、专科疾病防治站；护理院、护理站；医学检验实验室、病理诊断中心、医学影像诊断中心、血液透析中心、安宁疗护中心。卫生防疫、国境卫生检疫、医学科研和教学等机构在本机构业务范围之外开展诊疗活动以及美容服务机构开展医疗美容业务的，也属于依法依规设置的相应的医疗机构。以上医疗机构，必须具备《医疗机构基本标准(试行)》规定的各种医疗机构的基本条件，并经县以上人民政府的卫生行政部门批准，办理执业登记，领取《医疗机构执业许可证》。

在医疗过程中，与患者直接面对面接触的往往是医疗机构的工作人员，包括医生、护理人员、药剂人员、卫生技术人员、行政管理人员等。(1)医生，是指在医疗、预防、保健机构中工作，从事诊断、治疗工作的专业医务人员，还包括个体医师和乡村医生。这里的医生不要求必须具备执业医师资格证，因为即使他们不是执业医师或执业助理医师，出现医疗纠纷后仍须由其所在的医疗机构承担责任。根据《医师、中医师个体开业暂行管理办法》的规定，符合法律规定条件的医师和中医师可自己从事医疗业务，并进行独立核算，即成为个体医师。当患者前往个体医师处要求获得医疗服务时，个体医师也成为医方主体。(2)药剂人员，包括中药、西药技术人员。(3)护理人员，包括护师、护士、护理员和其他与医疗机构有职务关系的护理人员，这里也不以取得执业资格证为前提。(4)卫生技术人员，是指按照国家有关法律、法规和规章的规定取得卫生技术人员资格或者职称的人员，包括检验、理疗、病理、口腔、

同位素、营养等技术人员。(5)医疗机构内的卫生行政管理人员。因为诊疗护理工作是群体性的活动,因此医方应当包括从事医疗管理的人员。(6)后勤人员与医疗活动存在间接关系,因而也属医疗机构工作人员。

与医方相对的是患方,不仅包括患者本人,在特定情况下还包括患者的近亲属及其他利害关系人。如医疗诉讼中患者亲属可以就医方的医疗过失行为致患者死亡对其造成的精神损害要求赔偿,受患者抚养的人也可要求赔偿抚养费,此时即产生医方与患者家属或其他利害关系人间的医患关系。

二、医患法律关系的客体

医患法律关系的客体是医疗行为。医疗行为是医务人员对患者疾病的诊断、治疗、预后判断和疗养指导等行为。医疗行为的范围十分广泛,疾病的检查、诊断、治疗、手术、麻醉、注射、给药以及处方、病历记录、术后疗养指导,中医的望、闻、问、切、针灸、推拿等,均属于医疗行为。医疗行为一般具有三个特征:第一,医疗行为出于医疗目的而实施,应为法律所许可。第二,只有医务人员实施的行为才是医疗行为。所谓医务人员,指的是经过考核和卫生行政机关批准或承认,取得相应资格的卫生技术人员,包括医师、药师、护理人员和医疗技术人员。第三,医疗行为以医学知识和技术为行为准则。

下列行为不属于法律意义上的医疗行为,发生的损害赔偿按照一般的违约或侵权活动处理,不予考虑医疗行为的特殊性:(1)没有执业医师资格证的人所为的医疗活动。包括实习生、刚参加工作未取得执业证书的医生、护士、技师、乡村医生等。他们的医疗活动所引发的纠纷按一般的侵权行为处理。这类群体的行为通常由上级医师签字转化为合法行为。(2)与医学知识无关的行为。如医方提供餐饮、住宿等为医疗服务行为,但不是医疗行为。(3)不是以医疗机构的名义所为的医疗活动。(4)对于医疗机构中的后勤人员和没有执业医师证的行政人员的行为应分情况认定,如果他们的工作与医疗行为直接相关,如为手术供电、提供器皿等,也应视为医疗行为;如果他们的工作与具体医疗行为的实施没有任何关系,因他们的行为导致患者人身损害则不属于因医疗行为引发的损害,按一般的违约责任或侵权责任处理。

三、医患法律关系的内容

医患法律关系的内容是医方与患方之间的权利义务。医方的权利有:诊疗权、医疗费用支付请求权、对患方进行管理的权利、医务人员的人身权财产权、医学研究权、病历管理使用权等;医方的义务有:诊疗义务、告知义务、保密义务、病历记载与保管义务等。患方的权利有:知情同意权、隐私权、查阅复制病历的权利等;患方的义务有:如实告知义务、接受强制治疗的义务、支付费用和遵守院规的义务等。医患双方享有的权利和义务都是法律关系主体为实现其受法律保护的利益的方式,权利是从积极的方面实现利益,义务是从消极的方面实现利益,因此,权利和义务构成医患法律关系的内容要素。关于医患法律关系内容,即医方和患方具体的权利义务将分别在本章第四节、第五节中详细介绍。

第四节 医方的权利与义务

一、医方的权利

在医患关系中,医方的权利主要指的是医生的权利,但就医疗费用支付请求权利来说,则是医疗机构对患者的权利。现代社会对医方概念的理解比较宽泛,包括专业从事临床治疗、实验室检验、理疗、康复的人员、护士和行政管理人员。由于医生承担着发扬人道主义精神,履行防病治病,救死扶伤,保护人民健康的神圣职责。所以在医患关系中,医生的权利往往同时具有义务性的特征。

《中华人民共和国执业医师法》第二十一条规定:医师在执业活动中享有下列权利:(一)在注册的执业范围内,进行医学诊查、疾病调查、医学处置、出具相应的医学证明文件,选择合理的医疗、预防、保健方案;(二)按照国务院卫生行政部门规定的标准,获得与本人执业活动相当的医疗设备基本条件;(三)从事医学研究、学术交流,参加专业学术团体;(四)参加专业培训,接受继续医学教育;(五)在执业活动中,人格尊严、人身安全不受侵犯;(六)获取工资报酬和津贴,享受国家规定的福利待遇;(七)对所在机构的医疗、预防、保健工作和卫生行政部门的工作提出意见和建议,依法参与所在机构的民主管理。

(一)自主诊疗权

医生诊疗权的含义比较广泛,内容包括医生在治疗过程中享有诊断、处方、处置等权利,有权询问患者的家族病史、患者个人生活情况等信息,有权要求患者做各项检查,有权决定针对患者的治疗和处置方案等方面的权利。诊疗权是医师最基本的权利,也是医师执业必需的权利。诊疗权从性质上讲具有两面性,它不仅是一种约定的权利还是一种法定的权利,这种权利的行使范围原则上可以由医患双方加以约

定,但无论如何不能超越法律规定的范畴。此外必须强调,诊疗权具有专属性,是执业医师的专有权利,只有依法取得执业医师或者执业助理医师资格并经注册在医疗、预防、保健机构中执业的专业医务人员才能享有。

1. 疾病调查权

疾病调查权是指在医疗机构和医务人员为就医者提供医疗服务或执行国家医疗保健活动中,医师有权对患者与疾病有关的所有情况进行询问、身体检查以及居住环境检查等,并可以建议对与患者生活密切相关人员进行调查与检查。疾病调查权是医师完成治疗工作的前提,也是正确诊断和合理治疗的保障。患者有义务配合医师对疾病进行调查,医师有权利要求患者配合做各项检查。但医师因实施了疾病调查权而获悉的患者及其家属的隐私不得在治疗以外的活动中泄漏,也不得为了非治疗目的而使用这些信息。

2. 自主诊断权

在经过临床医学调查和其他必要的调查、检查之后,医师有权对患者的健康状况和疾病情况进行自主判断。任何人不得妨碍、阻挠、指示和命令医师作出与自己诊断相违背的判断。诊断的方式可以是口头的,也可以是书面的,但口头诊断必须在事后补充记录。诊断权是医师诊疗权的核心,诊断结果直接关系到后续的处置,对于患者的身体健康、生命安全以及人格尊严等有着重要意义。因而诊断必须尽可能正确,如有疑难应当经会诊讨论。一旦诊断失误或者虚假,诊断医师和医疗机构将可能承担相应的责任。

3. 医学处方权

医学处方权包含对患者疾病进行治疗的一切医学方法与措施,如药物治疗、物理治疗、手术治疗、人身自由限制等。处方权是医师行使调查权、诊断权的结果,因而处方应该在调查、诊断的基础上作出。这就决定了处方权必须由对患者病情进行调查和诊断的医师即经治医师行使,经治医师不得将处方权交由其他未参与亲自诊治的医师或非执业医师行使。

4. 强制诊疗权

通常情况下,诊疗权是在患者自愿接受的前提下才能获得实现,但在特殊场合医师可以不必经过患者许可或同意而强制对患者实施治疗。这种权利被称为强制诊疗权。强制诊疗权是为了维护国家、社会的安全与稳定,保障人民生命安全和身体健康,根据我国法律法规由医疗机构对相关人员进行的强制治疗的权力。从本质上讲,强制医疗是医师的一种权力,它基于法律的授权而取得,也有人称它为"行政性医疗权力"。在我国,许多法律法规涉及了医师的强制诊疗权,具体种类包括:(1)

强制隔离诊疗权；(2)强制戒毒权；(3)强制推行计划免疫接种权；(4)强制进行体格检查权。强制治疗并不重视病人的承诺，医疗行为的实施不需要在病人的同意前提下进行，指定医院收治病人和管理病人的权限在于医疗卫生行政部门，因而具有浓厚的行政权色彩。

（二）人格尊严、人身自由不受侵犯的权利

近年来，医疗纠纷中不断出现病人因对医务人员不满而侮辱、漫骂医务人员的事件，有些患者为了报复甚至对医务人员施行暴力，直接威胁到医务人员的生命安全。而我国部分地方出现的职业"医闹"更是破坏了医疗机构的正常秩序。所有这些一方面反映了患方维权意识的不理性，另一方面也反映了人们对医疗机构以及医务人员基本权利的漠视和践踏。我国宪法规定，国家保障公民的人权，公民人身自由和人格尊严不受侵犯。作为医务人员，同样享有生命健康、人格尊严、自由等权利。尽管引发医患矛盾的原因很多，其中不乏医务人员的因素，但无论如何，矛盾的解决不能采取侵害他人人身权和财产权的报复手段。医疗机构及其医务人员的合法权益受法律保护。干扰医疗秩序，妨害医务人员工作、生活的，应当依法承担法律责任。

（三）医学研究权

医学研究权是指医务人员在临床医学实践中，对疾病的治疗与预防进行研究的权利。医务人员行使医学研究权是一项具有限制性的权利，必须坚持以下原则：

首先，坚持患者生命健康的原则。任何医学研究都必须将患者的生命健康放在首位，不得以损害患者的生命健康为代价。进行药物实验、医学检测基础数据收集实验、手术实验等医学研究时，必须向志愿参与实验的患者充分说明实验的内容、目的、方法、危险性；并且患者应当签署《志愿参与实验同意书》。其次，坚持社会公益的原则。医学研究的目的是推动社会健康与发展，对人类社会安全造成威胁、甚至起到破坏的医学研究是遭到国际社会一致反对的。

（四）医疗费用支付请求权

医方提供医疗服务后，有权要求患者方支付相应的医疗费用。医疗合同是在自愿平等基础上成立的双务有偿合同，患者有交付与医疗相关费用的义务。经催要患者仍然拒绝的，医院有权解除合同，拒绝对患者治疗。可以说，医院收取医疗费是维持医疗机构正常运作的保障，所以明确医疗机构的医疗费用支付请求权非常必要。至于现实中存在的乱收费、高收费等现象则属于另一个问题。这里的医疗费用具体包括挂号费、诊疗费、住院费、手术费等费用。

(五)病历管理使用权

病历管理使用权包括两部分。一是病历管理权。除特定条件下门(急)诊病历可以由患者保管外,住院病历和门(急)诊病历依法由医疗机构保管。医疗机构保管病历达到规定年限和病历已经不具保存价值时,可以决定销毁,无须征得患者同意。二是病历使用权。包括将病历用于疾病诊断和医学研究的权利。病历从内容上看,记载的是患者的信息,但它同时属于医疗机构的医务技术档案,尤其是其中的主观性资料是医师医学经验的积累,属于医师的智力成果,医疗机构对此具有知识产权。运用病历反映出来的主客观信息进行医学研究是医师的应有权利,也是丰富医师经验、促进医学事业发展的重要手段。

二、医方的义务

《中华人民共和国执业医师法》第二十二条规定,医师有以下义务:(一)遵守法律、法规,遵守技术操作规范;(二)树立敬业精神,遵守职业道德,履行医师义务,尽职尽责为患者服务;(三)关心、爱护、尊重患者,保护患者的隐私;(四)努力钻研业务,更新知识,提高专业技术水平;(四)宣传卫生保健知识,对患者进行健康教育。同时,在《中华人民共和国执业医师法》第二十三条至第二十九条中,还规定了医师不得隐匿、伪造或者销毁医学文书及有关资料;不得拒绝急救处置;对患者交待病情时,要注意避免对患者产生不利后果;不得利用职务之便获取不当利益;遇有灾情疫情等威胁人民生命健康的紧急情况时,应服从卫生行政部门的调遣和及时向有关部门上报。其他还有如向患者说明病情;为某些患者保密;医生要钻研医术等义务。

(一)医生的诊疗义务

医方的诊疗义务是指医方根据患者的要求,运用医学知识和技术,正确地诊断患者所患的疾病,并施以适当的治疗。这里所说的诊疗是指广义上的诊疗,包括诊断、治疗、麻醉、手术、输血等具体的诊疗过程。医生肩负救死扶伤的神圣职责,诊疗既是医生的一项权利也是医生的一项义务。诊疗义务一般不需达成特定的结果,而只能是作为治疗疾病的手段。这一方面是因为诊疗的结果具有不确定性,另一方面也是因为现代医学还不能征服所有的疾病。

如果医方与患者对医疗服务另有约定的,应当依约定履行义务,但双方的约定不得违背法律的规定,不得违背公序良俗。具体说来,医生的诊疗义务包括以下内容:

1. 紧急诊疗的义务

人的生存权是一项基本人权,只要有生的希望,就要全力救治,医生在任何情况下都不能见死不救、剥夺患者的生命。这是医疗职业特点所决定的。《中华人民共和国执业医师法》第二十四条规定:对急危患者,医师应当采取紧急措施进行诊治;不得拒绝急救处置。该法第二十八条也规定:遇有自然灾害、传染病流行、突发重大伤亡事故及其他严重威胁人民生命健康的紧急情况时,医师应当服从县级以上人民政府卫生行政部门的调遣。医生不能以任何政治的、社会的等非医疗理由来推托为患者治病的义务。如果患者本人或其亲属无力支付医疗费用,医疗机构也必须收诊,给予紧急抢救,不得无故拖延。

2. 诚信服务义务

医疗机构以救死扶伤、防病治病为公民的健康服务为宗旨,医方应提供医疗服务的诚信义务。依照该义务,医方对患者问诊、检查、诊断并实施治疗方案,不能采用假冒名医等手段欺骗就医者。医疗单位及医务人员应当向患者提供有关医疗服务的真实信息,不得做引人误解的虚假宣传,对患者就其接受的医疗服务的内容、方法、效果、不良反应和副作用等提出的询问,应当做出真实、明确的答复,同时,医师实施医疗、预防、保健措施,签署有关医学证明文件,必须亲自诊查、调查,并按照规定及时填写医学文书,不得隐匿、伪造或者销毁医学文书及有关资料。医师也不得出具与自己执业范围无关或者与执业类别不相符的医学证明文件。

3. 安全诊疗义务

医方还有谨慎操作、提供安全医疗服务的义务,这是医疗过程中的一种法定义务,属于高度危险注意义务。医务人员必须努力提高专业技术水平,遵守各项规章制度和技术操作规范,保证其提供的医疗服务符合保障患者安全的要求。我国《侵权责任法》第五十七条规定:医务人员在诊疗活动中未尽到与当时的医疗水平相应的诊疗义务,造成患者损害的,医疗机构应当承担赔偿责任。

4. 医疗转诊的义务

转诊义务,是指由于特定原因致使医疗机构无法对患者进行救治的,应将患者转至其他有条件的医疗机构进行救治的义务。转诊是医疗机构的强制性义务,不同于患者主动转诊。我国《医疗机构管理条例》确立了医师的转诊义务。该《条例》第三十一条规定:"医疗机构对危重病人应当立即抢救,对限于设备或者技术条件不能诊治的病人,应当及时转诊。"《条例》第三十条也规定:"对限于设备或者技术条件不能诊治的病人,应当及时转诊。"只有在医疗机构设备缺乏、技术不足,不能为患者完成必需且有益的检查和处置时,医疗机构才负有转诊义务。

(二)告知义务

由于医疗服务的专业技术特性,患者一般不掌握医疗专业术语和相关知识,很难理解诊断治疗的方法、程序和后果,出于对患者治疗自主权的尊重,并使其更好地配合诊疗,实现医患间的和谐,医师应对诊疗护理方法以及药物所具有的侵袭性和危险性予以告知。《执业医师法》第二十六条规定:医师应当如实向患者或者其家属介绍病情,但应注意避免对患者产生不利后果。医师进行实验性临床医疗,应当经医院批准并征得患者本人或者其家属同意。《侵权责任法》第五十五条也对医生的告知义务进行了规定:"医务人员在诊疗活动中应当向患者说明病情和医疗措施。需要实施手术特殊检查、特殊治疗的,医务人员应当及时向患者说明医疗风险、替代医疗方案等情况,并取得其书面同意;不宜向患者说明的,应当向患者的近亲属说明,并取得其书面同意。医务人员未尽到前款义务,造成患者损害的医疗机构应当承担赔偿责任。"

具体而言,医方的告知义务包括:(1)就患者病症的诊断结果进行全面、详细告知的义务;(2)对预定实施的医疗行为以及内容、预想的成果、危险性进行全面告知的义务;(3)对不实施该项医疗行为可能带来的后果加以告知的义务;(4)依据病情需要继续治疗的将此情形告知患者的义务;(5)告知患者有关对于治疗疾病有利或不利情形的义务;(6)告知患者转诊的义务;(7)告知患者转院或向患者推荐治疗该疾病的医师的义务;(8)人体试验的告知义务;(9)药品交付时的药名、剂量和用法的告知义务;(10)病理检查结果的告知义务;(11)侵入性检查或者治疗方法的告知义务;(12)手术或麻醉的原因、成功率、可能的并发症及危险的告知义务等。此外,具体到个案中,医师的告知义务还有不同,上述情形不能涵盖所有医师应当告知的情形。司法实践上,可以按照"善良管理人"的注意义务来具体判定医师是否履行了告知义务。

但是在某些情形下,医师客观上无法履行此项义务,或者虽然可以履行,但将造成医疗进程烦琐和时间延误,可能影响到患者安全,此时即可免除医方的告知义务。这些情形包括:(1)情况紧急,为抢救患者而无法先行告知;(2)低危险性,没有告知的必要的;(3)法律有特别规定者,如对于精神病人;(4)对于患者可能产生不利后果的;(5)患者明确表示放弃的;(6)生活常识,被人们所广泛熟知的内容无须告知;(7)由于病员的体质特殊,无法面测病情变化或不能控制的其他情形,所导致的各种危害后果因其难以预料,所以无法告知。如患者无过敏试验要求或未注明、报道有过敏副作用的药物过敏,发生过敏反应即属于患者体质特殊,事先无法预料,自不必告知。

(三)病例记载与保管义务

根据我国《医疗机构病历管理规定》,病历是指医务人员在医疗活动过程中形成的文字符号、图表、影像、切片等资料的总和,包括门(急)诊病历和住院病历。

由于医疗行为的特殊性,医师在诊疗疾病时,应对患者疾病的诊断、病情变化、诊疗意见、治疗过程和效果以及实行特殊处理的方法和时间等做详细的记录。而病历就是对这一过程中的有关情况全面、真实的记录。因此,病历的范围相当广泛,包括了手写资料、电子记录、医疗专家的诊疗意见、实验室报告、放射学或其他影像学记录、监测仪器的打印输出结果、照片录影带以及电话会诊的录音等。

病历可以分为两大类:客观性病历资料和主观性病历资料。前者是指记录患者的症状、体征病史、辅助检查结果、医嘱等客观情况的资料,还包括为患者进行手术特殊检查及其他特殊治疗时向患者交代情况后患者及近亲属签字的医学文书资料。后者是指医疗活动过程中的医务人员通过对患者病情发展、治疗过程进行观察、分析、讨论,并提出诊治意见等而记录的资料,多反映医务人员对患者疾病及其诊治情况的主观认识。其中,客观性病历应包括门诊病历、住院志、体温单、医嘱单、化验单、医学影像检查资料、特殊检查同意书、手术同意书、手术及麻醉记录单病理资料、护理记录等。而主观性病理资料应包括死亡病历讨论记录、疑难病历讨论记录、上级医师查房记录、会诊意见、病程记录等。

病历按照时间顺序记录了患者病情的发生、发展和转归以及医务人员为病人提供的各种医疗服务,因此它是医疗质量、医疗技术水平和医疗机构管理水平综合评价的依据。同时,病历也是医学科学教学、交流及科研的第一手资料,对医学的发展和医疗管理的完善有极其重要的价值。此外,病历记载既记录了患者的疾病状况,又记录了医疗处置的过程,另外还反映了医护人员的诊断,所有这些成为判断医护人员有无违反操作常规行为的证明,因而在医疗纠纷案件中充当了证据的作用。从病历的自然属性上看,病历是一种重要的医疗文书。而从法律的角度上看,病历是以文字、图像数据等内容来证明某种医疗行为事实的依据,因此属于书证。病历作为书证具有以下特点:第一,病历资料的内容直接反映了医疗行为的全过程和事件的真相,因此对于医疗纠纷争议的焦点具有很强的针对性。第二,病历资料记载是医疗机构的日常业务,因此作为证据的病历具有原始性,很多情况下可以直接用来证明案件事实。例如,病历资料中的各种检验报告和影像照片是相对客观的,对于案件真实具有直接的证明力。第三,病历资料中有相当一部分是医务人员记载完成的,因而难免带有主观性,这就决定了作为证据使用的病历资料必须剔除主观的成分。例如，病历资料中的入院病历、病程记录、护理记录、手术记录等是医护人员通过询问、观察和相关检验报告结果完成的记载，因此上述资料难免带有主观性，作为证据必须进行甄别。在医疗纠纷诉讼中，病历资料的重要意义不仅体现在它可以证明医患之间诊疗关系的存在，还可以证明整个医疗过程。一份内容真实完整，形式规范的病历可以很大程度地还原客观事实，人民法院也可据此依法作出公正的判决。而病历无疑是一把双刃剑，它既可以证明医疗行为的适当性和正确性，也能够充分暴露医疗行为的失误和偏差，既可以作为医方的证据来使用，也是患方的有力武器。

医方承担着病历记载和保管的义务，具体包含三方面内容。一是制作病历的义务。病历的制作必须是具有相应资格的医务人员依职务行为所为。医方制作病历应保证病历的客观、真实、准确、及时和完整，并符合卫生行政法规和规章的规定。具体来讲，医务人员应当真实详细地记录患者的病情变化和诊断治疗过程，不可遗漏和空缺，不能为掩盖原病历的真实性而违背客观事实进行涂改、更换、事后补充和伪造。病历的书写应该在法定期限内完成并在时间上有连续性。二是告知和协助查阅的义务。医方不仅需要制作病历，还需将记载内容如实告知患者，当患者依法对病历进行查阅或复制时，医方应当予以协助。三是保密和妥善保管义务。对于病历中反映出来的患者信息，医方必须保密。在未得到患者许可的情况下，病历中的信息都属于患者隐私，非正当事由不得泄露、传播和使用。此外，作为法定保存诊疗档案的机构，医方应妥善保管患者的病历资料。保管期间不得伪造、涂改或隐匿，不到法定销毁期限的不得销毁。

(四)医方的保密义务

医方保密义务是指医方对在医疗过程中所知悉的有关患者的隐私不得泄露和利用的义务。医疗行为实施过程中，医生经常会掌握患者的一些隐私，基于医患之间的忠诚及信赖关系，医生不得揭露所获知的信息，否则极可能使患者身心受到伤害，因此医师必须为患者的隐私进行保密。保密义务属于医方在医疗合同中负担的附随义务，也是消极的不作为的义务，它是基于诚实信用原则而派生出来的一种义务，这种义务与患者的隐私权利相对应，违反该义务不但会使医师承担合同责任，还可能承担行政责任。

我国《执业医师法》第二十二条第三项明确规定医师履行的义务中包括"关心、爱护尊重患者，保护患者的隐私"。第三十七条还规定了侵犯患者隐私权的处罚：泄露患者隐私，造成严重后果的，要承担相应的法律责任。可以由县级以上人民政府卫生行政部门给予警告或者责令暂停6个月以上1年以下执业活动;情节严重的,吊销其医师执业证书;构成犯罪的,依法追究刑事责任。《侵权责任法》第六十二条规定:"医疗机构及其医务人员应当对患者的隐私保密。泄露患者隐私或者未经患者同意公开其病历资料,造成患者损害的,应当承担侵权责任。"

但是,医方的保密义务不是绝对的,出于对患者权益和公共利益的考虑,在下列情形下,免除医方的保密义务:第一,为治疗疾病或者为了学习、研究进行交流。为了更好地治疗患者的疾病,医师常常需要与同行交换患者的信息,听取同行的意见,这些讨论对患者的治疗往往是至关重要的,同时,有的医师还担任教学工作,对患者病情的讨论也是学生学习不可缺少的一部分。这些都会导致知道患者秘密的人员范围扩大,这时就要求每一个知情的医师或学生遵循诚实信用的理念,以善良的心态、善意的方式限制无关的人员听到或者看到患者不愿与他人共享的秘密。第二,保守秘密可能给他人造成重大损害。如果绝对地保守患者秘密可能会造成他人的重大损害,而第三人获知该信息的就可以免受重大伤害,那么应该优先保护他人的利益而无须再为患者保密。第三,保守秘密会损害社会公共利益。当患者的利益与社会公共利益产生冲突时医师要根据诚实信用的原则进行平衡考虑,为了保护大多数人员的安全,适当泄露患者秘密应不违法,也无须向患者承担合同责任。例如,患者患有传染性疾病,就可能会对在餐馆进餐的顾客造成损害,医师出于对大多数人生命健康权的保护,应当披露患者的疾病。

第五节　患方的权利与义务

一、患方的权利

(一)知情同意权

患者知情同意权就是病人了解自己的病情,并对医疗决定所依据的信息有足够充分的了解,最终自主决定自己医疗事宜的权利。知情同意权实际上包括知情权和同意权两个要素。其中,知情权是同意权的前提,同意权是知情权的结果。患者的知情同意权内含了医师的告知义务,没有医师告知义务的支撑,患者的知情同意权就失去了存在的前提。因此患者的知情同意权与医师的告知义务是相对应的,医师对患者的充分说明是患者知情同意的前提。

我国《医疗机构管理条例》第三十三条规定:"医疗机构施行手术、特殊检查或者特殊治疗时,必须征得患者同意,并应当取得其家属或者关系人同意并签字;无法取得患者意见时,应当取得家属或者关系人同意并签字;无法取得患者意见又无家属或者关系人在场,或者遇到其他特殊情况时,经治医师应当提出医疗处置方案,在取得医疗机构负责人或者被授权负责人员的批准后实施。"随后,《医疗机构管理条例实施细则》第六十二条进一步规定,医疗机构应当尊重患者对自己的病情、诊断、治疗的知情权利。在实施手术、特殊检查、特殊治疗时,应当向患者做必要的解释。因实施保护性医疗措施不宜向患者说明情况的,应当将有关情况通知患者家属。其中"特殊检查、特殊治疗"是指具有下列情形之一的诊断、治疗活动:(一)有一定危险性,可能产生不良后果的检查和治疗;(二)由于患者体质特殊或者病情危急,可能对患者产生不良后果和危险的检查和治疗;(三)临床试验性检查和治疗;(四)收费可能对患者造成较大经济负担的检查和治疗。除此之外,《执业医师法》第二十六条也规定,医师应当如实向患者或者其家属介绍病情,但应注意避免对患者产生不利后果。医师进行实验性临床医疗,应当经医院批准并征得患者本人或其家属同意。《侵权责任法》出台后,对患者的知情同意权进行了重申,其第五十五条规定:"医务人员在诊疗活动中应当向患者说明病情和医疗措施。需要实施手术、特殊检查、特殊治疗的,医务人员应当及时向患者说明医疗风险、替代医疗方案等情况,并取得其书面同意;不宜向患者说明的,应当向患者的近亲属说明,并取得其书面同意。医务人员未尽到前款义务,造成患者损害的,医疗机构应当承担赔偿责任。"之后,最高人民法院在侵权责任法司法解释第九十八条中进一步规定,医务人员在诊疗活动对患者未尽告知义务造成患者的损害,包括未尽告知义务造成患者的人身损害和未尽告知义务未造成人身损害但造成患者知情同意权损害的,应当依照侵权责任法相关规定承担赔偿责任。

1. 知情同意权行使的主体

虽然各部法律关于知情同意权的主体规定不尽相同,但是依据相关法律法规中法律效力最高的《执业医师法》和《侵权责任法》的规定,知情同意权的权利主体主要是患者及其近亲属,并且首先是患者本人,其次才是患者的近亲属。对于有同意能力的患者而言,患者本人是自身利益的最佳决定人,只有在某些特殊的情形下,家属才有权代行知情同意权。这些情形包括:有同意能力的患者明确委托某一家属代理行使知情同意权;当向患者告知相关信息将会对其造成伤害时;患者不具有同意能力(包括患者为无民事行为能力人、限制行为能力人、神志不清的患者以及其他永久和暂时丧失同意能力的情形)。此时自然可以由患者的特定家属行使知情同意权。

2. 知情同意权行使的方法

同意,有明示同意和默示同意之分。由于医疗行为普遍具有侵袭性,因此为了保护患者权益,患者同意权的行使应采取明示的方式行使,而不宜采取默示同意的方式。在诊疗活动中,在实施手术、特殊检查或者特殊治疗以及输血治疗,实施人类辅助生殖技术,为患者首次开具麻醉药品、第一类精神药品处方和进行器官移植时,需要患者签署同意书,作为患者行使同意权的方法。对于其他情形,可以采取患者口头同意方式,但也应进行记录,并应由患者认可或者有其他人员证明。

3. 知情同意权的例外

患方对知情同意权在特定情形也应受到一定限制,具体表现为:(1)违反公序良俗、损害公共利益和他人合法权益。知情同意权的行使必须遵守社会公共秩序,尊重社会公共道德及风俗习惯,不得损害他人合法权益。例如,患方在行使有关的知情同意权时,不得采取暴力、威胁、利诱、殴打医护人员等方式干扰医院正常的诊疗活动。(2)医方行使法定权利。当医方行使法律赋予的特定权利时,将限制患方权利的行使。例如在医方行使紧急治疗权强制治疗权或者干涉权时,无须取得患者的知情同意。(3)医师合理行使自由裁量权。在诊疗活动中,医疗行为具有高度专门性,这使医生的高度自由裁量权成为必要。通常情况下,医生不需要按照患方的要求和指示履行义务,但该项权利的行使必须在合理限度内,否则极可能成为医师滥权的工具。(4)披露信息不利于疾病的治疗。当医方向患者披露信息将不利于疾病的治疗时,基于"不伤害患者"的医学伦理原则,医生有权在未取得患者知情同意的情况下实施医疗行为。例如,对于绝症患者或者某些心理脆弱、情绪不稳定的患者,向其如实和全面地告知病情,可能对其健康产生负面作用,并且影响治疗的效果,严重的还可能导致患者采取自残、自杀的过激行为。但是,不利于疾病的治疗并不是患方知情同意的绝对例外。因为按照我国法律的规定,在这种情况下应当向家属告知,其实质是取得家属的知情同意。因此仅仅在患方只有患者一人的情形,不利于疾病的治疗才应当是免除知情同意的例外。

(二) 患者隐私权

患者隐私权是指患者在医疗机构接受医疗服务时所表现出的,涉及患者自身因诊疗服务要而被医疗机构及医务人员合法获悉,但不得非法泄露的个人秘密。是患者对于其不为或者不愿为他人知悉的包括其疾病、身体隐秘部位在内的个人信息享有的不被他人知悉,禁止他人干涉的权利。患者隐私权的主要表现形式,就是患者对整个就医过程中病历上记载的部分资讯或信息享有支配权。具体表现在两个方

面;积极方面的权利和消极方面的权利。积极方面的权利包括:对病情、诊断结论、治疗方法及后果的知悉权;要求医生对错误信息进行修改的权利(如医生将患者的性别、病史等写错);要求医疗机构或医生对患者患有某种疾病的信息予以保密的权利;对本人患病情况的公开权(患者同意公开病历,意味着对这部分隐私权的放弃,这也属于患者对自己信息的支配)。消极方面的权利表现为禁止他人(主要是医护人员、医院)未经允许擅自公开、披露、利用患者病历档案中的个人信息。

2001年《最高人民法院关于确定民事侵权精神损害赔偿责任若干问题的解释》第一条第二款规定:"违反社会公共利益、社会公德侵害他人隐私或者其他人格利益,受害人以侵权为由向人民法院起诉请求赔偿精神损害的,人民法院应当依法予以受理。"这首次在立法上确立了隐私利益受法律保护。2017年《民法总则》第一百一十条规定:"自然人享有生命权、身体权、健康权、姓名权、肖像权、名誉权、荣誉权、隐私权、婚姻自主权等权利。"进而明确了隐私权作为一项独立的人格权受到法律的保护。具体到患者的隐私权,《执业医师法》第二十二条第三项规定:"医师在执业活动中,要关心、爱护、尊重患者,保护患者的隐私。"《医务人员医德规范及实施办法》第三条第五项规定:"为病人保守医密,实行保护性医疗,不得泄露病人隐私与秘密。"《传染病防治法实施办法》第四十三条规定:"医务人员未经县级以上政府卫生行政部门批准,不得将就诊的淋病、梅毒、麻风病、艾滋病人和艾滋病病毒携带者及其家属的姓名、住址和病史公开。"《母婴保健法》第四十三条规定:"从事母婴保健工作的人员应严格遵守职业道德,为当事人保守秘密。"《传染病防治法》第四十三条规定:"医务人员未经县以上政府卫生行政部门批准,不得将就诊的淋病、梅毒、麻风病、艾滋病病人和艾滋病病原携带者及其家属的姓名、住址和个人病史公开。"此外,《侵权责任法》第六十二条规定:"医疗机构及其医务人员应当对患者的隐私保密。泄露患者隐私或者未经患者同意公开其病历资料,造成患者损害的,应当承担侵权责任。"该条是对患者隐私权的重申,也是对患者隐私权民事救济的直接规定。

对患者隐私权的保护也存在例外情形,例如在患者患有如艾滋病等严重传染病的情况下,及时发现和控制传染病,是大众健康利益、也是社会公共利益的需要,因此医师在诊疗时,发现患者患有传染病或疑似传染病时,向有关部门报告不构成对患者隐私权的侵害。这是隐私权对社会公共利益所做的让步。《执业医师法》第二十九条规定:"医师发现传染病疫情时,应当按照有关规定向所在机构或卫生行政部门报告。"《传染病防治法》第二十一条第一款也规定:"任何人发现传染病或者疑似传染病病人时,都应当及时向附近的医疗保健机构或者卫生防疫机构报告。"但必须强调,保护公共利益并不意味着患者隐私可以被任遭践踏,而应当在维护公共利益的前提下尽可能保护患者的隐私利益不受侵害。再如,当患者出现危重病情或者在发生突发事件的紧急情况下,患者一般病情严重,且往往所处的治疗环境恶劣,医务人员有限、技术设备缺乏。在此种情况下,医护人员应以拯救生命为最高宗旨即使存在侵犯患者隐私权的状况,也因医护人员的全部行为围绕着抢救生命这一目的进行而具有了阻却违法性。

(三)查阅、复印病历的权利

《医疗事故处理条例》第十条规定患者有权复印或者复制其门诊病历、住院志、体温单、医嘱单、化验单(检验报告)、医学影像检查资料、特殊检查同意书、手术同意书、手术及麻醉记录单、病理资料、护理记录以及国务院卫生行政部门规定的其他病历资料。患者依照规定要求复印或者复制病历资料的,医疗机构应当提供复印或者复制服务并在复印或者复制的病历资料上加盖证明印记。复印或者复制病历资料时,应当有患者在场。《侵权责任法》第六十一条也规定,医疗机构及其医务人员应当按照规定填写并妥善保管住院志、医嘱单、检验报告、手术及麻醉记录、病理资料、护理记录、医疗费用等病历资料。患者要求查阅、复制上述规定的病历资料的,医疗机构应当提供。

二、患方的义务

(一)如实告知义务

患者的如实告知义务,是指患者在医疗机构为其提供医疗服务或者执行国家医疗保健的过程中,应将与自身疾病或自身状况相关的信息告知医务人员,并对医务人员所提出的有关疾病治疗和保健服务的询问进行如实答复的义务。如实告知义务与医方诊疗权相对应,是医方诊疗权的内在要求。医方行使诊疗权的目的,在于通过自己的专门知识和技能为患者的疾病恢复和健康维持提供诊疗行为。要完成这项行为需要经过三个阶段:疾病调查—自主诊断—医学处方。其中对患者疾病进行调查是医方行使诊疗权的前提,是诊疗权的首要权利部分。没有疾病调查,就无法作出诊断,更谈不上医学处置,因而如实告知义务是医方进行治疗的内在要求和保证。正确、及时和主动地披露患者的病史、病情以及疾病变化信息有利于医方掌握病史、病情以及疾病变化信息,制订治疗方案。由于患者不进行告知或者告知不实而造成的损害只能由患者自己承担。比如,患者提供假检验结果并由此导致不良医疗效果的,医方不承担责任。

患者如实告知义务与医方的诊疗权有时也会产生冲突。比如医方希望得到的

信息有可能并不是患者愿意透露的,而医方行使诊疗权就必须了解患者的相关信息,这些信息的范围相当广泛,包括疾病症状、病因、既往病史甚至家庭病史,必要时还要对患者进行身体检查以及对患者的组织、分泌物以及排泄物等进行检验,难免触及患者隐私。医方以调查为目的而正当行使治疗权,阻却了侵犯患者隐私的违法性。但治疗权行使的范围必须以治疗疾病所必要为原则,对于疾病以外的与治疗不相关联的信息,医方不得主动探知。而医方在诊疗过程中主动和被动获知的一切患者的隐私在未经患者同意的情况下,不得泄露、传播、利用甚至出卖,以换取不当利益。除非在涉及公共利益或者行使强制治疗权、紧急治疗权的情形,患者隐私不受侵犯。

(二)接受强制治疗的义务

强制性治疗是针对就医者患有医疗法律法规规定必须对患者的人身自由加以限制的疾病,进行专门性隔离治疗的一种特殊行为,其目的是为了保证社会的安全与社会生活的有序稳定。此项义务的承受者通常是被确诊或疑似患有危害社会公共利益的疾病的患者,例如鼠疫、霍乱、严重精神疾病、肺炭疽及艾滋病患者等。由于这些疾病存在严重的社会危害性,为防止危害的发生和蔓延,患者有义务接受强制治疗。这项义务属于患者必须履行的法定义务,与患者负担的其他义务不同,对该义务的违反不单是要承担法律责任,还必须要接受医疗机构的强制性治疗。从本质上讲,患者接受强制治疗是个人权利让位于公共利益的体现,是保证社会安全稳定的需要。

按照我国《传染病防治法》的规定,甲类传染病病人和病原携带者,乙类传染病中的艾滋病病人、炭疽中的肺炭疽病人;病情状况严重的艾滋病病人、炭疽中的肺炭疽病人以外的乙类、丙类传染病病人;《结核病防治管理办法》规定的肺结核病人和疑似结核病的病人;《国境卫生检疫法》规定的检疫传染病染疫人员和《强制戒毒办法》规定的吸食、注射毒品成瘾人员等均负有接受强制治疗的义务。同时,为了预防和控制疾病,防止疾病的大面积扩散,对于可能患有严重传染病的人及人群,也负有接受强制检查、诊断与治疗的义务。我国《传染病防治法》第二十四条第三项即规定:"对疑似甲类传染病病人,在明确诊断之前,在指定场所进行医学观察。"除此之外,患者家属应当积极配合患者履行该项义务,并且有义务协助有关机构采取控制措施。我国《传染病防治法》第二十四条第四项的规定"传染病病人及其家属和有关单位以及居民或者村民组织应当配合实施前款措施。"

(三)给付医疗费用的义务

医疗合同是以有偿服务行为为标的的合同关系。患者支付医疗费用是患者在医疗合同中所负担的主给付义务。医疗费用包括诊疗、处方、检验、药品、手术、处置、住院等各种费用的总和。需要强调的是,医疗合同中医方债务具有手段债务的特性,因此患者接受诊疗后,不论效果如何,都应支付医疗费用。由于医疗合同具有委托合同的特点,因此医疗费用的给付原则上应类似于委托报酬的给付,即适用劳务报酬的后付方式。但实践中患者医疗费用均采用预先支付事后结算的方式,这一点也体现出医疗合同与委托合同之不同。因此,在医疗合同中同时履行抗辩权应无适用的余地。但患者的这种义务在医师实施强制治疗权时存在例外,即使患者未付报酬,医师也不得拒绝治疗。

(四)遵守医疗秩序的义务

良好的医疗秩序是社会和谐稳定的重要体现,也是增进人民福祉的客观要求。患者有遵守医疗秩序的义务,这有利于保障医患双方的合法权益,为患者创造良好的看病就医环境,为医务人员营造安全的执业环境,从而促进医疗服务水平的整体提高和医药卫生事业的健康发展。

遵守医疗秩序的义务人不仅包括患者,还包括患者的近亲属以及进入医疗机构场所内的一切人员。2012年卫生部和公安部发布的《关于维护医疗机构秩序的通告》第一条规定:医疗机构是履行救死扶伤责任、保障人民生命健康的重要场所,禁止任何单位和个人以任何理由、手段扰乱医疗机构的正常诊疗秩序,侵害患者合法权益,危害医务人员人身安全,损坏医疗机构财产。2014年最高人民法院、最高人民检察院、公安部、司法部、国家卫生和计划生育委员会五部门联合印发《关于依法惩处涉医违法犯罪维护正常医疗秩序的意见》进一步明确规定对六种涉医违法犯罪行为应依法严肃追究、坚决打击,包括不得在医疗机构内殴打医务人员或者故意伤害医务人员身体、故意损毁公私财物;不得在医疗机构私设灵堂、摆放花圈、焚烧纸钱、悬挂横幅、堵塞大门或者以其他方式扰乱医疗秩序;不得以不准离开工作场所等方式非法限制医务人员人身自由;不得公然侮辱、恐吓医务人员;不得非法携带枪支、弹药、管制器具或者爆炸性、放射性、毒害性、腐蚀性物品进入医疗机构;不得故意扩大事态,教唆他人实施针对医疗机构或者医务人员的违法犯罪行为,或者以受他人委托处理医疗纠纷为名实施敲诈勒索、寻衅滋事等行为。对于以上扰乱医疗机构正常秩序的行为将视情节轻重分别按照《治安管理处罚法》予以处罚,构成犯罪的依照刑法定罪处罚,追究其刑事责任。2015年《刑法修正案(九)》增加一条规定,即:聚众扰乱社会秩序,情节严重,致使工作、生产、营业和教学、科研、医疗无法进行,造成严重损失的,对首要分子,处3年以上7年以下有期徒刑;对其他积极参加

者,处 3 年以下有期徒刑、拘役、管制或者剥夺政治权利。2018 年国家发改委等 28 个部门联合印发的《关于对严重危害正常医疗秩序的失信行为责任人实施联合惩戒合作备忘录》的通知亦进一步规定,对于严重危害正常医疗秩序的失信行为责任人实施联合惩戒,联合惩戒对象即指因实施或参与倒卖医院号源等破坏、扰乱医院正常诊疗秩序的涉医违法犯罪活动,以及以上六种涉医违法犯罪活动,被公安机关处以行政拘留以上处罚,或被司法机关追究刑事责任的严重危害正常医疗秩序的自然人。

思考与练习题:

1. 比较医患关系与医患法律关系的联系和区别。
2. 医患关系的类型有几种?各有什么特点?
3. 简述医患法律关系的属性。
4. 简述医方自主诊疗权的内容。
5. 简述患方的知情同意权。
6. 如何理解患方的如实告知义务?

(天津医科大学　张放)

第四章 医疗合同

学习目标

掌握：医疗合同的概念、特征；医疗合同的订立、生效和终止；我国医疗合同的性质、违约责任的形式

熟悉：医患关系的性质；各国医疗合同类型实践；医疗损害责任的性质

了解：医疗合同性质的相关学说；医疗合同与几种典型服务合同的区别；违约责任与侵权责任比较

随着我国医疗卫生改革的深入和医疗机构规模的扩大，医疗服务种类逐渐多元化，医患关系日益复杂，医患纠纷的发生率也明显上升。实践中，医患纠纷的处理主要依据《侵权责任法》《医疗纠纷预防和处理条例》以及《医疗事故处理条例》等法律规范。医疗侵权之诉因对患者有利且更容易获得制度和司法资源的支持等优势，对医疗服务行为起到了一定程度的规范作用，充分保障了患方的合法权益。但是该纠纷解决方式却容易忽视对医方权益的保护，而且侵权之诉主要是对医疗损害后果的法律处理和惩戒，无法对医疗服务全过程进行有效的调整和形成前瞻性的约束力。所以本章基于民法和合同法的理论，从医疗服务合同的角度对医疗服务过程进行梳理，以期厘清医患关系的法律属性和相关权利义务。

第一节 医疗合同概述

一、医疗合同的概念

医疗合同在我国现行的《合同法》中并没有相关规定，只是各学者在学理上进行探讨，很多学者把医疗合同又称为医疗服务合同，因此可以将其归入服务合同项下。服务合同亦称提供劳务的合同，一般指全部或者部分以劳务为债务内容的合同。同时服务合同并不以有偿为条件，无偿服务也可以构成服务合同。服务合同的表现形

式丰富多样、类型繁杂，在我国现行的法律中规定和涉及了三十多种服务合同，按照合同的性质划分，服务合同主要分为承揽、委托和保管三大基本服务合同类型。

医疗服务合同属于一种特殊的服务合同，在我国现行的《合同法》中规定了十五种合同，但并不包括医疗服务合同，在其他法律规范中也并没有对医疗服务合同进行明确规定。关于医疗服务合同的概念，学术界至今仍存在分歧，尚无统一定论。有学者从医疗合同的服务特征角度认为，医疗服务合同是以医疗服务为目的，在患者方与医方之间形成的合同。有学者从等价有偿的角度认为，医疗服务合同属于广义服务合同的一种，是指就诊方与医方达成的由医方向就诊方提供医疗服务，而就诊方支付医疗费用的合同。有学者从医疗技术的专业性的角度认为，医疗服务合同是医疗服务机构为患者提供以医学知识和技术为主的专业性、技术性的服务合同，是一种特殊的民事合同。上述概念都在一定程度上揭示了医疗服务合同的属性，但医疗服务合同与其他服务合同最主要的区别在于因医疗行为的专业性和复杂性而导致的医疗服务的特殊性，所以医疗服务合同是以维护患者健康或满足特定医疗需求为目的，由医方与患方订立的，由医方运用医疗知识与技术为患方提供医疗服务，患方支付相应医疗费用的合同。根据医疗内容的不同，医疗服务合同主要包括以下类型：

第一，疾病诊疗型服务合同。又称为一般医疗合同，是一种最常见的医疗服务合同，该合同主要是以疾病的诊疗为目的，由医方为患方提供门诊、住院、手术等服务内容。但在诊疗过程中，医方向患方提供药物的行为，应视为医疗行为的一部分，不宜视为药物买卖合同。

第二，健康检查型服务合同。该合同是以疾病预防为目的，由医方为患方提供以健康检查、疾病筛查为核心内容的预防服务。在我国比较常见的类型有：婚前体检、入职体检、入学前体检等。

第三，试验性医疗合同。该合同是以通过医学试验来推动医学进步为目的，由医方向被试验者进行新的药物或技术试验所订立的合同。该合同中与医方签订合同的被试验者包括但不限于患者。

第四，特殊医疗型服务合同。该合同是以满足患方特殊需求为目的，由医方根据患方的需求而向其提供特殊医疗服务所订立的合同。该合同所指的患者可能并不是真正意义上的患者，因为他们本身并没有疾病，而是基于某种生理上或者心理上的特殊需求而要求与医方订立合同，如医学美容、变性手术等。

二、医疗合同的特征

医疗服务合同和买卖合同、承揽合同等典型民事合同一样都属于合同法的范畴,所以医疗合同首先具有合同法的一般特点,但是由于医疗合同涉及医学和法学两个学科,给付对象和内容与人身权紧密相连,具有特殊性,而且受我国卫生事业的福利公益性定位的影响,医疗服务合同较其他合同有非常明显的特殊性,具体概括为以下几点:

(一)合同订立时的强制缔约性

自愿原则是合同法基本原则之一,自愿原则是指只要不与法律的禁止性规定相冲突,双方就可以自由选择是否缔结合同,同时合同当事人可以对合同的订立方式、合同的内容进行自由协商。但是,由于医疗服务合同涉及人的生命权与健康权,所以医疗机构和医务人员的相关权利义务内容涉及的法律不应仅是私法范畴,更背负着公法意义上的义务和医学伦理赋予的职责,而且由于医学的高知识和高技术性所导致的医患信息严重不对称,患者因医疗信息的匮乏而在合同的订立和履行过程中处于弱势地位,所以为了保障患者的利益,各个国家包括我国都通过立法明文规定限制医方缔约时的自由选择权,以杜绝医方无正当理由拒绝诊疗、见死不救等不良行为的发生。

(二)医事行为高度专业性和当事人信息不对称性

医事行为本身的高度专门性和复杂性,要求医护人员必须是掌握专业医学知识和熟练的诊疗技术的专业人士,这就导致了双方诊疗护理信息的不对称,从而决定了医疗合同的双方当事人在合同缔结和履行过程中作用的不对等。作为医学知识与技能匮乏的患方无法对医生确定的诊疗方案、实施的诊疗技术和最终形成的诊疗结果的恰当性做出专业判定,其只能基于对医方技术和职业道德的高度信任,遵从医方的意见与决定。所以就形成了医患双方法律地位上的平等而实际生活中的不平等现象,这极易导致患方合法权益的侵害。

(三)合同内容的相对不确定性和目的的非结果性

由于人体组织机能和疾病的复杂性,医疗合同所要确定的内容存在较多的不确定因素,且医疗服务行为结果也无法实现事先完全准确的预测。因而,医患双方在订立合同时,只能确定部分基本权利义务,而双方所负的具体权利义务,只能在诊疗过程中根据患者的自身情况以及所患疾病的实际发展转归逐步明确。所以基于此原因,医疗服务合同对应的债务也不是为了实现某些特定结果所形成的"结果债

务",而只能是作为疾病治疗手段的"手段债务",即判断医疗合同履行的目的是否实现并不是以疾病的治愈与否为判断依据,而是以医务人员所运用的医疗救治行为是否适当为判断标准。

(四)医疗合同内容的道德性和合法性

医本仁术,德乃医本,自古以来,无论是东方还是西方,医学就具有救死扶伤的特性,医师就承担着治病救人的重大使命,而且随着社会的法制化,与医生的职业操守和职业道德相关的很多规定都从纯道德层面的自我约束转化为法律层面的社会规制,如告知义务、保密义务等。所以无论医疗合同文本内容双方是否进行了约定,医疗合同内容都受以上道德和法律上的内容约束。

三、医疗合同的订立、生效和终止

(一)医疗合同的订立

1. 医疗服务合同的订立主体

(1)医方

因我国现代医疗服务形式主要是以法人型医疗机构为主,其次为个体医师的开业诊所。虽然无论是哪种情形的服务提供形式,具体医疗服务行为的施行均由具体医务人员,但两种形式的合同主体不同。实行在开业诊所的服务形式中,因诊所为个体经营,所以医患关系的民事法律主体是医务人员,即医疗服务合同的主体为开业医师。但在医疗机构的服务形式中,医务人员提供医疗服务行为是因为其与医疗机构缔约了雇佣合同,作为雇员,其行为源于职务行为,其职务行为均代表雇主医疗机构,所以医患关系的民事法律主体是医疗机构,而不是医务人员。

(2)患方

因为医疗合同涉及人身权,所以患者本人应该是合同的另一方当事人,但作为合同主体的患者方,在不同的情形下,则表现为不同的当事人:

①患者为完全民事行为能力人,通常是指患者年满18周岁,且具备完全民事行为能力。在患者有行为能力且自己神志清醒时前往医疗机构自愿就诊,此时患者本人为医疗合同主体即合同的一方当事人。若患者虽为有行为能力人,但因意识丧失,被其他人送医,则依据送医人的身份不同而主体不同,具体包括三种情形:一为患者配偶,原则上依据夫妻双方互为法定代理的制度,则患者配偶为合同当事人;二为亲戚朋友,原则上可以依据第三人利益合同确定当事人,但此种情形如患者本人清醒,则转为患者;三为第三人,除特别明示愿意成立合同外,一般宜认定为医疗机

构和患者间成立无因管理关系。

②患者为限制民事行为能力人。通常是指未成年人或者部分不能辨认自己行为能力的限制民事行为能力人,如精神病人。此种情形医疗合同的主体均为患者本人,但是缔约的成立、生效与否取决于缔约内容是否与其年龄、智力和精神健康状况相适宜。一般的诊疗服务,通常为患者本人可以独立决定,但如手术类的特殊服务,则需法定代理人的签字认可方能成立、生效。

③患者为无民事行为能力人。主要是指不满八周岁的未成年人和完全不能辨认自己行为的无民事行为能力人。此种情形患者本人自己不能就医,通常由其法定代理人陪同就医,并由其与医疗机构缔结医疗服务合同,但医疗合同的主体仍为患者本人,但合同的缔结主体为其法定代理人,患者的法定代理人代理患者与医疗机构订立的为第三人即患者利益的合同。

2. 医疗服务合同的订立程序

合同当事人达成合意的过程区分为两个阶段,即要约和承诺。所谓要约,"是指一方当事人以缔结合同为目的,向对方当事人提出缔结合同的条件,希望对方当事人接受的意思表示。"所谓承诺,"是指受要约人做出的同意要约以成立合同的意思表示。"承诺生效时,合同成立。合同为双方民事法律行为,当事人双方意思表示一致,合同即告成立,这是诺成合同成立亦即普通合同成立的规则。与普通合同一样,医疗合同的成立也具有诺成性,其成立应以医患双方意思表示一致为标志,其订立自然也必须经过要约和承诺。但是医疗合同具体是如何订立的即医疗合同中谁是要约方,谁是承诺方,这是一个尚具有争议的问题。目前学界有两种观点:

(1)医方为要约方,患方为承诺方

该种观点认为医疗机构开业经营,并明文列出所提供的具体服务项目以及价格的行为应构成要约,患方到医疗机构挂号的行为视为承诺。其主要原因是因为要约必须符合确定而完整的成立要件,才能构成要约,确定是指要约内容确定,完整是指要约内容必须具有能使合同成立的主要条件。而基于医疗技术的专业性和疾病的复杂性,患者选择医疗机构就诊时所提供的信息根本无法满足确定而完整的条件,因此不能视为要约。而医方能就患者挂号费及医疗服务项目和收费标准做出明确地表示,所以医方为要约方。此外,承诺的本质属性是承诺方有选择的自由,即有做出或者不做出承诺的自由。但法律规定医方如无特殊理由不得拒诊的强制缔约义务,显然背离了承诺的本质,而患者却有就医的选择权,所以应视患方为承诺方。

(2)患方为要约方,医方为承诺方

此种观点认为患方选择医疗机构挂号,即是向其就诊的医疗机构提出要约,而医疗机构接诊并发给患方挂号单则是向患方做出承诺。具体原因在于患者在挂号时，因信息匮乏而无法提出具有具体而明确的内容的要约，如需要何种具体的诊疗技术，但对合同的主体、标的和数量等主要条款的信息提供是明确的，其内容为概括性地请求医师为其诊断和治疗，而且能够在医方的辅助下就此达成共识，使医方据此得以承诺，因此即可认为患者已提出要约。另外，医方虽然要承担强制缔约义务，但这源于卫生事业的公益属性和医疗产品的准公共产品属性，而不得不限制医方的承诺选择自由，但这种限制只是不得无理由拒绝患者的合理医疗要求，当患者病情超过了医疗机构的诊疗技术水平或者已超出其正常服务提供承受能力外过多的情况出现，医方仍有一定承诺选择的自由，而且医疗合同也应作为一种特殊的合同来对待。最后在现代社会，服务业以广告、价目表等方式标明其服务项目及其价格，一般只构成一项要约邀请，而非要约，我国合同法第十五条中也已明确规定价目表，商业广告等为要约邀请，医疗机构标明挂号费及医疗服务项目和收费标准，也具有同样的法律性质。

本书赞成第二种观点，除以上原因外，基于合同法理论，在合同的订立过程中，通常是要约表现为主动的一面，而承诺只是对要约意思的接受则表现为较为被动的一面。在医疗服务合同的订立过程中，须先有患者因疾病而到医方处求诊，而后才有医方接受并为其提供服务的可能，因此患方的挂号行为理应是合同成立的起点，而非终点。而且医疗服务合同因医疗服务的专业性和合同标的特殊性，为一种特殊的诺成合同，所以合同的订立过程也较为特殊，应特殊看待。

3. 要约与承诺的形式

要约的形式既可以是明示，也可以是默示。通常患者去就诊，大都须经过挂号程序才能开始接受诊疗服务，所以挂号行为即视为患者以明示的方式提出要约。随着医学信息技术的发展，挂号包括书面、口头、电话以及网络等多种实现方式，这些方式都构成要约的意思表示。在取消或者不设挂号的医疗机构向医护人员递交病历或明确向医护人员要求诊治等都是要约行为。患者提出要约，医师根据要约的内容加以承诺，承诺作为一种意思表示，明示或默示的意思表示均可。通常情形下，医院给患者出具挂号单就是明示的承诺，急诊急救或者在未设立挂号制度的医疗机构，医师的直接诊疗行为视为默示的承诺。

（二）医疗合同的效力

合同法规定，依法成立的合同，自成立时生效。附条件或附期限的合同自条件成就或期限届满时生效，医疗服务合同因其特有的属性和内容，不存在例外的情况，所以自成立时即生效。合同生效后会对合同的当事人产生法律上的效力即法律约束力。这种约束力是合同当事人必须为之或不得为之的强制状态,合同的约束力出表现法律约束力外,因其为双方意思自治达成的,所以也表现为一定程度上的道德约束力和人们自我约束力。这种约束力在医疗合同中主要表现为:医疗服务合同一经成立即生效,医患双方均要受其约束;除不可抗力等法定情形外违约方要承担违约责任;因医疗合同的特殊性,除患者具有法定过错或遇法定情形外,医方不得单独解除合同。此外如发生合同法中规定的可撤销或者无效的情形,合同亦无效或是可撤销,如因医患信息不对称导致的重大误解即为可撤销的合同,如因违反法律禁止性规定而进行胎儿性别鉴定的为无效合同。

合同对于双方当事人所具有的法律拘束力主要体现在双方所负的医疗合同义务上,因医疗合同的特殊性,医疗合同双方的义务主要为法定义务。合同义务主要包括主给付义务、从给付义务和附随义务。其中医方的主给付义务主要包括诊疗护理义务、提供合格的医护人员及必备设备的义务;从给付义务主要包括制作病历、保管病历的义务、与患者沟通的义务、转诊义务、提供必要资料的义务等;医方的附随义务主要包括保护义务、保密义务等。而患者的义务相对简单,主要包括给付医疗费用的义务、遵守医院规章制度的义务、配合医方诊疗的义务等。

(三)医疗合同的终止

合同的终止又称为合同的消灭,是指合同当事人双方间的权利义务为客观上已不复存在。我国《合同法》规定了合同终止的情形主要包括:债务已经按照约定履行、合同解除、债务相互抵销、债务人依法将标的物提存、债权人免除债务、债权债务同归于一人、法律规定或者当事人约定终止的其他情形。基于医疗服务合同的特殊性,医疗服务合同终止的情形主要包括以下几种:

1. 按合同约定履行完毕

这是合同终止最常见的情形,如医患双方当事人按照约定,医方提供了适当合理的医疗服务,患方按约支付了相应的医疗费用,合同的目的得以实现因而双方的权利义务归于消灭,所以合同因履行完毕而归于终止。需要强调的是医方义务是手段义务而非结果义务,即其合同履行的判断标准是基于医疗服务的恰当性而非治愈的程度。

2. 协议终止

协议终止是指合同因基于医患双方的合意而达成解除医疗合同的协议而终止,双方至终止后权利义务归于消灭。

3. 单方解除

单方解除是指因合同一方当事人行使合同解除权即主动提出解除合同而导致的合同终止。因医疗服务合同的特殊性，法律赋予了医患双方不均等的解除权。对于医方，法律对其解除权做了严格的限制，只有当患方发生法定过错或者医疗服务合同遇法定情形，才允许医方单方解除合同，如患者所患疾病最终诊断结果超出医疗机构的诊疗范围。对于患方，法律赋予了其充分的单方解除权，患者可以随时解除合同，如转院治疗、终止治疗。但因患者信息的匮乏，医方应辅助患者行使单方解除权，如充分告知患方终止治疗的后果。

4. 合同当事人的主体资格的消失

基于医疗服务合同，无论是诊疗对象还是服务提供主体均具有很强的人身依附性，所以作为合同的一方或双方主体的不存在使合同自动归于消灭。如患者的死亡、个体开业医师的死亡或者被吊销医师执业资格证书。此外作为法人的医疗机构被注销或者吊销执业许可证，合同关系也将因主体资格的消失而终止，但不会因机构中的某医务人员的主体资格消失而终止。

第二节 医疗合同的法律性质

大陆法系国家合同法的发展，深受合同类型论的影响，主要表现为某具体合同条款的解释与相关法律的适用深受该合同所属的上位合同类型即基本合同类型影响，尤其是无名合同。医疗合同在我国即属于无名合同，其法律性质即合同类型在学说与实务中也多有争议，所以把握医疗服务合同特征与所属上位基本合同类型的特征间的相似与区别是解决其定性问题的关键所在。医疗合同属于服务合同的一种，纵观各学说和各国立法，服务合同的基本原型主要包括有雇佣、承揽、委托、保管四大类型。保管合同双方当事人为寄存人和保管人，其中保管人的义务在于保管另一方当事人交付的物品，并返还该物。所以保管合同与医疗服务合同有明显的区别，因此对于医疗合同的性质争议主要是与其他三大合同类型的争议。

一、医疗合同性质的相关学说

医疗合同是由医方为患者提供以医疗专业技能为主要内容的合同，因其服务内容具有强烈的特殊性，与其他典型的劳务合同区别较大，难以界定，所以对医疗合同的性质争议学术界一直没有定论，目前主要有以下几种观点：

(一)委托合同说与准委托合同说

主张此学说观点的学者认为,因医疗服务的社会性定位和医疗行为的专业、高风险等的特殊性,医疗合同中的劳务给付通常不以行为的有偿性为必要条件,不受合同相对方患方意识的约束和监督,同时给付义务履行与否的评价也不以结果为标准。因医疗合同最类似于委托合同,所以学界大多数学者都主张此学说。但也有部分学者认为医疗合同中患方所委托处分的事项是事实行为,而不是法律行为,所以其严格意义来说不符合委托合同的基本特征,因此就将此合同称为准委托合同。

(二)承揽合同说

主张此学说观点的学者认为,虽然医疗服务合同不以疾病的治愈为合同目的实现的评价标准,但患者医疗费用支付的前提是医方提供诊疗行为,所以医疗服务合同对应的债务仍是结果债务,该结果的追求不是疾病的完全治愈与否而是医疗行为本身之完成与否和因此而实现的一定程度的疾病治愈。这就符合了承揽合同的基本构成要件,所以部分学者将医疗合同看作是承揽合同的一种。

(三)雇佣合同说

主张此学说观点的学者认为,医疗合同是指医患双方基于共同意思表示,由医方在一定时间内为患者提供医疗劳务的合同,医方基于该劳务而获得报酬。该合同内容涉及的医疗行为是事实行为,且医疗行为主要为有偿行为,这些特征均与委托合同和承揽合同的基本构成要件相矛盾,所以部分学者将医疗合同关系解释为雇佣关系,将医疗合同作为雇佣合同的一种。

(四)非典型合同说

主张此学说观点的学者主要是认为医疗合同为无名合同或混合合同。该学说认为由于医疗行为的专业性和特殊性,单一的合同类型很难涵盖复杂多样的医疗合同的全部内涵,将医疗服务合同界定为某一典型合同是不准确的且有失妥当,所以应该将医疗合同看作成一种典型的无名合同来对待,或者基于医疗合同给付内容的不同而界定成不同的合同类型,即将医疗合同界定为混合合同,如一般门诊医疗服务是委托合同和买卖合同的混合,门诊的诊断行为为委托合同调整的范畴,药品买卖是买卖合同规范的内容。

二、各国(地区)医疗合同类型实践

(一)德国

《德国民法典》中服务合同的基本类型主要由两种双务合同和一种无偿合同构

成,其中双务合同是指承揽合同和雇佣合同,无偿合同是指委托合同,其余除保管合同、居间合同、旅游合同和信贷合同外,如未进行特别规定的,则归属于这三种基本合同类型之下。德国民法典未将医疗合同设计成一种独立类型的服务合同,而又固守委托合同为无偿合同和承揽合同的结果性,因而基于医疗合同的有偿性和医疗合同的非结果性,所以德国法律界认为医疗合同是雇佣合同的一种。此外,德国有部分学者主张将医疗合同作为一个独立的债发生的原因,用独立的债的法律制度对其进行调整。但雇佣合同说仍为德国法学界主流观点,另外英美法系国家也主要采取此学说来调整医患关系。

(二)荷兰

荷兰的医疗合同立法相对比较先进,它通过典型合同式立法来调整医患关系。荷兰将《医疗服务法案》纳入《荷兰民法典》有名合同之中,编入第七编合同分则中的第五节,并将其易名为医疗服务合同。其中第五节的第446条规定,从事医疗执业或经营的自然人或法人作为医疗服务者,对委托人有义务直接对委托人或特定第三人人身实施医疗领域活动的合同,以及本节中称为医疗合同的其他合同是医疗合同。对其人身直接实施医疗领域活动的人称为患者。法典第460条也规定了限制解除权,医疗服务者除有重大事由外,不得终止医疗合同。法典第461条规定了医疗合同为有偿合同,委托人应当向医疗服务者支付报酬,但医疗服务者对其工作,基于法律或基于根据法律制定的规定取得报酬,或者从合同中得出其他结论的除外。所以荷兰法学界是将医疗合同作为一种典型合同来进行设计的,这更有利于对医患关系的规范和更好的法律适用,非常值得其他国家学习借鉴。

(三)日本

《日本民法典》第643条规定:"委托,因当事人一方委托相对人从事法律行为,相对人对此做出承诺"。但该法典第656条又规定:"本节的规定准用于非法律行为事务的委托"。可见,在日本法中,委托合同是一种以法律行为为基础而成立的合同,委托事项仅限定于法律行为,而将基于非法律行为的成立的委托合同称为准委托合同。所以由于诊疗行为是一种事实行为,而不是一种法律行为,而且医疗合同又非常类似于委托合同,日本法典又没有将其典型化,所以日本法学界将医疗合同视为准委托合同,适用委托合同的相关规定。

(四)中国台湾

中国台湾地区民法典第十节第528条规定:"称委任者,谓当事人约定,一方委托他方处理事务,他方允为处理之契约"。该法典第535条和547条之规定,委任包括有偿、无偿委任二种情形。另根据529条之明确规定："关于劳务给付之契约,不属于法律所定其他契约之种类者,适用关于委任之规定",我国台湾地区委任合同处理事务的范围并没有区分法律行为和事实行为,不管当事人处理的事项是何行为,只要不违反禁止性规定,都能够成立委托合同。所以委托合同在体系构成上具有综括其余之地位,被作为服务合同的典型契约。台湾地区法律界认为医疗合同就是一种典型的委任合同,其是由医生因受患者委托,而依托自己的专业知识和专业技术对患者疾病进行诊疗的事实行为。该行为可为无偿,亦可有偿。台湾学者邱聪智教授在其对委任事务的分类列举中,将医疗行为划分到委任非法律事务中的社会性事务的一种。因此,在台湾无论是理论界还是实务界,医疗合同一般情形下均作为一种典型的委托合同存在,但需注意的是如患者与医师约定治愈疾病方给付报酬时,这一合同则被认为是承揽合同。

综上可见不同国家地区对医疗合同的法律适用不同,合同类型归属则不同,但在该部分内容的了解中还须注意的是,即使类型定义相同,也要注意上述基本类型间的体系定位、概念界定等之间的差异,因为不同国家或地区对于此类界定也往往存在着明显不同,如就委托合同的报酬规定,台湾民法典承认有偿委托,但德国民法典仍固守委托的绝对无偿性。

三、我国医疗合同的性质

(一) 与几种典型服务合同的区别

1. 与委托合同的区别

委托是基于行为人的某种法律目的和权力自由处分条件,通过契约授予受托人按照委托人意思处理事务的权力的一种民事行为。委托事务原则上是基于法律行为的事务,委托合同不以完成工作成果为目的,受托人仅负有忠实尽力促成委托人事项之义务,因而委托合同是以信赖关系为基础所订立的,源于双方信赖程度对委托合同订立目的的实现影响较大,所以委托合同的双方当事人享有任意解除权,而且任意解除权不以对方违约为前提。医疗合同与委托合同的不同之处在于:(1)因医疗行为本身为事实行为,这与委托合同基于法律行为而产生不同;(2)因医疗行为的专业性,委托者患方无法对医方就委托事项进行指示,这与委托合同中受托人应按照委托人指示完成委托事务不同;(3)因医方诊疗相关行为、结果的告知内容可能影响诊疗效果甚至是患者健康,医疗合同中医方的告知义务视情况可以向患者本人履行,也可以向患者家属或相关人履行,这与委托合同中受托方必须如实向委托方履行报告义务,不得隐瞒不同;(4)因医疗行为事关患者生命健康,医疗合同无论有偿与否,均要求医方尽一切注意义务保证患者权益,这与委托合同中的注意义务要求与合同的有偿与否密切相关不同,通常有偿合同,受托人应尽最善良管理人的注意义务;无偿合同,受托人尽基本注意义务即可。(5)因为保障患者权益,医疗合同要求医方履行强制缔约义务,对其合同解除权做了严格的限制,这与委托合同中,合同双方享有合同任意解除权不同。

2. 与承揽合同的区别

承揽合同的双方当事人为承揽人与定作人,其中承揽人需为定作人完成一定工作并交付工作成果,定作人的义务则为给付承揽人相应的报酬。定作人订立合同目的是为了获得承揽人的劳务结合其设备、技能等最终形成的特定的劳动成果,所以承揽属于以特定的工具和技能完成一定工作任务的典型交易形式,而不在于获得承揽人所提供的劳务本身。而且随着现今承揽形式的多样性,承揽的范围也发生着巨大变化,日本学者山本敬三依据工作性质的不同,将承揽合同分为物型承揽和服务型承揽,由于服务型承揽劳务与结果之间无法清晰区别,所以瑕疵担保责任主要运用在物型承揽,但服务型承揽合同同样为以完成一定工作为目的的合同,而且还需将承揽过程纳入合同的义务履行审查范围。医疗服务合同因医疗服务的特殊性和诊疗对象自身的差异性,不可能以明确达到某种预期诊疗效果作为合同交付的结果,这与承揽合同要求承揽人必须在约定时间要交付一定量的工作成果不同,虽然有部分学者主张医疗服务行为的完成可视作是工作成果,但是医疗服务行为的完成并不代表着会有预期诊疗效果,医疗服务合同内容的不确定性和目的的非结果性决定了医疗合同只能以医务人员所运用的医疗救治行为是否适当作为合同义务履行的判断标准。

3. 与雇佣合同之区别

雇佣是受雇人在一定期限内、一定劳动条件下为雇佣人提供劳务,而雇佣人支付相应劳动报酬。雇佣合同以劳务行为本身作为合同标的,该劳务行为可以是法律行为,也可以是事实行为。雇佣合同中的受雇人提供劳务的方式和内容原则上应服务雇佣人之指示。雇佣合同为双务有偿合同,无偿提供劳务不成立雇佣合同。医疗合同与雇佣合同的区别主要是:(1)因医疗行为的专业性,雇佣人无法对医方就医疗服务行为进行指导与建议,这与雇佣合同中受雇人应按照雇佣人指示完成劳务行为不同。(2)因医疗行为具有一定的社会福利性,所以医疗合同不一定都为有偿合同,这与雇佣合同必须是双务有偿合同不同。

(二)我国医疗合同的性质

就目前国内立法和司法来看,大部分情况下医疗合同还是被视作非典型合同来看的。首先就雇佣合同来看,我国合同法的有名合同中并不包括雇佣合同,因为在我国雇佣合同等同于劳动合同,劳动合同受劳动法调整,而劳动法主要是调整用人单位与劳动者的劳动关系的法律规范。因此在我国医疗合同不能归属于雇佣合同;其次,就承揽合同而言,我国合同法第251条规定"承揽合同是承揽人按照定作人的要求完成工作,交付工作成果,定作人给付报酬的合同。",第252条规定:"揽合同的内容包括承揽的标的、数量、质量、报酬、承揽方式、材料的提供、履行期限、验收标准和方法等条款。",而医疗合同具有合同内容的相对不确定性和目的的非结果性的典型特点,因此在我国医疗合同不能归属于承揽合同;最后就委托合同而言,我国合同法有关委托合同的概念,与日本、我国台湾地区关于委托合同的适用范围基本一致,委托内容既包括法律行为,也包括准法律行为和事实行为。而且合同法第22章第423条规定:"本章没有规定的,适用委托合同的有关规定。"可见委托合同在我国现行立法上虽没有被规定为典型合同,综括其他服务合同,但基本可以视作是其他典型合同或非典型合同的补充使用规则,所以在我国医疗服务合同适用委托合同的相关规范似乎更合适。但是,从前述医疗合同与委托合同的区别可见,医疗合同即使适用委托合同或者其他更接近的有名合同,还是无法满足调整医患关系的需求,所以本书认为,我国应该根据医疗服务合同本身的独特性,充分考虑医疗行为的复杂性和特殊性,尽快针对医疗合同立法,像荷兰民法典一样,把医疗合同设计成一个新型的有名合同。

第三节 医疗合同的法律责任

医方与患方因诊疗行为而建立医疗服务合同,医疗合同是一种双务合同,合同当事人任何一方不履行或不适当履行其所应承担的合同义务,根据相关合同法的规定,应构成违约并应承担相应的违约责任。但是,在诊疗过程中,如果造成当事人权利损害,医疗服务合同中通常为患方遭受人身损害即医疗损害,此时医方则又构成侵权应承担侵权责任。所以在医疗服务合同纠纷中,行为人的一个行为因符合两个法律关系的构成要件而产生了两种民事责任,即医疗违约责任和医疗侵权责任竞合。对于责任竞合现象,采用何种处理方式,到底应该基于合同追究其违约责任,还

是基于合法权益受到侵犯而追究其侵权责任,各国的立法规定和法律实践均有所不同。在诊疗过程中,大多数的医疗行为是构成医疗违约责任的,仅有少数医疗损害行为构成医疗侵权责任,但是因为构成责任竞合的行为相对于单纯构成违约责任的行为,其损害后果均较为严重且权利救济更为复杂,所以以下重点对违约责任与侵权责任的性质与区别进行分析。

一、医疗损害责任的性质

(一)违约责任说

该学说认为医患关系是民事合同关系,医疗合同成功订立后,医患双方互负合同义务,其中一方违反合同约定不履行或者不完全履行所负义务时,构成违约行为,应按照合同约定承担违约责任。所以医方在诊疗护理过程中,因违反规章制度或未遵守操作程序等导致患者生命健康权等权益的损害的,也应该按照合同的约定承担损害赔偿责任。该学说主要被大陆法系国家所采用,如我们前面提到的荷兰,对医疗损害责任和其他违约行为一样按违约责任追究,通过合同有名化杜绝了法律适用的争议。

(二)侵权责任说

该学说认为因为违约责任主要基于对合约内容的解释和事实理由,而医疗合同主要为不要式合同,其往往未对此进行详细约定,所以医方在诊疗护理过程中因过错行为造成患者的人身权利损害的应视为侵权。医方应根据过错程度对患方承担损害赔偿责任。该说主要被英美法系的国家所采用,如美国法对医方的损害赔偿责任多以侵权责任进行追究。

(三)责任竞合说

该说认为医患双方存在着医疗合同关系,因医方违反合同义务给患者造成损害构成违约应承担违约责任,但从患者权利受到侵犯的角度来看,该违约行为又是一种侵权行为,医方也应当承担侵权责任,所以对于违法行为的实行人医方来说就构成了违约与侵权的责任竞合。而对于违法行为的受害人患方,责任的竞合体现为请求权的竞合,即患者因医方的损害行为同时取得了违约损害赔偿请求权与侵权损害赔偿请求权两个请求权,通常可以自由选择行使任一种请求权。我国和德国均采用此学说。如我国《合同法》第122条规定"因当事人一方的违约行为,侵害对方人身、财产权益的,受损害方有权选择依照本法要求其承担违约责任或者依照其他法律要求其承担侵权责任。",因此在我国患者基于医疗损害,既可以提起违约之诉也可以提起侵权之诉。但现实中，因以侵权之诉请求，患者更容易获得制度和司法资源的有力支持，更有利于人格和财产利益的保护，所以在遭遇医疗损害时，患者多数选择的是通过侵权之诉来进行追偿。

二、违约责任与侵权责任比较

违约责任与侵权责任虽然都具有惩处违法行为、补偿损失的功能，但其是完全不同的两类民事责任，因此当发生责任竞合的时候，受害人诉由的选择不同会直接导致其结果的不同。究其原因，主要是因为违约责任和侵权责任在归责原则、举证责任、责任范围、免责条件、过失相抵、诉讼管辖及诉讼时效等方面都存在着一定的差别，但因为医疗服务合同的特殊性，在发生责任竞合时，医疗损害的违约责任与侵权责任在免责条件、过失相抵、诉讼管辖等方面有区别，但差别并不是很明显，如医疗侵权责任和违约责任的免责条件因涉及人身权，均为法定，所以以下主要是基于我国法律对医疗违约和侵权责任的归责原则、举证责任、责任范围和诉讼时效的区别进行比较：

（一）归责原则与举证责任不同

我国《合同法》对于违约责任实行的归责体系是以严格责任规则原则为主、过错责任归责原则为辅的归责原则。所以在我国绝大多数合同适用的是严格责任的归责原则，过错责任归责原则主要应用于无偿合同，医疗合同主要以有偿合同为主，所以按照合同法推定，医疗损害责任的归责原则应适用严格责任，根据严格责任的举证责任分配，患方只需要就医疗机构存在违约行为进行举证即可，而无须就医疗机构是否存在主观过错承担证明责任。而我国《侵权责任法》对于违约责任实行的归责体系是实行以过错归责为核心，过错推定或无过错归责为辅的归责原则。侵权责任法就医疗侵权的归责原则进行了规定，医疗技术损害责任适用过错责任原则，医疗伦理损害责任适用过错推定原则，医疗产品责任适用无过错责任原则。所以就医疗技术损害，患方必须就医方的过错进行举证，除非符合法定的适用无过错情形或者适用过错推定情节。

（二）赔偿范围不同

传统民法理论认为，违约责任的损害赔偿范围主要针对的是财产损失，一般而言不包括人身伤害赔偿和精神损害赔偿，而且受害者需要就其具体的损失进行举证才能获得赔偿；而侵权责任的损害赔偿范围相对较宽泛，既包括财产损失，也包括人身损害赔偿，而且人身损害赔偿范围主要为法定，即患者无须就其具体损失举证。

此外侵权损害赔偿责任通常可以请求因该侵权所导致的精神损害赔偿,所以使用违约责任意味着患者会丧失一项索赔,这也是为什么患方在遭遇医疗损害时,倾向于选择侵权责任最主要的原因。

三、违约责任的形式

违约责任的形式是指违约方承担违约责任的具体方式。对此,我国《民法总则》和《合同法》相关条文都做了明确规定。其中《合同法》第107条规定"当事人一方不履行合同义务或者履行合同义务不符合约定的,应当承担继续履行、采取补救措施或者赔偿损失等违约责任。"此外合同法还规定了如违约金、定金等其他的违约承担方式,但因医疗合同的特殊性,如医疗合同的非结果性,医疗合同中通常不做违约金条款的约定,即医疗合同很少采用赔偿违约金的违约责任承担方式,所以医疗服务合同的违约责任主要包括继续履行、采取补救措施和赔偿损失三种形式。

(一)继续履行

又称之为强制实际履行,是指违约当事人不履行、迟延履行或者未完全履行合同时,在对方当事人的请求下,依照国家强制力,要求其按照合同约定完全履行合同义务的违约承担形式。一般情况下,如果违约行为未对对方当事人利益造成较大损害,且又能继续履行的,则应当继续履行。但因医疗服务具有较强的时效性和针对性以及生命健康的不可逆性,违约行为极易对患方造成损害且继续履行往往对患者已失去意义,所以医疗服务合同很少适用继续履行。

(二)采取补救措施

我国《合同法》第111条明确规定"质量不符合约定的,应当按照当事人的约定承担违约责任。对违约责任没有约定或者约定不明确,依照本法第六十一条的规定仍不能确定的,受损害方根据标的的性质以及损失的大小,可以合理选择要求对方承担修理、更换、重作、退货、减少价款或者报酬等违约责任。"。即当事人可以要求违约方采取修理、更换、重做、退货、减少价款或报酬等形式的补救措施。但因医疗服务合同标的的特殊性,此种违约责任只适用于更换药品、医用材料等可补救的医疗服务,对于大多数医疗合同来讲,仍然存在较强的限制。

(三)赔偿损失

赔偿损失是一种最主要和最普遍的医疗违约责任承担方式。《合同法》第113条明确规定了违约损害赔偿的范围:"当事人一方不履行合同义务或者履行合同义务不符合约定,给对方造成损失的,损失赔偿额应当相当于因违约所造成的损失,包

括合同履行后可以获得的利益,但不得超过违反合同一方订立合同时预见到或者应当预见到的因违反合同可能造成的损失。经营者对消费者提供商品或者服务有欺诈行为的,依照《中华人民共和国消费者权益保护法》的规定承担损害赔偿责任。"无论是司法实践还是理论界,我国医疗服务合同的违约赔偿极少主张适用消费者权益保护法的规定进行赔偿,所以在此不予讨论。在医疗损害赔偿中,医方的违约行为给患者造成的损害主要包括财产损害和非财产损害。其中财产损害主要指的是患者因医方违约行为致使其人身遭受损害后发生的各项费用,如医疗费、误工费等;非财产损害,主要体现为人格上的损害,如身体损害,隐私泄露等。医疗赔偿中就财产损害,通常主张如实赔付,往往不考虑信赖利益损失。但就人格权损害,是否应通过违约责任主张,尤其是否应包括精神损害赔偿,目前仍存在较大争议。有部分学者主张我国《合同法》第112条的"其他损失"和第113条的"因违约所造成的损失"的规定以及有关人身损害赔偿的相关法律规定并没有排除违约情况下的非财产损害赔偿以及精神损害赔偿,所以患者以违约责任来主张非财产损害的赔偿是有相关请求权依据的,而且该种赔偿方式的适用也有利于推动我国适用医疗合同关系解决医疗纠纷。

思考与练习题:

1. 医疗合同概念和分类是什么?
2. 医疗合同的特征是什么?
3. 医疗合同中医方的医疗主体是谁?
4. 医疗合同的终止情形包括哪些?
5. 医疗合同性质的相关学说包括哪些?
6. 医疗违约责任和侵权责任的区别是什么?
7. 我国医疗违约责任的形式包括哪些?

(西南医科大学 孙雪)

第五章 医疗侵权的民事责任(上)

学习目标

掌握:医疗侵权民事责任的概念、特征,医疗侵权民事责任归责原则及医疗侵权民事责任的主要类型

熟悉:民事责任的概念、特征、种类及民事责任的承担方式

了解:医疗损害责任的免除情形

第一节 民事责任概述

一、民事责任的概念和特征

(一)民事责任的概念

民事责任,是指民事主体在民事活动中实施了民事违法行为,违反民事义务所应承担的法律后果。民事责任属于法律责任的一种,主要包括民事侵权责任和违约责任两大类,是保障实现民事义务履行和民事权利行使的重要法律手段。民事责任一般由民事主体行为的违法性、损害事实的存在、行为人的过错以及其违法行为与损害事实之间存在因果关系四个要件构成。医疗侵权民事责任是民事责任的一种类型,了解民事责任有助于对医疗侵权民事责任的正确理解与适用。

(二)民事责任的特征

与其他法律责任相比,民事责任具有以下主要特征:

1. 民事责任的产生以民事义务的存在为前提,因此它是一种违反民事义务的法律责任。

2. 民事责任主要是一种财产责任。由于民法的调整对象主要是平等民事主体之间的财产关系及人身关系,由此决定了民事责任主要是一种财产责任。此外,在我国民法规定中，民事责任的承担也包括非财产责任，如恢复名誉、赔礼道歉、恢复原状等。

民事责任具有补偿性。与行政责任、刑事责任不同，由于民事责任主要是一种财产责任，因此，民事责任以弥补民事主体所受的损失为限，以恢复被侵害的民事权利为目的，即民事责任的范围应与违法行为所造成的损害范围相适应，在确定财产责任范围的大小时，一般按照补偿性原则来确定。如侵权责任的承担旨在使当事人的利益恢复到受损害以前的状态。就违约责任而言，旨在使当事人的利益达到合同获得适当履行的状态。

民事责任一般可以由当事人依法协商解决。

与行政责任、刑事责任的解决方式不同，由于民事主体的法律地位平等，平等自愿、等价有偿是民事活动的基本原则，民事主体从事民事活动，应当遵循自愿原则，按照自己的意思设立、变更、终止民事法律关系。因此无论是民事侵权纠纷或者是违约纠纷，一般当事人可以通过平等协商解决。《民法总则》第一百七十六条规定，民事主体依照法律规定和当事人约定，履行民事义务，承担民事责任。

二、民事责任的种类

由于民事主体的行为性质、民事责任构成及其法律规定不同，民事责任具有多种类型。按照不同标准对其进行分类，有利于正确认识民事责任和正确处理民事责任。

（一）财产责任与非财产责任

根据是否具有财产内容，民事责任分为财产责任与非财产责任。财产责任是指由民事违法行为人承担财产上的不利后果，使受害人得到财产补偿的民事责任，如医疗损害赔偿责任。非财产责任是指为防止或消除损害后果，使受损害的非财产权利得到恢复的民事责任，如消除影响、赔礼道歉、恢复原状等。

（二）侵权责任、违约责任与其他责任

根据责任发生的根据不同，民事责任可以分为侵权责任、违约责任与其他责任。侵权责任是指因民事主体违法侵犯他人的财产权益与人身权益而产生的责任，是主要的民事责任。违约责任是指因违反合同约定的义务，或违反《合同法》规定的义务而产生的责任。除此之外还包括其他民事责任，如不当得利、无因管理等产生的责任。

(三)无限责任与有限责任

根据承担责任的财产范围不同,民事责任可以分为有限责任与无限责任。有限责任是指债务人以一定范围或一定数额的财产承担的民事责任。无限责任是指责任人以自己的全部财产承担的责任,如合伙人对合伙债务承担的责任等。

(四)单独责任与共同责任

根据承担民事责任的主体数量不同,民事责任可以分为单独责任与共同责任。单独责任,是指由一个民事主体独立承担的民事责任,多数责任属于单独责任。共同责任,是指两个以上的人共同实施违法行为并且都有过错,从而共同对损害的发生承担的责任,如加害人为两个以上的人对受害人承担的责任。

共同责任还可以分为按份责任、连带责任与补充责任。按份责任,是指多数当事人按照法律的规定或者合同的约定,各自承担一定份额的民事责任。《民法总则》第一百七十七条规定,二人以上依法承担按份责任,能够确定责任大小的,各自承担相应的责任;难以确定责任大小的,平均承担责任。《侵权责任法》第十二条规定,二人以上分别实施侵权行为造成同一损害,能够确定责任大小的,各自承担相应的责任;难以确定责任大小的,平均承担赔偿责任。连带责任是指多数当事人按照法律的规定或者合同的约定,连带地对权利人承担责任。如因违反连带债务或者共同实施侵权行为而产生的责任,各个责任人之间具有连带关系,应当承担连带责任。在连带责任中,权利人有权要求责任人中的任何一个人承担全部或部分的责任。《民法总则》第一百七十八条规定,二人以上依法承担连带责任的,权利人有权请求部分或者全部连带责任人承担责任。

连带责任人的责任份额根据各自责任大小确定;难以确定责任大小的,平均承担责任。实际承担责任超过自己责任份额的连带责任人,有权向其他连带责任人追偿。补充责任,是指在不法行为人不能承担全部赔偿责任时,与其有特定关系的当事人依法就其不能偿付部分承担的间接责任。

(五)过错责任、无过错责任和公平责任

根据责任的构成是否以当事人的过错为要件,民事责任可以分为过错责任、无过错责任和公平责任。

过错责任,是指行为人违反民事义务并致他人损害时,应以过错作为责任的要件和确定责任范围的依据的责任。《侵权责任法》第六条规定,行为人因过错侵害他人民事权益,应当承担侵权责任。依过错责任,如果行为人没有过错,如加害行为因不可抗力而致,则虽有损害发生,行为人也不负责任。此外,在确定责任范围时应当

确定受害人是否具有过错,受害人具有过错的事实可能导致加害人责任的减轻和免除。过错责任是我国一般民事侵权行为责任的归责原则。

无过错责任,是指行为人只要给他人造成损失,不问其主观上是否有过错而都应承担的责任。《侵权责任法》第七条规定,行为人损害他人民事权益,不论行为人有无过错,法律规定应当承担侵权责任的,依照其规定。

公平责任,是指双方当事人对损害的发生均无过错,法律又无特别规定适用无过错责任原则时,由人民法院根据公平的观念,在考虑当事人双方的财产状况及其他情况的基础上,由当事人公平合理地分担责任。《侵权责任法》第七条规定,根据法律规定推定行为人有过错,行为人不能证明自己没有过错的,应当承担侵权责任。

三、民事责任的承担方式

民事责任的承担方式,又称为民事责任的形式,是指民事主体承担民事责任的具体措施。《民法总则》第一百七十九条规定,承担民事责任的方式主要有:(一)停止侵害;(二)排除妨碍;(三)消除危险;(四)返还财产;(五)恢复原状;(六)修理、重作、更换;(七)继续履行;(八)赔偿损失;(九)支付违约金;(十)消除影响、恢复名誉;(十一)赔礼道歉。另外,法律规定惩罚性赔偿的,依照其规定。承担民事责任的方式,可以单独适用,也可以合并适用。《民法总则》第一百八十七条规定,民事主体因同一行为应当承担民事责任、行政责任和刑事责任的,承担行政责任或者刑事责任不影响承担民事责任;民事主体的财产不足以支付的,优先用于承担民事责任。

第二节　医疗侵权责任的概念和特征

一、医疗侵权责任的概念

医疗侵权责任,是指医疗机构及其医务人员在医疗活动过程中,因违反医疗法律、法规、规章以及诊疗规范,造成患者合法权益损害,依法应承担的法律责任。

二、医疗侵权责任的特征

医疗侵权民事责任是民事责任的一种,除具备一般民事侵权责任的属性外,又具有自身的特征。

(一)是发生在医疗活动中的法律责任

医疗侵权责任是医疗机构及其医务人员在医疗活动过程中,因违反医疗法律、法规、规章以及诊疗规范,造成患者合法权益损害,依法应承担的法律责任。因此,不同于其他民事责任,这种责任只能产生于医疗活动过程中。医疗活动包括为救治患者,医疗机构及其医务人员所采取的诊断、治疗、护理、抢救等一系列活动。事实上医疗侵权行为作为一种特殊的侵权行为,其特殊就在于医疗侵权是由医疗活动引发的侵权行为,而非医疗活动以外的行为引发的。

(二)主体的特定性

与其他民事侵权责任不同,医疗侵权责任的主体是特定的,即医患关系之间。医疗机构,是指依照《医疗机构管理条例》的规定取得《医疗机构执业许可证》的机构,是指依法设立并经登记取得《医疗机构执业许可证》从事疾病诊断和治疗活动的卫生机构的总称。广义意义上的医务人员一般是指经过考核和卫生行政部门批准和承认,取得相应资格及执业证书的各级各类医疗卫生技术人员。因此,医疗侵权责任的主体是特定的。医疗侵权法律关系的另一方主体是患者。法律意义上的患者是指与医疗机构形成事实上的医患法律关系的自然人。除此之外,与患者本人存在法律关系的人(主要是患者的近亲属)在一定条件下也可以成为医疗侵权法律关系的主体。

(三)存在医疗过错

医疗行为是一种具有专业性、侵袭性、高风险性和复杂性的活动,在医疗活动过程中,并非所有医疗行为对患者所造成的损害都是医疗侵权行为,只有医疗行为的实施主体在实施医疗行为对患者造成损害存在过错,该行为才可能构成医疗侵权行为,行为人才承担相应的法律责任。过错是侵权行为构成要件中的主观因素,反映行为人实施侵权行为的心理状态。医疗过错分为故意与过失。医疗故意,是指行为人预见到自己的行为可能产生的损害结果,仍希望其发生或放任其发生,如医疗机构为获利而出售劣药、进行不必要的检查等。医疗过失,是指医疗机构及其医务人员对其医疗行为对患者所造成的损害结果应当预见但由于疏忽而未能遇见,或者虽已预见但轻信能够避免以致造成损害后果的心理状态。《侵权责任法》第五十四条规定,患者在诊疗活动中受到损害,医疗机构及其医务人员有过错的,由医疗机构承担赔偿责任。这一条明确规定了医疗损害赔偿责任是过错责任。医疗侵权法律关系是患者与医疗机构之间基于医疗法律关系,医疗机构及医务人员在诊疗过程中因过失而给患者造成人身或财产的损害,而形成的双方之间的权利与义务关系[①]。

[①] 杨立新:《医疗侵权法律与适用》法律出版社,2008年5月第1版,第41页。

(四)损害结果的人身性

医疗损害,是指在诊疗护理过程中,因医方的不法行为而致使患者的人身权利、财产权利受到侵害,并导致患者的人身利益和财产利益受到损害的客观事实。依侵权损害的性质和内容,大致可分为财产损失、人身伤害和精神损害三种,医疗侵权损害事实主要是行为人对患者生命、健康和精神的损害,因此,行为人应当承担相应的损害赔偿责任。

第三节 医疗侵权责任的主要类型

一、违反告知义务的民事责任

(一)违反告知义务的民事责任及法律根据

违反告知义务的民事责任,是指医疗机构及其医务人员在医疗活动过程中,由于未依法履行告知义务,致使患者受到损害,依法应承担的法律责任。1994年9月1日国务院制定并实施的《医疗机构管理条例》第三十三条规定,医疗机构施行手术、特殊检查或者特殊治疗时,必须征得患者同意,并应当取得其家属或者关系人同意并签字;无法取得患者意见时,应当取得家属或者关系人同意并签字;无法取得患者意见又无家属或者关系人在场,或者遇到其他特殊情况时,经治医师应当提出医疗处置方案,在取得医疗机构负责人或者被授权负责人员的批准后实施。该规定是我国首次以行政法规的形式对患者知情同意权作出的集中且较详尽的规定。1999年5月1日起施行的《执业医师法》第三章"执业规则"第二十六条第一款规定,医师应当如实向患者或者其家属介绍病情,但应注意避免对患者产生不利后果。2002年9月1日实施的《医疗事故处理条例》第十一条规定,在医疗活动中,医疗机构及其医务人员应当将患者的病情、医疗措施、医疗风险等如实告知患者,及时解答其咨询;但是,应当避免对患者产生不利后果。2010年7月1日实施的《侵权责任法》第五十五条规定,医务人员在诊疗活动中应当向患者说明病情和医疗措施。需要实施手术、特殊检查、特殊治疗的,医务人员应当及时向患者说明医疗风险、替代医疗方案等情况,并取得其书面同意;不宜向患者说明的,应当向患者的近亲属说明,并取得其书面同意。医务人员未尽到前款义务,造成患者损害的,医疗机构应当承担赔偿责任。与《医疗机构管理条例》第三十三条立法"必须征得患者同意,并应当取得其家属或者关系人同意并签字"相比较,该法很大程度上剥离了患者与家属的同等

知情同意权主体关系,使得这一专属权利回归了患者本人,符合知情同意制度的宗旨,亦有利于患者权益的保护。关于紧急治疗中的知情同意权,《侵权责任法》第五十六条规定,因抢救生命垂危的患者等紧急情况,不能取得患者或者其近亲属意见的,经医疗机构负责人或者授权的负责人批准,可以立即实施相应的医疗措施。

(二)医疗告知义务的概念及分类

1. 概念

医疗告知义务,是指为保障患者知情同意权的实现,医疗机构及其医务人员在诊疗过程中,依法应将患者的有关疾病诊断、诊疗措施以及疾病发展和治疗措施所面临的风险向患者进行说明的义务。

2. 分类

(1)一般告知义务和特殊告知义务

一般告知义务,即医务人员在一般医疗活动应当向患者说明其病情和医疗措施的义务。一般告知义务没有限定形式,既可以书面告知也可以口头告知。病情主要包括疾病初步诊断、病情轻重、痊愈状态及可能性等;医疗措施主要包括诊疗措施采用的性质、理由、内容、预期的诊疗效果、医疗方法对患者的侵袭范围和危险程度及医疗费用等情况。

特殊告知义务,即医务人员在特定医疗活动中应当向患者说明并取得其书面同意的义务。特定医疗活动主要包括实施手术、特殊检查和特殊治疗等,告知的内容是医疗风险、替代性医疗方案等情况,形式是书面同意。根据《医疗机构管理条例实施细则》第88条的规定,特殊检查和特殊治疗包括:有一定危险性,可能产生不良后果的检查和治疗;由于患者体质特殊或者病情危笃,可能对患者产生不良后果和危险的检查和治疗;临床试验性检查和治疗;收费可能对患者造成较大经济负担的检查和治疗。替代性医疗方案的告知是法律新增内容,根据临床实践,其应当包括:有无替代性方案;其风险及其性质、程度及范围;其治疗效果;其可能引起的并发症或意外;采取或不采取该方案的理由等。

(2)医疗告知义务的特殊情形

保护性医疗原则下的医疗告知。保护性医疗原则是指在一些特殊情况下为了避免对患者产生不良条件反射以影响病患康复,而向患者隐瞒部分病情的诊疗原则。这一原则主要是为了患者身心保持良好状态以利于康复,一般适用于危重病症或风险性较大的医疗措施。《侵权责任法》第55条明确规定,不宜向患者说明的,应当向患者的近亲属说明,并取得其书面同意。这里的医疗告知义务的对象是患者的近亲属,即配偶、父母、子女、兄弟姐妹、祖父母、外祖父母、孙子女、外孙子女;告知的形式是取得书面同意。

紧急情形下的医疗告知。《侵权责任法》第56条规定:"因抢救生命垂危的患者等紧急情况,不能取得患者或者其近亲属意见的,经医疗机构负责人或者授权的负责人批准,可以立即实施相应的医疗措施。"该规定应当做如下理解:首先,原则上应当是患者处于生命垂危状态时,医方必须施以抢救,否则患者生命将受到威胁;其次,由于患者无法表达意志以至不能取得患者意见时,应寻求其近亲属意见,如果因难以寻找等原因也无法取得时,可以免于向患方告知。根据2017年12月14日施行的《最高人民法院关于审理医疗损害责任纠纷案件适用法律若干问题的解释》第十八条规定,"不能取得患者或者其近亲属意见"的情形包括:(1)近亲属不明的;(2)不能及时联系到近亲属的;(3)近亲属拒绝发表意见的;(4)近亲属达不成一致意见的;(5)法律、法规规定的其他情形。

(三)违反告知义务的民事侵权责任构成

违反告知义务的民事侵权责任构成一般需要四个条件:(1)医方未依法履行告知义务。医疗机构及其医务人员违法告知义务主要包括未告知、未充分告知、错误告知等情形;(2)未依法履行告知义务给患者造成了医疗损害。医疗损害事实是构成医疗侵权行为必要的前提条件。损害事实是指一定的行为致使权利主体的人身权、财产权或精神受到侵害的客观事实。未依法履行充分告知义务给患者造成的损害应作广义的理解,主要包括财产损失、人身伤害以及精神损害等。《侵权责任法》第二十二条明确规定,侵害他人人身权益,造成他人严重精神损害的,被侵权人可以请求精神损害赔偿。因此,医疗精神损害是一项法定损害,一旦侵权行为构成,患方可以诉请精神赔偿;(3)医疗损害事实与未依法履行告知义务之间存在因果关系。因果关系是指违法行为与损害事实之间存在的必然联系,即侵害患者知情同意权的违法行为必须是造成患者人身、财产和精神损害的原因;(4)医方存在过错(多为过失)。医疗过错包括故意和过失两种情况。医疗过失,是指医疗机构及其他医务人员在医疗活动过程中没有履行应尽的注意义务,表现为应当预见而未能预见或已经预见但轻信能够避免而导致损害结果的发生。医务人员未依法履行告知义务的主观心理状态,既可能是故意的不愿告知,也可能是过失。

二、违反紧急救治义务的民事侵权责任

(一)违反紧急救治义务的民事侵权责任及法律根据

紧急救治,是指在患者生命垂危等紧急情况下,医疗机构及其医务人员在不能取得患者意见时对其及时实施相应救治措施的医疗活动,是一项医疗机构及其医务人员的法定义务。紧急救治不同于一般的医疗行为,应满足三项条件:(1)救治生命的紧迫性。紧急情况是指患者因疾病发作、突然外伤受害及异物侵入体内,身体处于危险状态或非常痛苦的状态,在临床上表现为急性外伤、脑挫伤、意识消失、大出血、心绞痛、呼吸困难、各种原因所致的休克等情形,如不及时施治,患者的生命则会受到严重威胁。(2)不能取得患者或其近亲属的意见。(3)经医疗机构负责人或者授权的负责人批准。紧急救治法律制度设立的宗旨是在紧急情况这一特定情形下,以挽救患者生命为先,为此有必要对患者知情同意权加以必要的限制,无论患者或其他有同意权之人是否作出同意,医生采取紧急医疗措施,目的是为了维护患者的利益,并不违背患者本来的意思,推定同意与患者同意的区别在于后者之同意是现实的,前者则是推定的,但两者性质在法的效果上,同是阻却违法之事由①。

《医疗机构管理条例》第三十一条规定,医疗机构对危重病人应当立即抢救。对限于设备或者技术条件不能诊治的病人,应当及时转诊。《执业医师法》第二十四条规定,对急危患者,医师应当采取紧急措施进行诊治;不得拒绝急救处置。《医疗事故处理条例》第三十三条第一项规定,在紧急情况下为抢救垂危患者生命而采取紧急医学措施造成不良后果的,不属于医疗事故。《侵权责任法》第五十六条规定,因抢救生命垂危的患者等紧急情况,不能取得患者或者其近亲属意见的,经医疗机构负责人或者授权的负责人批准,可以立即实施相应的医疗措施。

(二)违反紧急救治义务的民事侵权责任构成

如果在法定情形下,医疗机构没有履行紧急救治义务,应当承担相应的法律责任。违反紧急救治义务的民事侵权责任构成条件包括:(1)行为违法性。紧急救治是医疗机构和医务人员的法定义务,当患者需要紧急救治而医疗机构及其医务人员拒绝治疗或者无故拖延救治,这种不作为行为即属于违法行为。医疗机构对于危急病患者负有救治的义务。与此相适应,侵权法确认医疗机构疏于救治义务的赔偿责任。医疗机构对危急病患者拒绝治疗,或者无故拖延诊断、治疗而致损害的,医疗机

---

①黄丁全.医事法[M].北京:中国政法大学出版社,2003,第273页.

构应当承担赔偿责任①。拒绝治疗是指医疗机构在有能力和有条件救治的情况下对患者不予救治的行为。无故拖延救治是指医疗机构没有正当理由而延误治疗,致使患者遭受严重人身损害的情形。(2)损害事实。即患者由于没有得到及时救治而发生的不良后果。(3)拒绝治疗和无故拖延治疗行为与患者损害事实之间存在因果关系,即患者不良后果的发生是直接由医疗机构及其医务人员未依法履行紧急救治义务所导致的。(4)主观上存在过失。即医疗机构及其医务人员应当预见不予及时救治可能导致患者不良后果而没有预见,或者已经预见但轻信能够避免。

三、医疗产品损害责任

(一)医疗产品损害责任及法律根据

医疗产品损害责任,是指医疗机构在医疗过程中使用有缺陷的药品、消毒药剂、医疗器械、血液及其制品等医疗产品,因此造成患者人身损害,医疗机构或者医疗产品生产者、销售者应当承担的医疗损害赔偿责任②。

《侵权责任法》第四十一条规定,因产品存在缺陷造成他人损害的,生产者应当承担侵权责任。第四十二条规定,因销售者的过错使产品存在缺陷,造成他人损害的,销售者应当承担侵权责任。销售者不能指明缺陷产品的生产者也不能指明缺陷产品的供货者的,销售者应当承担侵权责任。第五十九条规定,因药品、消毒药剂、医疗器械的缺陷,或者输入不合格的血液造成患者损害的,患者可以向生产者或者血液提供机构请求赔偿,也可以向医疗机构请求赔偿。患者向医疗机构请求赔偿的,医疗机构赔偿后,有权向负有责任的生产者或者血液提供机构追偿。

(二)医疗产品损害责任的构成

因医疗产品存在缺陷导致的民事责任构成需具备以下条件:(1)医疗机构及其医务人员在医疗活动中使用有缺陷的医疗产品。法律意义而言,药品、医疗器械、血液制品应属于产品的范畴。同样具有产品的法律属性。根据《产品质量法》第四十六条规定,"缺陷"是指产品存在危及人身、他人财产安全的不合理的危险。因此,医疗缺陷产品可以理解为存在危及患者人身和财产安全的不合理危险、不符合一定安全标准的医疗产品。认定医疗产品存在缺陷应从以下几方面考虑:首先,医疗产品存在危及人身、财产安全的可能性,一旦应用,该项缺陷可能对患者的人身和财产造

---

① 杨立新:《医疗侵权法律与适用》法律出版社,2008年5月第1版,第70页。
② 杨立新:《医疗损害责任研究》法律出版社,2009年6月第1版,第25页。

成直接损害;其次,这一缺陷是不合理的,鉴于临床医疗的风险性,医疗产品可能也会有些不可避免的缺陷,但如果超出合理范围,这一缺陷将作为侵权的基础性条件;最后,如果医疗产品不符合相关国家或者行业标准,可以直接认定其存在缺陷。(2)造成患者人身损害。这种人身损害的特点是有些损害后果在受害当时即可发现,有的则要在受害之后很长时间才能出现后果,特别是器械造成损害,通常都是经过一段时间才发生。药品和器械致害侵权责任中的人身损害事实,包括致人死亡和致人伤残①。根据《最高人民法院关于确定民事侵权精神损害赔偿责任若干问题的解释》第十八条规定,也包括精神损害。(3)患者的损害结果是由于使用有缺陷的医疗产品造成的。药品和器械侵权责任中的因果关系要件,是指药品和器械等缺陷与受害人的损害事实之间存在的引起与被引起的关系,药品和器械的缺陷是原因,损害事实是结果②。(4)存在过错,包括故意或过失。药品器械之侵权责任在性质上应当是无过失责任。这不是说药品和器械缺陷的产生制造者没有过错,因为药品和器械存在缺陷本身就是一种过错。但是,药品和器械侵权责任确定是无过失责任,其利益是确定这种侵权责任不考察过错,无论其有没有过错,在所不论,只要受害人能够证明药品和器械具有缺陷,即构成侵权责任③。

四、侵犯患者隐私权的民事责任

(一)侵犯患者隐私权的民事责任及法律根据

侵犯患者隐私权的民事责任,是指医疗机构及其医务人员因泄露患者隐私或者未经患者同意公开其病历资料等违法行为造成患者损害所应承担的法律后果。隐私权是公民人身权的重要组成部分。我国《宪法》第三十三条规定,国家尊重和保障人权。第三十七条规定,中华人民共和国公民的人身自由不受侵犯。第三十八条规定,中华人民共和国公民的人格尊严不受侵犯。《执业医师法》第二十二条第三项规定,医师在执业活动中,要关心、爱护、尊重患者,保护患者的隐私。《护士管理办法》第二十四条规定,护士在执业中,得悉就医者的隐私,不得泄露。《护士条例》第十八条规定,护士应当尊重、关心、爱护患者,保护患者的隐私。《侵权责任法》首次确认了隐私权的独立法律地位,第六十二条规定,医疗机构及其医务人员应当对患者的隐私保密。泄露患者隐私或者未经患者同意公开其病历资料,造成患者损害

---

① 杨立新:《医疗侵权法律与适用》法律出版社,2008年5月第1版,第223页。
② 杨立新:《医疗侵权法律与适用》法律出版社,2008年5月第1版,第224页。
③ 同上。

的,应当承担侵权责任。《刑法》第二百五十三条规定,国家机关或者金融、电信、交通、教育、医疗等单位的工作人员,违反国家规定,将本单位在履行职责或者提供服务过程中获得的公民个人信息,出售或者非法提供给他人,情节严重的,处三年以下有期徒刑或者拘役,并处或者单处罚金。这是我国首次将患者的隐私权纳入刑法保护范围,明确提出要追究泄露、窃取、收买公民个人信息行为的刑事责任,这对保障公民的个人隐私权具有重要意义。

(二)侵犯患者隐私权的民事责任构成

侵犯患者隐私权的民事责任构成应符合以下条件:(1)行为的违法性。医疗机构及其医务人员违法实施了泄露患者隐私的行为,即未经隐私权人同意,擅自采用书面或口头等形式,公布他人的隐私材料或宣扬他人隐私的行为。隐私权是指自然人享有的对其个人的信息、私人活动和私有领域进行支配的具体人格权。患者在就医过程中,出于诊断和治疗的需要,会向医务人员提供个人信息,如病史、既往史、家族史、生活史以及婚姻家庭状况等,包括暴露自己的身体隐私部位等,上述信息均属于患者隐私权的范畴。侵犯隐私权在实践中主要包括:超出诊疗需要的知情范围刺探患者隐私;故意泄露、公开、传播、侵扰患者隐私;以非诊疗需要知悉患者的隐私;直接侵入患者的身体侵犯其隐私;未经患者同意允许实习生进行观摩;未经患者同意公开其病历资料等;未经患者同意拍摄临床摄像资料、手术直播、以患者真实姓名公开临床医学报告及研究资料等。(2)造成了患者权益损害。既包括有形损害也包括无形损害。(3)侵害隐私权违法行为与隐私损害事实之间的引起与被引起的关系,即患者的损害事实是由医方侵犯隐私权行为造成的。(4)主观过错。行为人主观上有过错,包括故意和过失。医疗机构侵害患者隐私权,应当承担法律责任,包括停止侵害、恢复名誉、消除影响、赔礼道歉、赔偿损失等。

(三)患者隐私权的限制

对患者隐私权的限制主要包括三种情形:(1)公共利益的限制。基于公共利益需要,医方不以隐私保护帮助患者隐瞒相关病情。如恶性传染病、职业病以及一些可能涉及刑事犯罪的病情;(2)保护第三人利益的需要。当隐私保护严重侵犯第三人合法权益时,医方可以向相关第三人披露病情;(3)基于生命危机的干预。对可能自杀的患者或其行为可能危及其他病患生命健康的病患,可以对其物品进行检查,并采取监视等方式对其予以管理。

五、涂改、伪造、隐匿、销毁病历的民事责任

(一)涂改、伪造、隐匿、销毁病历的民事责任及法律根据

涂改、伪造、隐匿、销毁病历的民事责任,是指医疗机构及其医务人员的因涂改、伪造、隐匿、销毁病历等侵权行为对患者造成损害而应当承担的法律后果。《医疗事故处理条例》第九条规定,严禁涂改、伪造、隐匿、销毁或者抢夺病历资料。第五十八条规定,医疗机构或者其他有关机构违反本条例的规定,有下列情形之一的,由卫生行政部门责令改正,给予警告;对负有责任的主管人员和其他直接责任人员依法给予行政处分或者纪律处分;情节严重的,由原发证部门吊销其执业证书或者资格证书:(一)承担尸检任务的机构没有正当理由,拒绝进行尸检的;(二)涂改、伪造、隐匿、销毁病历资料的。《执业医师法》第三十七条规定,医师在执业活动中,违反本法规定,隐匿、伪造或者擅自销毁医学文书及有关资料的,由县级以上人民政府卫生行政部门给予警告或者责令暂停六个月以上一年以下执业活动;情节严重的,吊销其执业证书;构成犯罪的,依法追究刑事责任。《侵权责任法》第五十八条规定,患者有损害,因下列情形之一的,推定医疗机构有过错:(一)违反法律、行政法规、规章以及其他有关诊疗规范的规定;(二)隐匿或者拒绝提供与纠纷有关的病历资料;(三)伪造、篡改或者销毁病历资料。该法第六十一条规定,医疗机构及其医务人员应当按照规定填写并妥善保管住院志、医嘱单、检验报告、手术及麻醉记录、病理资料、护理记录、医疗费用等病历资料。患者要求查阅、复制前款规定的病历资料的,医疗机构应当提供。

(二)涂改、伪造、隐匿、销毁病历的侵权民事责任构成

涂改、伪造、隐匿、销毁病历的民事责任构成条件包括:(1)医疗机构及其医务人员实施了涂改、伪造、隐匿或者销毁病历资料的违法行为。病历是医务人员对患者疾病的发生、发展、转归,进行检查、诊断、治疗等医疗活动过程的记录。是指医务人员在活动中形成的文字、符号、图表、影像、切片等资料的总和,包括门(急)诊病历和住院病历。病历资料可以分为客观性病历资料和主观性病历资料。客观性病历资料是指记录患者的症状、体征、病史等客观情况的资料。根据《医疗事故处理条例》第十条规定包括门诊病历,住院志,体温单,医嘱单,化验单(检验报告),医学影像检查资料,特殊检查同意书、手术同意书等。主观性病历资料是指在医疗活动中医务人员通过对患者病情发展、治疗过程进行观察、分析、讨论并提出诊治意见等记录的资料,多反映医务人员对患者疾病及其诊治情况的主观认识。根据《医疗事故处理

条例》第十六条规定包括死亡病例讨论记录、疑难病例讨论记录、上级医师查房记录、会诊意见等。病历书写的基本要求是客观、真实、准确、及时、完整,保证病历资料内容客观、真实、完整,同时保管好病历资料,是医疗机构的法定义务。病历对医疗、预防、教学、科研、医院管理等都有重要的作用,从法律意义而言,病历又是医疗纠纷处理尤其是医疗诉讼的重要证据材料。涂改病历,是指医疗机构及其医务人员违背自身义务对原有真实记载患者个人信息和病情的病历进行修改、增加、删减或涂抹,从而侵害患者合法权益的行为;销毁病历是指医疗机构及其医务人员为了自身利益在医患纠纷或诉讼中故意将与己不利的病历彻底毁掉的行为;隐匿病历是指医疗机构和医务人员为了自身利益在医患纠纷或诉讼中故意将与己方不利的病历隐藏的行为。(2)患者权益受到损害。这种损害有可能是直接损害,也有可能是间接损害。(3)损害后果与违法行为存在因果关系。涂改伪造隐匿销毁病历侵权行为与患者所受到的权益损害之间有必然的联系,即患者所受到的权益损害是由医疗机构及其医务人员的不法行为造成的。(4)主观方面主要表现为故意。与其他过失医疗侵权不同,涂改、伪造、隐匿、销毁病历侵权行为的主观方面一般为故意形态。

六、过度医疗民事责任

(一)过度医疗民事责任及法律根据

过度医疗民事责任,是指医疗机构及其医务人员在医疗活动中以获取一定经济利益为目的,违法实施的不必要的诊疗措施,造成患者损害并应承担相应的法律责任。《侵权责任法》第六十三条首次规定,医疗机构及其医务人员不得违反诊疗规范实施不必要的检查。过度医疗属于医疗侵权行为,严重侵犯了患者的知情权、财产权、生命健康权等权利。因此,过度医疗行为造成损害后果的,医疗机构及其医务人员应当承担相应的法律责任。《中华人民共和国基本医疗卫生与健康促进法(草案)》二次审议稿第五十二条规定,医疗卫生人员应当遵循医学科学规律,遵守有关临床诊疗技术规范和各项操作规范,使用适宜技术和药物,因病施治,合理诊疗。第九十六条规定,医疗卫生机构应当对其医疗卫生服务质量负责,建立健全内部质量管理和控制制度,严格遵循临床诊疗指南、临床技术操作规范和行业标准以及医学伦理规范等有关要求,合理进行检查、用药、诊疗,加强医疗卫生安全风险防范,优化服务流程,持续改进医疗卫生服务质量。

(二)过度医疗民事责任的构成

过度医疗,一般是指发生在医疗过程中的特殊民事侵权行为,即医疗机构及其

医务人员在医疗活动中以获取一定经济利益为目的,违法实施的不必要的诊疗措施造成患者损害并应承担相应法律责任的行为。过度医疗民事责任的构成须满足以下条件:

1. 医疗机构及其医务人员违法实施过度医疗行为

医疗机构及其医务人员在医疗过程中对患者违法实施过度医疗行为,这是过度医疗侵权行为的本质特征,也是过度医疗侵权责任构成的核心要件。

该要件应同时具备两个条件,一是医疗机构及其义务人员在对患者疾病治疗过程中客观上实施了明显的过度医疗行为:(1)过度实施诊断方法和手段。主要表现为医师在对患者疾病进行检查时,实施重复检查、用高档医疗设备作常规检查或者进行本没有必要的检查对某种疾病的诊断超过了该疾病的实际需要的诊断手段,即可以用简便的、一次性能够得到的诊断,却用了复杂昂贵和多次重复的诊断,亦即超越了学术界公认的可行的适宜的诊断方法和手段。(2)过度实施治疗方法和手段。主要表现为医师在对患者疾病进行治疗阶段实施了不必要的治疗措施。对某种疾病的治疗采用了多余的、无效的、甚至有害的治疗方法和手段[1]。(3)过度用药。过度用药虽属过度实施治疗方法和手段的范围,但基于我国医疗领域中过度用药的普遍性、严重性以及由此给患者所造成的财产损害程度,将其作为一种独立的过度医疗行为表现形式。(4)其他过度医疗行为。对属于正常生理范围的现象,或者虽有异常但这种异常可以通过自身调节很快得以恢复正常的现象进行的医疗干预,也应视为过度医疗。对某些死亡征兆已经很明显或死亡不可逆转的病人仍进行挽救生命的无效治疗[2]。二是该医疗行为必须属于违法行为。首先,如果在医疗过程中过多医疗行为发生在对患者疾病"检查"阶段,其行为则直接违反了《侵权责任法》第六十三条"不得违反诊疗规范实施不必要的检查"的规定。其次,如果过度医疗行为发生在"检查"以外的诸如"治疗"等其他医疗阶段,虽然发生在这些医疗阶段中的过度医疗行为目前不直接受《侵权责任法》第六十三条的规制,但这些过度医疗行为同样违反了我国医事法律关于医疗机构及其医务人员依法履行告知义务的规定。根据《侵权责任法》第五十五条规定,医务人员在诊疗活动中应当向患者说明病情和医疗措施。需要实施手术、特殊检查、特殊治疗的,医务人员应当及时向患者说明医疗风险、替代医疗方案等情况,并取得其书面同意。医务人员未尽到前款义务,造成患者损害的,医疗机构应当承担赔偿责任。毋庸置疑,医疗机构及其义务人员履行告知

---

[1] 杜治政.过度医疗、适度医疗与诊疗最优化[J].医学与哲学,2005,7:2.
[2] 杜治政.过度医疗、适度医疗与诊疗最优化[J].医学与哲学,2005,7:2.

义务的合法性必须是建立在全面、充分、真实基础之上,而过度医疗中医疗机构及其义务人员在履行义务时要么是不告知或未充分告知,要么属于"诱导"或虚假告知,其行为归根结底违背了这一立法宗旨,这是由过度医疗的性质决定的。再次,过度医疗中的"非真实性"告知从根本上违反了《民法通则》第四条规定的"民事活动应当遵循自愿、公平、等价有偿、诚实信用的原则。"从表面上看患者是"知情同意"的,然而患者所知情的是受欺诈的、不真实的事实,在此基础上的同意也是违背其真实意愿的同意,此时,医疗机构仍应承担过度医疗的侵权责任[①]。

2.过度医疗行为造成患者严重的医疗损害

过度医疗行为造成患者严重人身、财产等损害是构成过度医疗侵权责任的客观结果条件。由于医疗活动的特殊性以及过度医疗行为的隐蔽性,由过度医疗侵权行为对患者所造成的医疗损害事实是一个极为复杂的问题。对医疗损害事实的认定一方面应以过度医疗行为性质的确认为前提,另一方面对过度医疗侵权行为对患者所造成的医疗损害应作广义理解。与其他医疗侵权行为(如患者知情同意侵权行为)所造成的医疗损害不同,过度医疗行为所造成患者的医疗损害应当包括:患者的财产损失。在财产损害方面既包括过度医疗行为所造成的患者直接财产损失,主要表现患者由此支付的医疗费用明显超过对疾病治疗实际所需或合理费用,也应包括因患者由此所受明显人身损害所导致的间接经济损失,这也是由过度医疗行为性质所决定的。患者的人身损害。任何医疗行为都具有危险性和侵袭性,不必要或过度的诊疗措施势必对患者生命健康权益造成损害,即会造成患者人身权益损害。患者的精神损害。伴随着过度医疗给患者所带来的财产、人身权益的损害,患者由此所遭受的还应包括精神损害。

3.过度医疗行为与医疗损害之间存在因果关系

医疗侵权责任构成中的因果关系是指医疗行为与损害结果之间的客观必然联系,即特定的损害事实是由于医疗机构及其医务人员在医疗活动过程中实施的违法医疗行为造成的。在过度医疗侵权责任构成中则是指过度医疗行为与患者损害之间存在引起与被引起的关系,即患者所遭受的医疗损害是由于医疗机构及其医务人员实施过度医疗行为造成的。同时,由于医疗机构及其医务人员在实施过度医疗行为过程中未履行"真实性"告知义务从而违背民事诚实信用基本原则也是造成患者医疗损害的原因之一,即两者之间也存在法律上的因果关系,因此,过度医疗侵权责任构成中的因果关系具有明显的"两因一果性"特点。

[①] 杨丽珍.论过度医疗侵权责任[J].人文杂志,2011,1:192.

4. 医疗机构及其医务人员存在过错

医疗机构及其医务人员在医疗过程中存在过错是过度医疗侵权责任构成必要要件之一。医疗行为是一种集专业性、侵袭性、高风险性和复杂性的活动。在医疗活动过程中，并非所有医疗对患者所造成的损害都是医疗侵权行为，只有医疗机构及其医务人员在实施医疗行为对患者所造成的医疗损害存在过错时，该行为才可构成医疗侵权行为。过度医疗行为中的过错，一般是指医疗机构及其医务人员实施了违反了医方依据法律、行政法规、规章、诊疗护理规范、常规以及所应负有的合理诊疗、注意等义务的行为。这是因为法律、行政法规、规章以及其他有关诊疗规范的规定，是医疗机构及其医务人员的基本行为规则，是对其在医疗活动中应注意的诊疗义务的基本要求，因此，医疗机构及其医务人员在医疗诊治活动中只要违反这些成文法规定的行为规则，也就应认定其有过错[①]。过度医疗侵权责任构成中的过错应是一种故意过错形态，即医疗机构及其医务人员在医疗活动中，预见到自己过度医疗行为会给患者造成损害并仍然希望它发生或放任它发生，并且以获取一定经济利益为目的，这是由过度医疗性质决定的。

七、未尽到与当时的医疗水平相应的民事责任

《侵权责任法》第五十七条规定，医务人员在诊疗活动中未尽到与当时的医疗水平相应的诊疗义务，造成患者损害的，医疗机构应当承担赔偿责任。该条首次规定了以"当时的医疗水平"作为在医疗活动过程中医疗机构及其医务人员的医疗行为是否存在过失的判定标准。但何谓"当时的医疗水平"，目前并没有进一步的法律规定或解释，在理论界也没有形成一个统一的解释。很多学者认为，"当时的医疗水平"应是一种客观统一标准，"当时的医疗水平"是进行经过医疗实践的普遍化适应并有临床实践的经验积累的一般化的医疗行为时的临床医疗水平。即以医疗行为进行之时的医疗水平或者一般医务人员的注意能力作为判断的标准，同时也应考虑地区差异、医务人员个体的受教育程度、临床技术水平、执业经验的差异等因素。在医疗损害赔偿诉讼中，如果医务人员在诊疗活动中未尽到与当时的医疗水平相应的诊疗义务，造成患者损害的，医疗机构就应当承担相应的法律责任。

---

① 郭明瑞.侵权责任法关于医疗损害责任的规定体现了社会公正[J].法学论坛，2010，2:16.

第四节　医疗侵权民事责任的归责原则

归责原则是确定行为人民事责任归属及范围的理由、标准或根据,是法律上用以确定行为人是否承担责任、承担何种责任指导思想的具体体现。根据我国《侵权责任法》的相关规定,医疗侵权民事责任的归责原则体系主要由过错原则、推定过错原则和无过错原则构成。

一、过错原则

(一)医疗过错

过错是侵权责任构成的重要要件,是侵权责任承担的基础和前提。无过错即无责任,这是现代侵权行为法追究行为人法律责任的最基本的归责原则。过错原则,是指以行为人存在过错作为归责依据和要件的准则,过错责任原则在我国侵权责任归责原则体系中具有基础性地位,在法律没有明确规定适用其他归责原则的情形下,均适用过错责任原则。医疗过错,一般是指医疗机构及其医务人员在医疗活动过程中因违反法律法规及诊疗规范,未尽到合理注意义务而造成患者损害的事实状态。我国《侵权责任法》第六条规定,行为人因过错侵害他人民事权益,应当承担侵权责任。第五十四规定,患者在诊疗活动中受到损害,医疗机构及其医务人员有过错的,由医疗机构承担赔偿责任。

(二)医疗过错认定标准

关于医疗过错认定标准,我国学界主要存在三种主张,即主观判断标准说、客观判断标准说以及综合判断标准说。主观判断标准说,主张通过判断行为人的主观心理状态来认定其是否存在过错,主要是判定在医疗活动中医疗机构及其医务人员是否履行了合理注意义务,如果未履行该义务,就认为其存在过错。客观地判断标准说,主张通过以某种客观的行为标准来认定行为人是否存在过错,主要是判定在医疗活动中医疗机构及其医务人员是否遵循了法律、行政法规、规章以及诊疗规范,如果未遵循,就认定其存在过错。综合标准说,主张在医疗活动过程中,判定医疗行为是否有过错,应当通过衡量医疗机构及其医务人员的主客观因素加以认定,即对医疗机构及其医务人员的过错,应当依据法律、行政法规、规章以及其他有关诊疗规范进行认定,可以综合考虑患者病情的紧急程度、患者个体差异、当地的医疗水平、医

疗机构与医务人员资质等因素。

二、推定过错原则

推定过错原则,也称为过错推定原则,是过错责任的特殊形态,是指法律规定行为人只有在证明自己没有过错的情况下才不承担责任,行为人不能证明自己没有过错的,则要承担过错责任。如《最高人民法院关于审理医疗损害责任纠纷案件适用法律若干问题的解释》第六条规定,侵权责任法第五十八条规定的患者依法向人民法院申请医疗机构提交由其保管的与纠纷有关的病历资料等,医疗机构未在人民法院指定期限内提交的,人民法院可以依照侵权责任法第五十八条第二项规定推定医疗机构有过错,但是因不可抗力等客观原因无法提交的除外《侵权责任法》第六条第二款规定,根据法律规定推定行为人有过错,行为人不能证明自己没有过错的,应当承担侵权责任。第五十八规定,患者有损害,因下列情形之一的,推定医疗机构有过错:(一)违反法律、行政法规、规章以及其他有关诊疗规范的规定;(二)隐匿或者拒绝提供与纠纷有关的病历资料;(三)伪造、篡改或者销毁病历资料。适用过错推定责任原则要求有法律的明确规定,在对医疗损害责任进行归责的过程中,根据《侵权责任法》规定,医疗损害纠纷中,一旦存在上述三种情形,过错要件的成立不再由患方承担举证责任,而直接由人民法院依法进行推定。医疗机构只能通过证明其无过错进行抗辩,举证不能则构成医疗损害责任并承担损害赔偿责任。这是因为法律、行政法规、规章以及其他有关诊疗规范的规定,是医疗机构及其医务人员的基本行为规则,是对其在医疗活动中应注意的诊疗义务的基本要求,因此,医疗机构及其医务人员在医疗诊治活动中只要违反这些成文法规定的行为规则,也就应认定其有过错。被侵权人对损害的发生也有过错的,可以减轻侵权人的责任。

三、无过错原则

《侵权责任法》第七条规定,行为人损害他人民事权益,不论行为人有无过错,法律规定应当承担侵权责任的,依照其规定。《侵权责任法》第五十九条规定,因药品、消毒药剂、医疗器械的缺陷,或者输入不合格的血液造成患者损害的,患者可以向生产者或者血液提供机构请求赔偿,也可以向医疗机构请求赔偿。患者向医疗机构请求赔偿的,医疗机构赔偿后,有权向负有责任的生产者或者血液提供机构追偿。依此规定,因医疗用品缺陷造成患者损害的,患者有选择权,可以选择向生产者或者血液提供机构请求赔偿,也可以选择向医疗机构请求赔偿。患者请求医疗机构赔偿的，医疗机构不能以损害是因医疗用品缺陷造成损害而免责，也不论其有无过错，应承担赔偿责任[1]。另外，《侵权责任法》第二十四条规定，受害人和行为人对损害的发生都没有过错的，可以根据实际情况，由双方分担损失。

四、医疗侵权责任竞合

民事责任竞合，是指由于某种违反义务的行为，在法律上符合多种民事责任的构成要件，从而导致多种责任形式并存和相互冲突的法律现象。民事责任竞合来源于法律规范竞合理论，现代法律都作抽象规定，并且从各种不同的角度对社会生活加以规范。所以，经常发生同一个事实符合几个法律规范的要件，致使这几个法律规范竞合[2]。

在民事责任领域内，最常见的民事责任竞合主要是违约责任与侵权责任的竞合。在医疗活动中，当医患之间存在医疗合同或约定时，如果医疗机构及其医务人员由于过错发生了医疗损害结果，那么医方既因为没有适当地履行义务而构成违约，也因为侵害了患者的生命健康权益而构成了侵权行为。《民法总则》第一百八十六条规定，因当事人一方的违约行为，损害对方人身权益、财产权益的，受损害方有权选择请求其承担违约责任或者侵权责任。在医疗损害赔偿诉讼中，受害患者可依合同法规范，也可依侵权法规范追究医方的违约责任或侵权责任。

第五节　医疗损害责任的免除

医疗损害责任的免除，也称医疗侵权责任违法性阻却，是指虽然医疗机构及其医务人员在医疗活动过程中所实施的医疗行为对患者的权益造成了损害，但基于一定的合理事由（如法定的原因）排除其承担责任的情形。《医疗事故处理条例》第三十三条和《侵权责任法》第六十条对此作了明确规定。根据规定主要有以下几种免责事由或情形。

---

[1] 郭明瑞：《侵权责任法关于医疗损害责任的规定体现了社会公正》，载于《法学论坛》，2010年第2期，第17页。

[2] 王泽鉴.民法学说与判例研究（一）[M].北京：中国政法大学出版社，1998.p371.

一、紧急情况下,为抢救垂危患者生命而采取紧急医学措施造成不良后果的

医疗机构在紧急情况下为抢救垂危患者生命而采取紧急医学措施,其目的是为了尽可能挽救患者的生命健康,根据《医疗事故处理条例》规定,即使造成不良后果的,也不构成医疗事故。但医疗机构及其医务人员在医疗活动过程中实施该行为时应注意:其一,必须是垂危患者,患者的生命受到极大的威胁,并且情况紧急,医疗法规规章对于"紧急情况"的界定为,患者因疾病发作、突然外伤受害及异物侵入人体内,身体处于危险状态或非常痛苦的状态,在临床上表现为急性外伤、脑挫伤、意识消失、大出血、心绞痛、急性严重中毒、呼吸困难、各种原因所致的休克等;其二,采取紧急医学措施属于迫不得已,是挽救患者生命的最佳方式;其三,医务人员的抢救措施应遵循医疗操作规范。《侵权责任法》第六十条规定,医务人员在抢救生命垂危的患者等紧急情况下已经尽到合理诊疗义务。医疗机构不承担赔偿责任。

二、在现有医学科学技术条件下,发生无法预料或者不能防范的不良后果的,医疗机构不承担责任

医疗意外事件,是指在医疗活动过程中,医疗行为虽然在客观上造成了患者人身的不良后果,但这种不良后果的发生既不是出于医务人员的故意,也不是出于过失,而是由于不能预见的原因造成的,如某些并发症、医源性疾病等。医疗意外事件必须具备三个条件:一是医疗行为客观上造成了损害结果;二是医疗机构及其医务人员主观上不存在过错或过失;三是医疗损害结果是由于不能预见的原因造成的。"不能预见",是指当时行为人对其行为发生损害结果,根据其实际能力和当时的具体条件根本无法预见。根据《医疗事故处理条例》第三十三条的规定,医疗意外事件中即使造成不良后果的,也不构成医疗事故。不可抗力是指不能预见、不能避免并且不能克服的客观情况,如药物对肝功能的损害,手术产生的伤口等。《侵权责任法》第二十九条规定,因不可抗力造成他人损害的,不承担责任。法律另有规定的,依照其规定。

三、患者或者其近亲属不配合医疗机构进行符合诊疗规范的诊疗,延误诊疗导致不良后果的

在医患法律关系中,患方在享有权利的同时,也负有法定或约定的义务,如患者及其近亲属在接受医疗服务过程中,负有与医疗机构及其医务人员积极配合的义务。但是如果患方因故意或者过失,未尽该义务,如患者不按医嘱服药或私自服药,

未真实反映病状,私自外出等,延误诊疗从而导致了患者人身不良后果,而医疗机构的医疗行为符合诊疗规范或不存在医疗过失,医疗机构则不承担法律责任。《侵权责任法》第二十六条规定,被侵权人对损害的发生也有过错的,可以减轻侵权人的责任。《侵权责任法》第二十七条规定,损害是因受害人故意造成的,行为人不承担责任。第二十八条规定,损害是因第三人造成的,第三人应当承担侵权责任。《侵权责任法》第六十条规定,患者或者其近亲属不配合医疗机构进行符合诊疗规范的诊疗,医疗机构不承担赔偿责任;医疗机构及其医务人员也有过错的,应当承担相应的赔偿责任。

四、限于当时的医疗水平难以诊疗的

由于人类疾病的复杂性、不确定性等诸多因素的存在,医学也是一门不断探索的科学。医学发展至今,人类对于某些疾病如癌症、艾滋病等仍没有根治手段。医学知识与实践表明,任何时期的医疗活动都是建立在当时的医学科学技术水平之上的。因此,法律对医务人员采取的诊疗行为是否存在过错的判断,只能基于当时的医学科学本身的发展,即是否尽到与当时的医疗水平相应的诊疗义务,尽到该项义务的,就视为医疗机构及其医务人员没有过错,对于患者的损害不承担赔偿责任。只要医务人员在诊疗活动中尽到与当时医疗水平相应的诊疗义务,即使造成损害,也不构成医疗损害责任。因为医疗水平是不断提高的,医疗人员只能尽到与当时的医疗水平相应的诊疗义务,因此,不能以"今天"的医疗水平来判断"昨天"的诊疗活动是否尽到应有的诊疗义务即是否有过错[①]。

五、经患者同意,对患者实施实验性诊疗发生不良后果的

对患者实施实验性诊疗无论是对于患者的生命健康而言,还是对于推动医学科学的发展而言都是非常必要的。如临床试用的药物、试剂、治疗仪器等在患者身上的使用。但是实施实验性诊疗具有高度的风险性和不确定因素,这种诊疗必须按照规定严格进行。科研机构、教学医院等实施实验性诊疗一般必须同时具备两个条件:一是经国家有关部门的批准,必须按照试验性的有关规定严格进行,必须向患者告知实施的目的以及可能会出现的不良后果或副作用;二是实施试验性诊疗必须征得患者本人的同意,并签订协议书。

---

① 郭明瑞:《侵权责任法关于医疗损害责任的规定体现了社会公正》,载于《法学论坛》,2010年第2期,第16页。

思考与练习题

1. 试述民事责任的概念及种类。
2. 民事责任的承担方式有哪些?
3. 试述医疗侵权责任的概念及特征。
4. 试述医疗侵权责任的归责原则。
5. 试述医疗侵权责任的主要类型。
6. 医疗损害责任的免除情形有哪些?

(大连医科大学　王安富)

第六章　医疗侵权的民事责任(下)

学习目标

掌握：医疗侵权民事责任构成的概念及四要件说；医疗侵权行为的概念；医疗损害的概念；医疗过失的概念与法律特征

熟悉：医疗侵权行为的内容；医疗损害的内容；医疗侵权中因果关系的类型；认定医疗过失的标准

了解：医疗侵权中因果关系的形态；损伤参与度的概念与分级

第一节　医疗侵权民事责任构成概述

一、侵权民事责任构成的概念

侵权责任构成，是指具备某些条件才能构成行为人因侵权行为所承担的民事责任，换句话说，侵权责任构成是依据法律进行理性分析，确定侵权行为人所应承担的民事责任，在一般的情况下由哪些要素有机构成，并且依据这种构成，作为判断行为人所实施的行为是否成立侵权责任的标准，而在实践中予以适用。

侵权责任构成要件是与侵权责任构成概念最为密切相关的概念。它是构成侵权行为应承担民事责任的具体必备条件，是侵权责任有机构成的基本要素。因而，它是侵权行为人承担侵权行为责任的条件，是判断侵权行为人是否应负侵权责任的根据。

二、医疗侵权民事责任构成的不同学说

关于侵权责任构成的学说，在我国民法学界有不同的主张。

(一)四要件说

四要件学说最初借鉴苏联的民法理论,结合我国的具体实践,是为我国民法学界所公认的侵权责任构成的通说,该说认为侵权责任构成须具备行为的违法性、违法行为有过错、有损害事实的存在、违法行为与损害事实之间有因果关系这四个要件。近年来,对侵权责任构成要件的表述以及各要件的顺序被逐步固定下来,成为违法行为、损害事实、因果关系和主观过错这种较为规范的提法,并且被最高司法机关的司法解释所采用,用以指导全国司法机关的侵权法审判实践。

(二)三要件说

三要件说是近年来以批判"四要件"学说为侧重点而出现的新学说。这一主张主要源于法国的侵权理论,认为违法行为不足以作为侵权责任的构成要件,其主要根据:一是《侵权责任法》第六条规定过错责任原则的条文中,并未规定"不法"的字样;二是不法行为就是侵权行为的别称或同义语;三是违法性包含于过错之中;四是将不法与过错区分开来的初衷在于运用不法概念便于确定人们的行为准则,实无必要,因而主张侵权责任构成只需具备损害事实、因果关系和过错这三个要件。

三、医疗侵权责任的构成

在医疗侵权责任的构成上,也存在四要件说与三要件说两种主要理论。

(一)三要件说

相当多的学者主张三要件说,即主张医疗侵权责任的构成须具备医疗损害、医疗过失和因果关系这三个要件。其主要理由是:医疗损害是由医疗行为引起的,但医疗行为本身并不属于违约行为或侵权行为,因而不具有违法性,在医疗损害责任中,具备违法性的违约或违法行为只是医疗过失行为,这一行为的违法性直接体现在其过失之上,因为过失行为不能达到正常医疗行为的合理效果,通常不符合有关医疗法规的规定,违反了应尽的注意义务,不具备实现法律规定的医疗的积极效果。因此,这种过失行为本身因不符合法律规定并侵犯了患者的生命、健康等权利,从而被视为违法。也有学者根据《侵权责任法》第六条的规定,将该规定理解为损害事实、因果关系和过错,认为过错本来就是一种行为,而且违法性的判断标准与过错的判断标准都是违反了客观注意义务,即二者指称的是同一事物,因此违法性与过错可以择一而行,简言之,就是说过错包含了违法性。

(二)四要件说

该学说认为,根据《侵权责任法》,医疗侵权民事责任的归责原则主要是过错责任原则,所以应当遵循我国对过错侵权责任的一般规定,即应采用四要件说。亦即医疗侵权责任须由医疗违法行为、医疗损害事实、因果关系和医疗过错四个要件构成,缺一不可。其原因在于:

1. 违法行为是构成侵权责任的客观要件之一

医疗机构及其医务人员行为的违法性是导致医疗侵权发生的直接原因。它是指医疗机构及其医务人员在医疗活动中有违反卫生管理法律、行政法规、部门规章和诊疗护理规范、常规的行为。行为的违法性表现在两个方面:作为和不作为。作为是指行为人积极的实施法律所禁止的行为。如医务人员违反操作规程、措施不当造成患者人身损害,就是一种作为的表现;不作为是指负有法律义务的行为人消极的不履行法律义务。如值班医务人员对危、急、重病员借故推诿,能救治而拒绝救治或者不做任何处理,不负责任地转院,以致延误抢救时机而造成不良后果的,就是一种不作为的表现。违法和行为合二为一,成为侵权责任构成的客观要件之一,与损害事实和因果关系这两个客观要件一起,构成完整的侵权民事责任构成中客观要件的体系。

2. 过错是侵权责任的主观要件,不能代替违法行为这一客观要件

关于过错的讨论有主观过错说和客观过错说之分。主观过错说认为过错是主观的是一种心理状态,因而与行为无关。客观过错说认为过错并非在于加害人的主观心理状态具有非难性而在于其行为应当具有非难性。客观过错说认为过错是违反法定义务、对受害人的权利侵害或者未达到合理的行为标准的行为。实际上,客观过错是将行为人的主观心理状态与客观行为合并起来考察,强调从客观方面判断行为的可归责性,弱化对加害人心理状况的要求。正如有的学者指出的那样,主观过错说强调主观过错为归责要件,解释了过错来源于行为人应受非难的主观心理状态,从而奠定了责任自负的基础,突出了侵权行为法的预防和教育功能。而客观过错说虽然有一些优点,但是它割裂了意志与行为的关系,否定了人的意志对行为的决定作用,因而不能准确地说明客观过错的内容和本质。笔者认为,对主观过错说和客观过错说做出上述评价是恰当的。而一旦在理论上承认过错的主观性,也就必然合乎逻辑地接受侵权行为四要件构成的理论。在医疗侵权行为中,过错的具体表现形式可以是多种多样的,如明显误诊、草率检查、开错药方、滥用药品、擅离职守延误治疗等。这些表现都体现了当事人主观上的不法,即过错。既然客观过错只是对过错的判断方法的表述,而非过错已由主观心理状态的性质改变为客观的性质,那么,也就改变不了过错为侵权责任构成主观要件的性质,因而过错也就不能替代违法行为这一客观要件。

3. 否认违法行为为侵权责任的构成要件,无法处理因果关系这一客观要件

通说认为,侵权责任中的因果关系,是指违法行为和损害后果之间必须存在因果关系,是这两个要件之间引起与被引起的关系。简单来说,就是患者的人身损害后果是因为医疗机构及其医务人员的违法行为直接造成的。医疗机构及其医务人员的违法行为与患者的人身损害后果之间存在必然的、内在的联系,而不是主观的医疗过错与客观的损害事实之间存在因果关系。在主观过错与损害事实之间必须要有行为作为中介,行为人由于过错的指导才去实施行为,该行为造成受害人的损害,行为与损害之间才具有因果关系。

综上,本书把四要件说作为理论依据阐述医疗侵权民事责任的构成及其他相关内容。

第二节　医疗侵权行为

医疗侵权行为的本质特征是违法性,只有违法的医疗行为才构成侵权。本节将讨论医疗侵权行为中的违法性的内涵及"法的"范围。

一、医疗侵权行为违法性的概念

医疗侵权行为的违法性是指医方违反保护患者权益的法律规定,没有履行其法定义务,进而构成了对患者权利的侵害。尽管我国没有就患者的权利专门立法,但我国的《宪法》《民法总则》《侵权责任法》和一系列医疗相关法律法规都对患者的权利有所涉及。医疗侵权行为的违法性就主要表现在对患者人身权和财产权的侵害方面。这种侵犯患者权利的违法性主要是医方在违反两大义务中发生的:

一是医方违反其法定义务。我国《执业医师法》《护士条例》《医疗机构管理条例》《医疗纠纷预防和处理条例》等与医疗相关的法律、法规、部门规章,都规定了医方在诊疗护理过程中必须履行的义务。医方如果违反这些规范,即可构成违法。医方违反其法定义务还包括违反诊疗护理规章制度和技术操作规程、常规。

二是医方违反医患双方的约定义务。虽然《合同法》对医疗合同的权利义务没有明确、具体的约定,但仍然有其他法律、行政法规、部门规章等予以确定。"合同的义务正像其他法律义务一样,只不过它是间接通过法律产生的"。

二、医疗侵权违法行为中"法"的界定

医疗侵权违法行为中"法"的范围比较大,具体包括如下内容:

1. 医疗卫生法律,即全国人民代表大会及其常务委员会制定的法律。主要有《民法总则》《侵权责任法》《合同法》《食品安全法》《药品管理法》《传染病防治法》《献血法》《红十字会法》《执业医师法》《职业病防治法》等等。

2. 行政法规,即国务院制定的规范性文件,主要有:《医疗机构管理条例》《突发公共卫生事件应急处理条例》《医疗纠纷预防和处理条例》等等。

3. 部门规章,即卫生行政部门制定颁布或参与制定联合发布的具有法律效力的规范性文件。主要有《医疗机构管理条例实施细则》《医院工作制度》《医院工作人员职责》《医师执业注册管理办法》《医疗机构临床用血管理办法》等等。

4. 诊疗护理规范和常规,是指卫生行政部门及其全国行业协会针对本行业的特点,制定的各种标准、规程、规范、制度的总称。如《临床输血技术规范》《医院感染管理规范》《医院消毒卫生标准》《医院消毒供应室验收标准》等等。

除此以外,还有各地方制定的地方性法规、规章及其他规范性法律文件。

我国法律规定的医疗侵权行为包括侵害患者知情同意权的行为,违反紧急救治义务的行为,侵害患者隐私权的行为,医疗物品侵权,过度检查的侵权行为,涂改、伪造、隐藏、销毁病历的侵权行为等。这些侵权行为的认定在本书第五章第二节中已有具体分析,本章不再赘述。

第三节　医疗损害

一、医疗损害的概念

医疗损害,是指在诊疗护理过程中,因医方的不法行为而致使患者的人身权利、财产权利受到侵害,并导致患者的人身利益和财产利益受到损失的客观事实。这是从医疗侵权责任构成的角度来考察医疗损害的概念。这里的损害既包括造成患者死亡、残废、组织器官损伤导致功能障碍的情况,也包括其他损害后果。

二、医疗损害的构成要件

1. 损害发生在特定范围内,即诊疗护理过程中;
2. 损害的双方是特定的,加害方为医务人员,受害方为患者;

3. 加害方主观上具有过失。

4. 既包括造成患者死亡、残疾、器官组织损伤、功能障碍及其他人身损害,也包括财产损失。医疗行为造成的"人身"损害,实质上是对患者人身权的侵害,不只是生命健康权,还有人格尊严权、隐私权等。财产损害主要指的是因过度医疗或者不当医疗而给患者造成的经济上的损失。

三、医疗损害的内容

(一)对患者生命、健康、身体权的侵害

1. 对生命权的侵害

侵害生命权,就是以不法的手段剥夺他人生命的行为,其直接表现为导致他人的死亡。医疗侵权行为对患者生命权的侵害表现为由于一方的过失而使患者的生命丧失,也即导致患者死亡。在医疗活动中,对患者生命权的侵害,可以表现为医方的积极行为,如医疗行为不当而导致患者死亡;也可以表现为医方的消极行为,如应该履行医疗义务而未履行或履行不及时而导致患者死亡。

2. 对健康权的侵害

对健康权的侵害表现为对人的生理机能的破坏,损害其功能的发挥。对健康权的侵害所导致的损害后果包括健康水平下降、健康状况的恶化等多种情形。医疗活动对健康侵害的表现也是如此。一般认为这种损害包括四种情形:一是在当时的医疗技术条件下,本来可以治愈的疾病而没有治愈;二是对患者身体正常部位的损害而导致器质性的和功能性的损害;三是由于诊断或治疗失误而导致患者产生新的疾病使健康水平下降;四是患者所患疾病加重而导致健康状况恶化。

3. 对身体权的侵害

所谓身体权,是自然人对其肢体、器官和其他组织的支配权和保持完整权。对于活体来说,非经患者本人或其家属同意,不得将患者的组织器官移植给他人,不得任意扩大手术范围或切除组织器官等;对于尸体来说,没有患者的遗嘱或未征得患者家属的同意,医务人员不论出于何种目的,都不能摘取患者的眼角膜、内脏等器官。

在医学领域中,侵害身体权几种行为方式:

(1)对尸体的损害。自然人死亡后,民事权利丧失,尸体应依法给予保护。但有些医生及法医在尸体解剖的过程中,擅自留取死者的组织或器官(如毛发、牙齿、髌骨、耻骨、胸骨等)。为达到一定的样本量,这种组织或器官的留取往往是数百例。

这些行为虽然有益于医学及法医学的发展，但由于多数情况下这些行为并未取得死者家属的同意，所以也构成了身体权的侵害。又如，利用死刑犯的器官，给患者进行器官移植。而有些地方却没切实征求犯人家属的意见，这无疑也构成了身体权的侵害。

（2）对身体组织的非法保留、占有。公民身体权以身体为客体，最重要的就是保持其身体的完整性。所以，任何人（包括医务工作者）未得到公民允许，破坏公民身体完整性的行为都构成身体权的侵害。例如，在医院中，由于有些医生同时有科研任务，所以会需要活体材料（血液、胃内容、肠内容等，其中以血液最为常见）做实验。在多数情况下，他们利用工作之便，亲自或委托他人通过多取检材的方法，为自己的实验留出足够量的活体材料。再如，在外科的各种手术及妇科的处置中，一部分具有代表性的被切除组织及检材，被泡在福尔马林中制成了标本。其目的或是为了教学或是为了科研，但多数并没有得到患者的同意。无疑这些行为都构成了对患者身体权的侵害。

（3）对身体组织之不疼痛的侵害。一般认为，对身体组织的破坏，只要不造成严重的痛楚，不认为是对健康权的侵害，而认为其行为对身体权构成侵害。身体权随同健康权紧密联系，但内容却非同一。身体权所保护的，是肢体、器官和其他组织的完整状态；而健康权所保护的，是各个器官和整个身体功能健全。根据这一标准，构成身体权侵害的行为，一般是对人体无感觉神经分布组织（头发、眉毛、体毛、指［趾］甲、牙釉质等）的实施行为。例如，医院的口腔处置中，只是牙釉质损伤或没有触及牙神经的其他损伤，就构成了对患者身体权的侵害。

（4）实施过度的外科手术。外科医生的工作，是以较小的代价换取患者的生命和健康。绝大多数医生行医目的是崇高而正义的，但也有例外。例如，为减小医疗风险，在产科中有的医生并不考虑剖腹产的适应证，或自行扩大适用剖腹产的范围。再如，外科医生在做腹腔手术中，应采取积极手段防止术后出现肠粘连。但有时由于腹腔手术止血不彻底而形成血肿，肠管暴露在腹腔外过长时间，纱布敷料长时间覆盖损伤黏膜，或手套上未洗净的滑石粉等异物带入腹，都会引起医源性肠粘连。再次开腹则不得不切除粘连的肠管。由于医生不正确的医疗行为或医疗目的，使患者维护其身体完整性的权利受到侵害。

4. 对胎儿权益的侵害

对胎儿健康权益的医疗损害，表现为胎儿怀于母腹之中时，由于医务人员未履行法定义务，而致使胎儿身体功能的完善性受到损害，此为积极的损害。还有消极的损害问题，存在两类特别的情形：一类为夫妻由于身体、经济或工作等方面缘故不

希望孩子出生而依医嘱采取了相应的避孕措施或请求医生实施相应的人流手术,但由于加害人的过错,致使避孕失败或流产无效而使胎儿出生;另一类为由于医生过失未发现胎儿的异常而致出生缺陷等原因,而引发"不当出生(wrongful birth)"、"不当生命(wrongful life)"与"不当妊娠(wrongful conception)"。

所谓不当出生是指提供医疗服务的医务人员或者医疗机构(以下简称医疗者)未尽职责范围内的注意义务,没有提供有关信息或者向父母提供了错误的或不准确的信息,致使父母误以为胎儿没有残疾而未流产生下残疾儿,而向医疗者请求损害赔偿。其损害赔偿的请求权基础或者依据在于,因医疗者未依据医疗合同之诚信原则,尽到其应有之注意义务,而具有法律上的非难性、谴责性致使父母利益受损,父母因此应当享有损害赔偿请求权。

(二)对患者隐私权、名誉权的侵害

1. 对名誉权的侵害

名誉权是指公民和法人对其应有的社会评价所享有的不受他人侵害的权利。包括保护自己的社会良好评价或改善、改变不好评价的权利和维护名誉权不受侵害的权利。侵害名誉权的主要违法行为为:

(1)侮辱行为。包括口头、动作、文字侮辱和暴力侮辱。侮辱的事实可能是实际存在的。

(2)诽谤行为。诽谤的事实必须是虚假的,否则不构成诽谤。

(3)新闻报道的严重失实。

(4)评论严重不当。

最高人民法院在《关于审理名誉权案件若干问题的解释》中规定,医疗卫生单位的工作人员擅自公开患者患有淋病、梅毒、麻风病、艾滋病等病情,致使患者名誉受到损害的,应当认定为侵害患者名誉权。医疗卫生单位向患者或其家属通报病情,不应当认定为侵害患者名誉权。

在医患关系中,医方对患者名誉权的损害主要发生在诊疗护理过程中对一些社会舆论认为有伤风化的疾病的误诊,且未履行保守秘密的义务而致受害人所处的群体对其社会评价减损的情况下。如女青年王某在与男友一起去某市婚检指定医院进行婚前健康检查时,医生误将王某的腹部减肥留下的纹络看成是"是生过孩子或怀孕七个八个月后引产造成的妊娠纹",男友听说后与王某解除了婚约。在王某及其家属的强烈要求下,该医院请市人民院妇产科对王某重新进行检查,检查结果为"外阴未婚型。"鉴于这一检查结果,该医院领导遂到王某家中道歉,随即赶到王某男

友家中说明这一情况,希望两人重归于好,但王某男友经过这场小事坚决不愿再提婚事。气愤之下,王某以医院将其由胖变瘦形成的腹纹误诊为"妊娠纹",损害了她的名誉权为由,向当地法院提起诉讼,要求医院为其恢复名誉,赔偿损失。法院经审理认为,被告在为原告进行婚前体检过程中,由于缺乏规范化的管理和医务人员工作失误且超出婚检范围,致使原告名誉受到损害,经济上遭受一定的损失,精神上也受到创伤,被告对此应负全部民事责任。在庭审中,被告当庭向原告表示了歉意。为保护公民的人身权利,法院判决由被告赔偿原告经济损失1,000元,补偿原告精神抚慰金1,400元,诉讼费用由被告承担。

2. 对隐私权的侵害

患者的隐私包括以下几部分:首先是患者前往医院就诊的事实,还包括患者的姓名、住址、电话、工作单位等个人信息;其次,通过问诊和患者自诉,所了解的疾病的起因、病史、病症特征等情况;第三,通过对患者进行体检所了解的肌肤状态、身体敏感部位体征或其生理缺陷等;第四,通过仪器对患者进行体检时所得到的生理、病理状态等;第五,治疗过程、最后诊疗结果及费用等相关情况。

从主体上来讲,对于患者的隐私进行合理诊察的人员范围是有限制的,包括:一是与医疗有直接联系的医护人员,所谓"直接联系的医护人员"是指患者的主治医师,未确定疑难杂症而进行会诊的专家,对患者实行检查、注射等治疗措施的护士,他们的范围是特定的,不得任意扩大,而且要结合实际情况加以综合确定;二是虽与医疗不具有直接的联系,但是在经过患者或其家属的明示同意后的医院的其他医师或其他人员(如医院的见习生)也可以了解的与患者疾病有关的隐私。在这一方面,医院临床教学与患者隐私权的冲突就是一个典型的问题。

(三)对患者财产权的侵害

财产损害是指受害人因其财产或人身受到侵害而造成的经济损失。财产损害是可以用金钱的具体数额加以计算的实际物质财富的损失。财产损害是指实际的损失,想象的、虚构的、不能证明的或不能以具体金钱数额计算的均不构成财产损害。但是这种实际损失不以侵权行为完成时出现的财产损失为限,已有财产权益的损失和可得财产权益的损失,均为实际损失,可以划分为直接损失和间接损失。这种实际损失不以侵害财产权益为限,侵害财产权益诚然会出现财产损失,在有些情况下,侵害他人的人身权益也可能出现间接或附带的损失,此等财产损失也属于实际的财产损失。

医疗侵权行为对患者财产权的损害,就是医疗侵权行为受害人因其财产权和人

身权受到侵害而造成的经济损失。主要表现为四类:第一是因医疗损害而额外支付的金钱利益,如医疗费、护理费、住院伙食费、交通费、住宿费、丧葬费等费用;第二是患者因医疗损害而导致的财产损失,如误工所减少的工资等收入,因丧失一定的劳动能力所影响的财产利益等等;第三是患者近亲属因患者所受医疗损害而导致的额外金钱利益的支付或法定财产利益的损失等。第四是因为过度医疗,多支出费用而给患方带来的损失。

(四)对患者精神权利的侵害

所谓精神损害,就是因为他人的不当行为而导致的精神利益的丧失或减损。精神损害不仅应当存在于人格权受到损害的情形,也应当存在于生命健康权受到损害的情形。侵害患者的人格权,如生命权、健康权、身体权等,则会导致患者及其近亲属产生精神痛苦,比如对死亡、残疾的恐惧,对亲属死亡的哀伤,对自身健康利益、财产利益的焦虑、沮丧、抑郁等不良情绪。医疗损害所致的精神损害后果常常表现为受害人反常的精神状况,如精神上的痛苦和肉体上的疼痛。受害人精神上的痛苦自身感受为哀伤、懊恼、悔恨、羞愧、愤怒、胆怯、焦虑、沮丧、抑郁等,在外在表现方面,受害人会出现异常的精神状况,如失眠、消沉、冷漠、易怒、狂躁、迟钝等,严重的会出现精神病学上的临床症状,这样的反常状况对于受害人来说是不利的,是一个正常的人所不愿意发生和不愿意接受的。

第四节 医疗侵权责任中的因果关系

因果关系(causation)作为侵权行为构成要件之一,无论是在大陆法系民法理论还是在英美法系侵权行为法理论,均无争议,我国民法学者也无一不赞成其为构成要件。无论是传统的四要件说——即一般的侵权责任构成应当具备违法行为、损害事实、因果关系和主观过错四个基本要件,还是近年来的三要件说——即一般的侵权民事责任的构成仅需要具备损害事实、因果关系和过错三要素即可。从客观上看,作为原因的现象总是在作为结果的现象之前发生。但从主观认识上看,往往是人们先发现结果,然后去寻找其原因。对于侵权行为中因果关系的认识过程也是如此。从研究侵权行为法上因果关系的意义来看,它旨在通过从结果(损害)回溯寻找原因(加害行为),达到发现责任承担者的目的。

一、医疗侵权责任中因果关系的特征

医疗侵权责任中的因果关系，是建立在民法因果关系理论基础之上。由于医疗行为的高度专业性特点和医师具有的高度裁量权，使医疗侵权因果关系具有不同于其他类型因果关系的特点。

在医疗侵权中的因果关系中，事实因果关系被特定化为医学因果关系。同时医学上的诱因，法医学中事故参与度以及少数人的特异体质等，对于研究医疗损害中的因果关系具有重要的理论和实践意义。《医疗事故处理条例》对有特殊体质的患者的医疗损害因果关系做出了限定。第三十三条规定在医疗活动中由于患者病情异常或者患者体质特殊而发生医疗意外的，不属于医疗事故。事实因果关系上对于特异体质的认定为：医师存在过失的情形下判断到底是医师行为还是患者特异体质造成损害结果有一定的复杂性。此时法官可采取推定的方法来解决这一问题，若医师能证明即使医疗行为无过失也会发生此种结果的，可认定不存在因果关系；若医师对此无法举证的，则认定事实因果关系成立。法律上因果关系上对于特异体质的认定为：在医师过失行为与特异体质因素相结合而发生损害结果的情形下，在法律上因果关系的认定上存在"割合认定说"与"过失相抵说"两种观点。这两种观点均是以实现医患双方的利益均衡为目的。在特异体质因素使损害结果扩大的情形下，当医疗过失行为对正常体质的患者也会造成损害但因患者具有特异体质而使损害扩大时，若医师对特异体质因素的作用无法预见，就发生了损害赔偿的限定问题。此时，医师仅对因其过失所造成的损害承担赔偿责任；对因患者特异体质因素造成的扩大损害，在无法预见的前提下不承担赔偿责任。

二、医疗侵权责任中因果关系判定

（一）"因"的判定

医疗侵权纠纷中，根据因果关系在侵权责任构成中的功能，因果关系的"因"包括两层涵义，"因"的第一层涵义是："因"是一种医疗行为。广义的医疗行为是指为促进人体健康、延缓衰老、延长寿命而针对个体展开的诊疗、保健、预防、美容等医疗卫生活动。狭义的医疗行烛指医疗机构及其医务人员针对疾病患者所进行的诊治活动。医疗行为又可分为作为和不作为，认定作为和不作为需参照法律法规的具体规定。这就引申出"因"的第二层涵义是："因"是违法的医疗行为。医疗侵权案件中必须围绕这两层涵义查明"因"，即医疗行为是否存在、医疗行为是否合法。关于医

疗行为的存在应当由患者举证,审理中较易查明。医疗行为是否合法,则应由医疗或者医方举证。患方和医方举证后,法官则须对医疗行为的合法性进行审查,合法性审查不仅是确定行为是否违法的依据,也是认定医方主观过错的关键所在。在医疗侵权案件中,通常通过医方的违法医疗行为推定医方存在过错,如果医方不能举证自己的行为符合法律、法规、诊疗护理规范、常规,则可能被认定为构成侵权。因此,审查医疗行为的合法性对于分析侵权责任构成诸要件是极其重要的。

(二)"果"的判定

从诉讼的角度看,在医疗侵权纠纷中,首先出现的是患方证明自己在就诊时受到人身损害的事实。患方的受损事实就是因果关系中的"果",是当事人提起诉讼的必要条件,是法官审理侵权案件时应当首要查明的问题。经过当事人充分的举证,是否存在受损事实比较容易查明。但是需要注意的是,医疗侵权属于特殊侵权,患者的受损来源于医疗行为,是医源性损害。不能将在医院发生的一般侵权纠纷作为医疗侵权案件来处理。比如,患者到医院就诊时,由于医院门诊地面湿滑而跌倒受伤,显然患者受损并非医疗行为所导致,该类案件当然不能作为医疗侵权案件来处理。

一般而言,医源性损害是指患者在医院就诊时,因诊断错误、延误治疗、诊疗措施不当、违反操作规程等过失医疗行为造成患者生命健康权、隐私权或其他人格权受到的损害。医源性损害通常表现为患者病情加重、死亡或引发新的生理、心理疾病。比如输血后感染丙型肝炎,即是医疗行为引发新的疾病。对于损害事实的存在是由受害人举证证明的,只要患者证明自身医源性损害存在,即可认定"果"成立。

对"因"和"果"的审查判断是正确判定因果关系的前提和基础,缺一不可,否则因果关系就无从分析。在审理医疗侵权案件的活动中,查明患者受损事实及医疗行为等责任构成要件,最终都是为因果关系的判定进行服务。

(三)"因果关系"的判定

必然因果关系说长期以来一直是我国民法界的通说。"违反民事义务的行为与损害事实之间有因果关系,指的是违反民事义务的行为与损害事实之间存在着客观的必然的因果联系。就是说,一定的损害事实是由该违反民事义务的行为所引起的必然结果,而该违反民事义务的行为正是引起一定损害事实的原因,如果没有这一行为,就不会发生该损害事实。"

梁慧星先生则反对必然因果关系说而主张相当因果关系说,他认为必然因果关系说的缺陷在于混淆了哲学上的因果关系与法律上的因果关系,以哲学因果关系概念代替法律因果关系概念。必然因果关系说貌似符合唯物辩证法,实为形而上学。依唯物辩证法,客观事物的必然联系即客观规律是可以认知的。但这种认识有待于整个人类的实践活动,而人类的实践活动是不断发展的历史过程。要求法官处理每一个具体案件,均能准确掌握其必然性因果联系,恰恰与唯物辩证法相违背。法律的任务在于协调社会生活中各种利益冲突,维护社会公平与正义。法官在裁判案件时,主要是依循社会生活的共同准则,公平正义观念及善良风俗习惯和人情常理。相当因果关系说不要求法官对每一个案件均脱离一般人的知识经验和认识水平,去追求所谓"客观的、本质的必然联系",只要求判明原因事实与损害结果之间在通常情形下存在的可能性。作为一种法律学说,相当因果关系说是科学的。

相当因果关系说在我国台湾实务界已运用数十年,我国台湾民法权威王泽鉴先生认为,侵权行为法上的因果关系可以分为两种:责任成立的因果关系和责任范围的因果关系。其中,相当因果关系说区分责任成立的因果关系和责任范围的因果关系,在认定上区分认定条件关系和认定相当性两个步骤。在条件关系的认定上,采用"无此行为,必不生此种损害"的公式。在具体归责中,为限制条件关系的界限,从而限制侵权责任的范围,则需进一步认定"相当性",即侵权行为在多大程度上导致损害结果。王泽鉴先生认为"相当因果关系不仅是一个技术性的因果关系,更是一种法律政策的工具,乃侵权行为损害赔偿责任归属之法的价值判断。"

王泽鉴先生的论说与英美法系的因果关系理论有相通之处,两者都主张从事实和法律两个层面去分析因果关系。责任成立的因果关系相当于事实上的因果关系,责任范围的因果关系相当于法律上的因果关系。这其实就是对因果关系进行认定的"两分法",是认定因果关系的方法论。前者要解决的是侵权责任是否成立,后者要解决的是在多大范围内承担赔偿责任的问题。在判断这两个层次的因果关系时,前者体现法律事实,后者则体现政策性判断。具体到医疗侵权责任中对因果关系的判断,我们认为也应该采取两分法。对事实上的因果关系判断,要依据不同的个案事实进行具体的分析。在认定事实因果关系时,单一的因果关系应依据必要条件理论,即采取所谓剔除法或替代法来确定因果关系,而聚合的因果关系应采取实质要素理论来判断。而对于法律上的因果关系判断,则应采取相当因果关系学说。

医学对人体器官器质性构造的认识已经达到一定水平,但是对人体器官功能的运行机制还存在太多的假说,特别是发病机制,在病理学中长期存在着多种争论。医学作为一门尚处于经验科学阶段的人体科学,还缺乏缜密系统的理论予以指导,加之又存在千千万万的个体差异,因此医学的不确定因素很多,实践性很强,每一种防治疾病的方法都需要在实践中摸索和验证,医疗行业是具有高科技含量和高风险

的行业。采用相当因果关系说,既能及时保护患者的合法权益,又能与当代医学的发展相适应,是公平公正地处理医疗侵权纠纷的最佳选择。尤其是相当因果关系说中的因果关系认定"两分法",对医疗侵权纠纷的处理有极大的适用价值,它为法官提供了一个有效的分析框架,借助于这种分析框架,可以使法官对因果关系问题有一个比较清醒的认识:即因果关系有着不同的层次,不同层次的因果关系有着不同的功能领域,在不同的领域中因果关系有着不同的存在价值。首先因果关系是医疗侵权责任成立的基础和出发点;其次它又能避免无限扩大医方的民事法律责任,赋予医方医疗自主权,促进医方探索更好的疾病防治方法。"两分法"使法官在维护患者合法权益与促进医学事业的发展之间能够比较容易地寻求到平衡点。

通过对一些典型案例的司法鉴定和审判工作的实践,结合民法基本理论在医疗诉讼中医疗行为和损害事实之间的因果关系有以下六种形态:

1. 医疗行为违法,并造成了人身损害后果,医疗行为与损害后果之间有因果关系。

2. 医疗行为违法,且发生了人身损害后果,医疗行为与损害后果之间虽然有因果关系,但该违法行为只是与致损的部分有关,也可以被称为部分因果关系。

3. 医疗行为违法,也发生了患者的人身损害后果,但违法的医疗行为与损害后果之间没有因果关系。

4. 医疗行为虽有违法,但并未造成患者的损害后果,医患双方不存在侵权意义上的因果关系。

5. 医疗行为合法,却发生了患者死亡或残疾的结果,但医疗行为与损害结果之间并无因果关系。如术后并发症。

6. 医疗行为合法,也未发生患者死亡、残疾等损害后果,当然不存在医疗行为与损害后果之间的因果关系。此类医疗纠纷多发生于医务人员说话不注意、态度生硬、对疾病解释不周或不细;还有的是患方对治疗方案、治疗方法不理解,甚至是由于有的患者及其亲属出于赖账、拖欠医药费等目的。

实践中,由于是否违法和损害事实两个要件较为容易认定,而因果关系则较难认定,所以医疗单位无论在发生纠纷后,还是参加医疗事故技术鉴定时,或者参与诉讼过程中,都要根据医学科学原理,结合医疗行为实际、患者的病情及后果,准确地确认医疗行为与损害结果之间是否存在因果关系。

三、医疗侵权责任中因果关系的类型

在侵权行为中,行为人的加害行为与损害后果之间的因果关系,表现为多种不

同形态，这也体现了哲学上因果联系多样性的共性。

（一）一因一果

在侵权行为中，一因一果是指原因和结果均为单数，原因为行为人的单个违（加害）法行为，结果为受害人单纯的损害后果。这是侵权行为中最常见的一种因果联系形态。在这种因果关系中，原因是医方的某一违反诊疗护理法律法规的行为，而导致了患者某一损害的结果，原因和结果直接都是单一的。在这种一因一果的因果联系形态中，可能承担侵权责任的主体以及该主体可能承担的侵权责任的范围，都相对简明。

（二）一因多果

在侵权行为中，一因多果是指原因为单数、结果为复数（两个或两个以上），原因为行为人的单个违法（加害）行为，结果为数个受害人的损害后果或一个受害人的多个损害后果。在实际生活中，一个医疗行为导致多个受害人受损的情形比较罕见，而一个医疗过失行为导致一个受害人受多种损害的情形却比较常见。如一个医疗侵权行为即造成受害人的健康损害，又造成受害人的身体损害，还造成受害人的精神损害。在一因多果情形，侵权行为人应对多个损害后果承担责任。

（三）多因一果

在侵权行为中，多因一果是指原因为复数，结果为单数，原因为多个行为人的多个违法（加害）行为，结果为受害人单一的损害后果，也就是多个原因行为导致一个损害结果，这是医疗损害中最常见的因果关系类型。

如某甲误伤某乙随即将某乙送进医院治疗，但医院疏于医护导致某乙伤口感染化脓并造成某乙留下严重后遗症。在此，某甲的行为与某丙的行为均为原因，共同导致了某乙的损害后果。

多个原因行为包括：(1)医疗行为，如数个医务人员的行为、一个医务人员的数个行为、数个医务人员的数个行为；(2)医疗行为和患者及其家属的行为；(3)医疗行为和患者自身的疾病发展状况、特异体质等；(4)医疗行为与第三人的行为，如各种事故损害等等情况或上述各种情况的结合。所以多因一果的因果关系显得特别复杂，而这也正好是实践中各种医疗损害因果关系的真实写照。多因一果的因果关系又包括了几种特殊因果关系类型：

第一，连锁的因果关系。连锁的因果关系原因是多个行为的多个加害行为，结果为受害人的单一损害结果，只不过这些加害行为不是同时发生，而是前后相继发生。在医疗损害中通常表现为由于两个或两个以上医师前后相继的过失行为导致

了某一患者严重损害后果的发生。

如某一患者头疼、腹泻去诊所检查,诊所医生面对血压200mmHg的患者没有给予及时的诊疗,又没有给予注意事项的告知,只是草草给患者进行了有关治疗痢疾的输液,输液不久患者即出现失明的症状,医师依然没有理睬,告知回家后就会好转,患者回家后不见好转,家人拨通120急救,结果急救车没有把患者送到急诊室,而是直接将患者送到住院部,由于住院部的设备不全,抢救不及时,患者因脑出血死亡。本案就是一个典型的连锁的因果关系,诊所医生的疏忽大意、120急救车的过失行为直接造成患者没有得到及时的医治、延误了抢救的时间以致患者死亡。

第二,异步的因果关系。所谓异步的因果关系是指严重不良后果的发生是部分行为人在另一部分行为人过失所致的不良后果的基础上因过失而造成的,部分行为的过失才是不良后果的直接原因,这种因果关系最典型的情况就是交通事故中的肇事者、受害者和医师三者之间的关系。

异步的因果关系与连锁的因果关系的不同之处在于:在连锁的因果关系中,前一行为与后一行为共同造成了某一损害后果,前一行为与后一行为不仅都是损害发生原因,而且也是损害发生法律原因。而在异步的因果关系中,前一行为与最后造成的损害结果之间不存在因果关系它只是与造成损害的前一过失行为存在法律上的因果联系。

第三,助成的因果关系。所谓助成的因果关系是指患者的人身损害结果是由于医师和患者的共同过失造成的。在医疗实践中,医患双方之间必须密切配合,才能达到良好的治疗效果,如果患者不配合,医师就很难得出正确的诊断结论,不能采取适当的诊疗措施。

如:患者明知自己有磺胺的过敏史而未向医师陈述,医师在用药时导致了严重的后果。本例中患者的虚假陈述使医师判断失误,而医师的过失行为是该患者造成的,而这得共同过失导致了本案损害后果的发生。

(四)多因多果

在侵权行为中,多因多果是指原因为复数,结果也为复数,原因为多个行为人的多个加害行为,结果为受害人的多项损害后果或多个受害人的损害后果。多因多果是医疗损害中最为复杂的因果关系,对多因多果的因果关系的分析和认定,在具体处理的应当将其作为案件的一个整体,而不应将其中的某一项孤立对待。

还需要指出的是,共同侵权行为虽然有数个加害人参与了加害行为,但是其各自的行为并不具有独立的价值,而只是构成具有关联性的统一行为的一个部分。正是这一具有关联性的统一行为导致了损害结果的发生。因此,共同侵权行为,不属于多因一果或者多因多果的情况。

四、损伤参与度

在现实生活中,发生患者死亡或伤残的后果,往往是多种原因造成的。根据法律的规定,加害人承担责任的大小,应以其实际造成的损失为限。为了确定其赔偿额度的大小,就有必要引入损伤参与度。

(一)损伤参与度的概念

损伤参与度,又称责任程度,其含义是损伤与疾病共同存在的情况下,出现暂时性或永久性机体结构破坏或功能障碍、死亡等后果的人身损害事件中,与人身损害事件相关的损伤或者损伤所致的并发症、继发症在现存的结果中的介入程度,即原因力的大小。即医疗过失行为在医疗事故损害后果中的责任比重,也是医疗过失行为与医疗损害后果之间的法律因果关系,它是确定医疗侵权赔偿金额应考虑的三个因素之一。

医疗损害与原有疾病之间的关系,就是损伤与某些疾病的发展、进展、恶化之间的因果关系,在确定医疗侵权责任的因果关系时非常重要,有的损害结果是患者原有疾病的自然发展和不当的医疗行为共同作用的结果,可以应用损伤参与度来加以区分。损伤参与度的实质是确定导致患者人身损害的侵权行为与损害后果之间的因果关系,所要解决的是医疗侵权案件中由于多种原因而导致患者损害的情况下,各种原因对损害结果所要承担责任的比例问题。

(二)损害参与度的分级

我国大部分学者都赞同采用五等级的分类标准进行损伤参与度的鉴定。在司法实践中,通常借鉴法医学"损伤参与度"的分级标准来确定过错方责任程度。其分级标准为:

第一等级:死亡、后遗障碍完全是由损伤所致,损伤参与度100%。具体分为三种情形,其一,在导致死亡的结果中,损伤是根本原因和直接原因;其二,在导致死亡的结果中,损伤是根本原因,而损伤的并发症是直接原因;其三,损伤或损伤继发症、并发症是导致伤残等后遗障碍出现的直接原因,自身疾病伤残等后遗障碍无任何影响。

第二等级:死亡、后遗障碍是损伤和既往疾病共同所致,但损伤是主要因素,损伤参与度为75%;在导致死亡的结果中,损伤是主要因素,原有疾病使损伤易于发生

或加重了损伤的后果。在导致伤残等后遗障碍的结果中,损伤是主要因素,原有疾病致使损伤易于发生或加重了损伤的后果。

第三等级:死亡、后遗障碍是损伤和疾病共同作用的结果,二者作用程度等同,损伤参与度50%;在作用程度上,是损伤和既往疾病都不能单独导致死亡、后遗障碍的发生,属于二者协同作用的结果。

第四等级:死亡、后遗症障碍是损伤和疾病共同所致的结果,但疾病是主要因素,损伤参与度25%;在导致死亡的结果中,疾病是主要因素,损伤是导致死亡的诱因或者促发因素;在导致后遗障碍的结果中,疾病是主要因素,损伤促进原有疾病的程度加重,治疗期限延长。

第五等级:死亡、后遗症障碍完全是由疾病导致的结果,损伤作用可以排除在外,损伤参与度0%。在导致死亡的结果中,疾病是根本原因和直接原因,损伤与疾病的发生发展没有直接的关系,在导致伤残、后遗障碍的结果中,疾病是直接原因。

第五节 医疗过失

一、医疗过失的概念

医疗损害责任原则上是一种过错责任,《中华人民共和国侵权责任法》(下简称《侵权责任法》)第54条明确规定:"患者在诊疗活动中受到损害,医疗机构及其医务人员有过错的,由医疗机构承担赔偿责任。"需要说明的是,医疗过错应当包括故意和过失两种形态。由于医学伦理"视病如亲"、"永不存损害妄为之念"的基本要求,也由于故意的主观形态较易识别,由医师故意造成医疗损害的实践情形并不多,主要包括过度诊疗的故意和某些医疗产品侵权中的故意。在医疗损害责任中,大多数损害行为是由医疗过失而产生,因此,医疗过失的考察成为准确认定医疗损害责任的关键。

所谓医疗过失,是指医疗机构及其医务人员在医疗活动中违反必要的注意义务,从而引起他人生命健康伤害的疏忽或懈怠。医疗过失是医疗侵权行为的重要构成要件,也是医疗侵权责任的归责依据。其程度轻重与医疗损害赔偿责任的范围与金额直接相关。

二、医疗过失的法律特征

(一)医疗过失的主体是医疗机构及其医务人员

根据《医疗机构管理条例》及其《实施细则》,医疗机构是指经登记取得《医疗机构执业许可证》,从事疾病诊断、治疗活动的医院、卫生院、疗养院、门诊部、诊所、卫生所(室)及急救站等机构。而医务人员则是指根据《执业医师法》《护士条例》等法律法规取得相应资质并在一定的医疗机构注册进行执业的医师、护士、药师、技师、医疗机构管理人员等。医疗损害责任是一种替代责任,即损害由医务人员的医疗行为形成,但基于医务人员与医疗机构的雇佣关系和职务关系,责任往往由医疗机构替代承担。因此,作为医疗损害责任的主观要件,医疗过失的主体既包括医务人员,也包括医疗机构,这也是因为医务人员的过失往往与医疗机构的选任、教育、管理上的过失相联系。

(二)医疗过失应发生在诊疗活动中

诊疗活动是指患者到医疗机构就医从而在医患之间形成医疗服务关系后,医疗机构及其医务人员按照医疗卫生法律法规和通用行业标准而实施的一系列诊断、治疗行为,包括门诊检查、门诊治疗、住院检查、住院治疗、康复治疗、疾病预防等方面的行为。诊疗活动是医疗过失发生的时空条件,诊疗过程外的过错可能构成一般侵权行为或其他违法行为。

(三)医疗过失属于主观要件

有学者认为,对医疗过失不应采用单纯的主观说,而应结合其内在心理状态在客观上的外在表现形式等客观因素,以使过失的含义更加具体。因此,医疗过失应当是医疗机构及其医务人员在医疗活动中违反必要的注意义务,从而引起他人生命、身体伤害的情形。

本书认为,医疗过失概念仍属于主观要件的范围。首先,主观说与传统侵权法理论结构相一致。在传统侵权法中,过错属于主观要素,而过失则属于过错中的一种主观形态;其次,主观说与法条形成呼应。《侵权责任法》首次明确了医疗损害责任是一种过错责任,并对医疗过错及其认定标准进行了规定。从法解释学上,第54条中"医疗机构及其医务人员有过错的"将成为医疗过失研究和考察的起点,而法条表述更接近于将过错视为医疗损害责任构成的主观要件;最后,主观说更易界定概念外延,从而产生实践意义。医疗过失概念的含义不应无限扩大,否则将与医疗损害责任、医疗侵权行为等形成交叉重合,造成理解上的困难。将其限于主观说更易

于清晰界定概念外延。从界定明确的概念出发，进一步研究医疗过失的判断标准以及由此产生的医疗过错责任，将对实践产生重要意义。

三、医疗过失的认定

医疗过失的认定是确认医疗损害责任的重要前提，其基本标准是医疗机构及其义务人员在诊疗活动中是否遵循应尽的注意义务。从法律适用的角度，认定医疗过失应当遵循的逻辑是先具体而后抽象，即有具体标准时遵循具体标准，难以确认具体标准时遵循抽象的学理性标准。一般来说，能被确认的医疗注意义务属具体标准的范畴，而与医疗领域的合理医疗水平相应的注意义务属于抽象标准的范畴。但同人类思维活动相适应的是，两者并非呈现出泾渭分明的状态，具体标准应该以抽象标准为基准，而抽象标准也可能通过医疗水平的具体化、规范化转化为具体标准。

（一）认定医疗过失的具体标准

认定医疗过失的具体标准包括形式和内容两个方面。形式上的具体标准是指以一定的规范形式表现的易于操作的标准，内容上的具体标准是指从注意义务的内容上归纳出的标准。需要说明的是，形式与内容的划分具有相对性，如用以判断医疗过失的法律规范必然有其内容，但基于理解上的便利，我们将这些易于从形式上加以识别的标准纳入形式上的具体标准。

1. 形式上的具体标准

即指违反法律、行政法规、规章以及其他诊疗护理规范、常规。

法律是指由全国人大及其常委会审议通过的规范性文件，是效力等级最高的规范性文件，如《执业医师法》《献血法》等；行政法规是指国务院为领导和管理国家各项行政工作，根据宪法与法律与法律制定的各类规范性文件的总称，是效力仅次于法律的规范性文件，一般以"条例"命名，如《医疗机构管理条例》《医疗纠纷预防和处理条例》等；规章是指由国务院组成部门以及地方政府颁布实施的就某方面事项进行调整和规定的规范性文件，分为部门规章和地方政府规章，部门规章如《处方管理办法》《医疗机构管理条例实施细则》等，地方政府规章如《广州市食品安全工作综合评价办法》等。

诊疗规范一般指基于维护患者生命健康权，规范医疗行为的目的，在总结医学科学技术成果和诊疗经验的基础上，在诊疗活动中逐渐形成的有关医疗行为的规范和指南，包括各级卫生行政部门、各类医学行业组织制定的各种标准、规程、制度、规范、指南、指引等成文化文件。

不具有稳定形式的规范不属于认定医疗过失的具体标准,仅可作为是否符合抽象标准的参考,包括医学伦理道德和形式上不成文的、为一些医疗机构及其医务人员通常遵循的诊疗护理惯例或通行做法。

2. 内容上的具体标准

即指违反具体的医疗注意义务,分为违反一般医疗注意义务、违反特殊医疗注意义务和违反其他医疗注意义务。

一般医疗注意义务是指医疗机构和医务人员在诊疗活动中,应遵守的医疗科学上必须遵守的行为规范或行为准则所确定的义务,包括诊断、治疗、注射、手术、麻醉、抽血、输血、放射治疗、用药、疗养指导等过程中的具体注意义务。

具体来说,违反一般注意义务的过失包括以下情形:

(1)诊断行为的过失

所谓诊断,是指医师经由了解患者的病情并借助于各种医学检查的结果进行综合分析,对病人所患疾病及致病原因、部位、性质和功能损害程度等作出判断的步骤和方法。诊断行为中的医疗过失主要是误诊,误诊是指由于医务人员工作不负责任或者专业技术水平没有达到应该达到的标准而导致的诊断错误。误诊是一种医疗过失,后果可轻可重,轻者延误治疗,重者导致病人残疾或死亡,但并非所有的误诊都可认定为医疗过失,是否存在过失要依具体案情而定。诊断行为的过失可分为诊断过程中的过失及有关诊断内容的过失。

判断误诊应从两个方面来考虑:其一,在诊断过程中不负责任,如不认真采集病史、不全面进行检查等。其二,医生不钻研业务,技术水平较低,对应该而且可以认识的疾病没有认识。误诊的类型主要有以下几种:①将某种疾病误诊为其他疾病;②无任何疾病状态诊断为有一定病患;③对疾病的认识、预测有误;④症状之类别、部位等有误;⑤延迟诊断;⑥漏诊。这些分类常相互交错,要特定为哪一种类型的过失通常很困难且无必要。因为人体生理机能的复杂性与许多疾病在症状上的相似性常常使医生难以一次性诊断正确,很多时候医生都会随着医疗行为的深入,根据新病情的发现,对自己先前的诊断作出不断修正,这是医疗界的普遍现象,不能将这类行为简单地视为过失。

(2)治疗行为的过失

广义的治疗是与诊断相对的过程,它的内容包括确诊后医生对患者所实施的一切为使患者身体恢复健康的医疗措施,它是检查诊断结束到患者痊愈或结束就诊的全过程,包括注射、用药、手术、辅助治疗等具体的医疗过程。而狭义的治疗过程是与注射等具体医疗过程相并列的没有把注射等具体的医疗内容包括在内。诊断和

治疗是医疗过程密不可分的不同阶段,诊断一经确定,即为治疗的开始。而治疗过失的原因,最主要的分为医师的草率和对医疗的无知两种。所谓医师的草率,是指医师在治疗过程中漫不经心,对治疗方法及过程严重不负责任;而后者则不具备治疗所需的知识及技能,因治疗失误而导致患者损害。

(3)手术行为的过失

手术,指对患者的身体施加切割或穿刺等借以治疗疾病或从事诊断的医疗行为。医师在手术中的注意义务按进行手术的顺序可分为手术前判断准备的过失,手术进行时的操作过失和手术后的护理管理过失。医师的手术过失通常表现为:在手术前疏于检查;在手术方式方法选择上的过失;在手术时期选择上的过失;在手术时有异物残留的过失;手术麻醉行为的过失以及在术后管理上的过失等多个方面。

(4)注射行为的过失

注射行为的过失包括多种类型,主要有注射药剂使用错误、注射受污染药液的过失,注射部位错误、注射引起过敏以及预防接种疫苗注射中的过失等。注射的目的是为了治疗疾病。随着现代医学的进步出现了一些较为复杂的注射方式,这就要求注射人员正确掌握注射技术以免出现错误给患者造成不应有的损害。现代医疗实践中所采用的注射方式通常都是已为一般专业注射人员所掌握的方式,如果专门的注射人员因未能良好的操作或非专门的注射人员因从事不应由他操作的复杂性注射给患者造成生命身体的损害时,除非他们能证明依现有一般医疗水准必然会出现此种后果或该后果是由不可抗力造成的,否则应认定存在过失并注射人员承担损害赔偿责任。

(5)护理行为的过失

护理行为的过失是指医疗辅助人员(护理人员)在护理过程中违反相应的特级、一级、二级、三级以及特殊护理规范,过失造成人身损害的行为。

(6)输血行为的过失

输血是将从健康人身上取得的血液移入患者体内的治疗方法,在抽血和输血过程中,医师违反注意义务的行为通常表现为:抽血行为的过失,是否需要输血的过失,异型输血的过失,延迟输血的过失以及输血感染的过失等。

除了诊断、治疗、手术、注射、护理、输血等具体医疗行为的过失之外,还有放疗、化疗、用药、医疗设备运用、美容的过失以及医院管理等方面的过失。具体医疗行为的过失认定专业性、实践性强,尽管不同医疗行为中医生的具体注意义务可在以前判例总结与法学理论探讨的基础上规定下来,但不可避免地会出现一些新问题。具体医疗行为的过失认定需综合法学家、法官与医学专家的共同智慧,依医疗水准说结合医疗上的紧急性、专门性、地域性因素,借鉴国外医疗损害赔偿判例对立法、司法活动产生积极推动作用的经验,对立法进行灵活适用与创造性补充。

特殊医疗注意义务是指医疗机构和医务人员在诊疗活动中,应遵守医疗职业伦理上要求的义务,包括说明义务、转医义务、保密义务、尊重患者自主权义务、亲自诊疗义务和不得拒诊的义务。说明义务是指医方应向病患提供相关医疗信息的义务;转医义务是指医方对超出治疗能力的病患应当尽快安全转移到有条件治疗的医疗机构的义务;保密义务是指医方对其掌握的与诊疗相关的患方私人信息保守秘密的义务;尊重患者自主权义务是指医方应尊重病患自主意愿,未经同意不得任意采用相关医疗措施的义务;亲自诊疗义务是指医师应亲自到医疗场所诊察病情,以免误诊的义务;不得拒诊的义务是指医方对危急患者不能拒绝诊疗的义务。

其他医疗注意义务是指无法用医疗过程加以划分的义务内容。主要包括:真实记载和妥善保管病历资料的义务、医师的监督义务和医疗机构的组织义务等。其中医师的监督义务是指医师在职责范围内应对护理人员及其他医技人员的工作和药品、医疗设备的质量、使用情况等进行监督的义务;医疗机构的组织义务是指医疗机构应当依法合理设置科室、配备合格医务人员、提供合格医疗器械、建立并严格执行科学管理制度的义务。

违反上述具体注意义务可以作为认定医疗过失的具体标准。需要强调的是,作为具体标准,上述注意义务一定体现于法律、行政法规、规章以及其他有关诊疗规范中,是能够被把握和识别的标准。

(二)认定医疗过失的抽象标准

医疗过失的抽象标准是指未尽到与当时的医疗水平相应的注意义务。

医疗水平也称医疗水准,是指医师在诊疗活动中,其医疗能力、注意程度以及伦理约束应符合具有一般医疗专业水平的医师在同一情况下所应遵循的标准。日本最早将"医疗水平"作为衡量医师注意能力进而判断医疗过失的抽象标准。我国《侵权责任法》第五十七条规定:"医务人员在诊疗活动中未尽到与当时的医疗水平相应的诊疗义务,造成患者损害的,医疗机构应当承担赔偿责任。"根据这一条款,我国首次在法律中确认了"当时的医疗水平"作为判断医疗过失的抽象标准,是立法上的一大进步。

对"当时的医疗水平"应当做如下理解:首先,应当以医疗行为发生时的医疗水平为标准,这是理解医疗水平的时空要素。其次,判断"当时的医疗水平"必须考虑到执业的医疗机构所在地区、医疗机构资质和医务人员资质等因素。不同地域的医

疗资源能力,不同医疗机构资质的医疗条件和不同资质的医务人员的临床经验、医学技术水平都会有所差异,应当予以考虑。最后,还必须考虑一些辅助性要素,如紧急医疗措施对医疗水平的限制等。

四、推定的医疗过失

除了通过法律、法规、规章和诊疗规范确定的具体标准和以"当时的医疗水平"确认的抽象标准判断医疗过失之外,还可以通过推定的方式对医疗过失加以确认。所谓推定,是根据基础事实的存在而作出的与之相关的另一事实存在或不存在的假定。之所以以推定的方式确认医疗过失,一方面是因为在一些基础事实存在的情况下,医疗过失发生的概率极高,另一方面也是为了加强医方对极易发生过失的医疗行为的管理和监督。

根据《侵权责任法》第58条的规定,有如下情形时,可以推定医疗机构存在医疗过错:1.违反法律、行政法规、规章以及其他有关诊疗规范;2.隐匿或者拒绝提供与纠纷相关的病历资料;3.伪造、篡改或者销毁病历资料。在第一种情形下,患者如果有证据证明医方有违反法律、行政法规、规章以及其他有关诊疗规范的行为,且有损害,即可提起诉讼,医方需对自己没有违法行为,或者即使有违法行为,但与患者损害没有因果关系举证,举证不能时则被推定为有过错,承担不利的法律后果。在第二、三种情形下,如果医方不能提供自己拒绝提供病历或者修改病历的正当理由,则也会被推定为有过失,这源于医疗机构妥善保管病历并应患者要求提供病历的义务,《侵权责任法》第六十一条规定:医疗机构及其医务人员应当按照规定填写并妥善保管住院志、医嘱单、检验报告、手术及麻醉记录、病理资料、护理记录、医疗费用等病历资料。患者要求查阅、复制前款规定的病历资料的,医疗机构应当提供。关于推定的医疗过失的举证问题,将在本书第九章中进行详细阐述。

思考与练习题:

1. 简述我国医疗侵权民事责任构成的四要件说。
2. 医疗侵权行为中的违法性是如何界定的?
3. 医疗损害的内容有哪些?
4. 医疗侵权责任中的因果关系有哪些类型?
5. 认定医疗过失在内容上的具体标准有哪些?

(重庆医科大学 蒋祎)

第七章 医疗损害赔偿

学习目标

掌握：医疗损害赔偿的概念；医疗损害赔偿的赔偿方式和赔偿范围
熟悉：医疗损害程度的相关规定
了解：医疗损害赔偿的原则；医疗损害的特点

第一节 医疗损害赔偿的概念及原则

一、医疗损害赔偿的概念

医疗损害赔偿，是指医疗机构和医务人员在诊疗过程中，存在过错或法律规定的无过错情形，造成患者人身、财产和精神损害，依法应承担的民事赔偿责任。对于患者而言，通常因为医疗损害而处于困境之中，所以明确责任获得赔偿可以保护患者的合法权益，对于医疗机构而言，及时地解决问题也有利于诊疗秩序的恢复和经验总结后的医疗技术水平的提高。

二、医疗损害赔偿的原则

（一）医疗损害民事赔偿一般原则

1. 全部赔偿原则

全部赔偿指侵权行为加害人承担赔偿责任的大小，应当以行为所造成的实际财产损失的大小为依据，对造成的损失予以全部赔偿。也就是说赔偿是以所造成的实际损害为限，损失多少，就赔偿多少。全部赔偿的原则充分体现了对于损害的救济，有损害即有赔偿，且这种赔偿以填平损害为限。

2. 财产赔偿原则

　　财产赔偿是指侵权行为无论是造成财产损害、人身损害还是精神损害，均以财产赔偿作为方法而不采用其他的民事责任承担方式。确立财产赔偿规则在于，即使对于人身伤害，也只能以财产的方式予以赔偿，同样，对于精神损害，也只能以财产的方式予以赔偿。

3. 损益相抵原则

　　损益相抵，亦称损益同消，是指赔偿权利人基于发生损害的同一原因获得利益时，应于损害额内扣除利益，而由赔偿义务人就差额予以赔偿的确定赔偿责任范围的规则。损害相抵原则是在加害责任已经确定的情形下来确定加害人具体该如何承担责任的一种原则，任何人并不能因受害而获益。如在医疗损害赔偿中，患者的误工费单位并未扣除的，医疗机构就不必予以赔偿，这也符合损益相抵的原则。同时，对于患者医药费中通过医保报销的部分，也应适用损益相抵的原则。

4. 过失相抵原则

　　过失相抵原则是指在加害人与被害人都有过失的情况下，比较双方的过错程度，根据双方的过错程度来确定双方承担责任的范围。在医疗损害的案件中，如果患者对最终的损害的发生或损害的扩大也有过错的，应当在其过错范围内承担相应的责任，医疗机构及其医务人员只承担其过错范围内的责任。过失相抵的原则在确定精神损害赔偿当中也有适用的余地，如果患者存在过错的，也应当在其过错范围内承担相应的责任。

5. 衡平原则

　　衡平原则，是指在确定侵权损害赔偿范围时，必须考虑诸如当事人的经济状况等诸因素，使赔偿责任的确定更加公正。在医疗损害的案件中，有的情形下，医疗机构并没有完全处于强势和地位，如个体诊所等。在此情况下，全部赔偿或者一次性赔偿将可能使加害者难以承担，所以可能考虑适用衡平原则。

6. 惩罚性赔偿原则

　　惩罚性赔偿原则是指通过损害赔偿除了达到补偿受害人的目的，还通过对加害方进行惩罚性赔偿，对加害人和整个社会产生警示的作用。由于惩罚性原则的特殊性，一般只有在法律有明确的规定下才予以适用。在医疗损害赔偿中，一般情形下不适用惩罚性赔偿的原则，但2017年3月27日最高人民法院通过的《最高人民法院关于审理医疗损害责任纠纷案件适用法律若干问题的解释》（以下简称《关于审理医疗损害责任纠纷案件适用法律若干问题的解释》中对医疗产品造成的损害进行了规定，如果医疗产品的生产者、销售者明知医疗产品存在缺陷仍然生产、销售，造成患者死亡或者健康严重损害的,可以适用惩罚性赔偿。

(二)医疗损害民事赔偿特殊赔偿原则

医患是共同体,在大多数情形下医疗机构的医务人员在为患者诊疗时的初衷都是为了患者健康的恢复,即使出现损害,医疗机构的医务人员在主观上大多数时候也是处于过失而非故意。并且,由于科学技术的发展水平有限,医学技术的发展也有局限性,医学科学技术的发展最终将造福于患者,基于此,我们必须考虑医学科学技术发展的实际,实行保护患者利益和医学科学技术发展并重的原则,既不损害患者的合法利益,又不因为过重的责任承担使医疗机构及其医务人员对医学科学技术探索的脚步停下,所以基于医学的特点,医疗损害民事赔偿中应实行保护患者利益和促进医学科学技术发展并重的原则。

第二节 医疗损害赔偿应考虑的相关因素

一、医疗损害的特点

医疗活动具有区别于其他活动的特点,这些特点是医疗损害赔偿过程中必须考虑的一些因素。

第一,未知性。从诞生那一天起,医学就是一门经验性学科,即便是在科学技术已经相对发达的今天,人类能够完全认知和治疗的疾病也是有限的,对于许多疾病的病因,现代医学的认知也相当的有限,甚至对许多疾病的认识尚处于未知状态。虽然建立于生物医学模式基础上的现代西医已经是以实验室检查为基础,但医学科学涉及多层次和多因素,其中许多因素是难以客观定量测查的,如心理因素。另外一些因素,如社会因素,则要求大范围长时间的调查,这客观上也造成了医学认知上的困难。因此,对于医疗机构和医务人员无过错,损害是由于未知疾病而导致的情形,医疗机构是不应当承担损害赔偿责任的。如果要求医疗机构对未知疾病造成的损害承担赔偿责任,对医疗机构而言是不公平的。

第二,特异性。与其他学科研究对象有所不同的是,医学的研究对象是人。就人体而言,每一个个体都是不同的。在诊疗的实际中,医务人员常常会面对患者体质的特异性的问题。根据诊疗的常规,本来不会出现相应的损害后果,但由于患者的特异体质出现了损害,对于患者的这种损害,医务人员是无法预见的,

因此,对医生而言,不能要求其排除患者所有可能的特异反应,只能尽到医生高

度的注意义务,尽量关注患者的个体差异。如果医疗机构的医务人员已经尽到高度注意的义务,患者的损害是由于其个体差异而导致的,医疗机构也是不应当承担赔偿责任的。

第三,侵袭性。医学的许多治疗手段都具有一定程度的侵袭性。但这种侵袭性是为了治疗疾病所必需的,即患者用一个较小的损害去换取一个较大的利益,也正是基于此,这种治疗手段的侵袭才具有了违法阻却性。正常诊疗行为的侵袭性不会导致医疗机构承担损害赔偿的责任。但这侵袭性需要医务人员运用自己的专业知识尽量避免给患者造成必要限度之外的侵袭,如果这种侵袭超过了正常诊疗所需,给患者造成了治疗利益以外的其它损害,医疗机构的医务人员应当承担相应的赔偿责任。

二、医疗损害赔偿的方式

(一)《侵权责任法》生效之前的赔偿方式

在《中华人民共和国侵权责任法》(以下简称《侵权责任法》)未生效之前,医疗损害赔偿的法律依据主要是《中华人民共和国民法通则》(以下简称《民法通则》)、《最高人民法院关于确定民事侵权精神损害赔偿责任若干问题的解释》(以下简称《民事侵权精神损害赔偿责任若干问题的司法解释》)、《最高人民法院关于审理人身损害赔偿案件适用法律若干问题的解释》(以下简称《审理人身损害赔偿案件适用法律若干问题的解释》)、《医疗事故处理条例》等相关法律规范的规定。其中,《民法通则》作为民事基本法,对损害赔偿只是作了原则性的规定,而具体的损害赔偿的计算项目和标准,则主要是依据上述两个司法解释和《医疗事故处理条例》的规定。

《审理人身损害赔偿案件适用法律若干问题的解释》中规定,受害人遭受人身损害,因就医治疗支出的各项费用以及因误工减少的收入,包括医疗费、误工费、护理费、交通费、住宿费、住院伙食补助费、必要的营养费,赔偿义务人应当予以赔偿。受害人因伤致残的,其因增加的生活上需要支出的必要费用以及因丧失劳动能力导致的收入损失,包括残疾赔偿金、残疾辅助器具费、被扶养人生活费,以及因康复护理、继续治疗实际发生的必要的康复费、护理费、后续治疗费,赔偿义务人也应当予以赔偿。受害人死亡的,赔偿义务人除应当根据抢救治疗情况赔偿本条第一款规定的相关费用外,还应当赔偿丧葬费、被扶养人生活费、死亡补偿费以及受害人亲属办理丧葬事宜支出的交通费、住宿费和误工损失等其他合理费用。受害人或者死者近亲属遭受精神损害,赔偿权利人向人民法院请求赔偿精神损害抚慰金的,适用《最高人民法院关于确定民事侵权精神损害赔偿责任若干问题的解释》予以确定。

在《侵权责任法》没有生效之前,如果被鉴定为医疗事故的,一般按照《医疗事故处理条例》规定的项目和标准计算赔偿。如果没有被鉴定为医疗事故的,但经过司法鉴定认定医疗机构的医务人员的诊疗行为存在过错的,患者也可以按《民事通则》和相关司法解释的规定来主张侵权损害赔偿。

《医疗事故处理条例》与《民法通则》《审理人身损害赔偿案件适用法律若干问题的解释》的规定相比,在赔偿项目、计算标准和费用支付方式上存在着较大差异。其中,在赔偿的项目上,司法解释规定包含死亡赔偿金和营养费在内的十三项,医疗事故处理条例只规定了十一项。在计算标准上,关于护理费、误工费、残疾赔偿金、精神损害抚慰金、丧葬费的计算,《医疗事故处理条例》规定的计算标准均低于司法解释的相关规定。在费用支付方面,《医疗事故处理条例》规定医疗事故赔偿费用,实行一次性结算,所有的赔偿费用由医疗机构一次性付清。根据《审理人身损害赔偿案件适用法律若干问题的解释》的规定,一次性支付的对象为物质赔偿费用与精神损害抚慰金,对一审法庭辩论终结前已经发生的费用、死亡赔偿金以及精神损害抚慰金,应当一次性给付。如果赔偿义务人一次性支付确有困难的,可以分期支付,但定期金的支付方式仅针对残疾赔偿金、被扶养人生活费、残疾辅助器具费的支付。这直接导致,依据《医疗事故处理处例》规定计算的赔偿结果与按照《民法通则》《民事侵权精神损害赔偿责任若干问题的解释》《审理人身损害赔偿案件适用法律若干问题的解释》的计算结果相比,赔偿额度相对较低。但自2002年《医疗事故处理条例》生效后,在实践中运用较为广泛,所以出现了实践中争议较大的医疗损害赔偿"二元化"的问题。

(二)《侵权责任法》和《民法总则》生效以后的赔偿方式

2010年7月1日,《侵权责任法》生效。在《侵权责任法》中,对人身损害赔偿的相关内容进行了规定:侵害他人造成人身损害的,应当赔偿医疗费、护理费、交通费等为治疗和康复支出的合理费用,以及因误工减少的收入。造成残疾的,还应当赔偿残疾生活辅助具费和残疾赔偿金。造成死亡的,还应当赔偿丧葬费和死亡赔偿金。侵害他人人身权益,造成他人严重精神损害的,被侵权人可以请求精神损害赔偿。患者在诊疗活动中受到损害,医疗机构及其医务人员有过错的,由医疗机构承担赔偿责任。二人以上实施危及他人人身、财产安全的行为,其中一人或数人的行为造成他人损害,能够确定具体侵权人的,由侵权人承担责任,不能确定具体侵权人的,行为人承担连带责任。二人以上分别实施侵权行为造成同一损害,每个人的侵

权行为都足以造成全部损害的,行为人承担连带责任。二人以上分别实施侵权行为造成同一损害,能够确定责任大小的,各自承担相应的责任;难以确定责任大小的,平均承担赔偿责任。

《侵权责任法》并未对具体的计算标准作出相关规定。侵权损害赔偿的费用的计算标准和依据主要是《民事侵权精神损害赔偿责任若干问题的解释》《审理人身损害赔偿案件适用法律若干问题的解释》等相关司解释。但与《审理人身损害赔偿案件适用法律若干问题的解释》的规定相比,《侵权责任法》中没有规定被扶养人的生活费。2010年7月1日《最高人民法院关于适用〈中华人民共和国侵权责任法〉若干问题的通知》的第4条规定,人民法院适用侵权责任法审理民事纠纷案件,如受害人有被扶养人的,应当依据《最高人民法院关于审理人身损害赔偿案件适用法律若干问题的解释》第28条的规定,将被扶养人生活费计入残疾赔偿金或死亡赔偿金。

《侵权责任法》中还规定了医疗产品损害的责任:因药品、消毒药剂、医疗器械的缺陷,或者输入不合格的血液造成患者损害的,患者可以向生产者或者血液提供机构请求赔偿,也可以向医疗机构请求赔偿。患者向医疗机构请求赔偿的,医疗机构赔偿后,有权向负有责任的生产者或者血液提供机构追偿。根据这一条规定,在患者因药品、消毒药剂、医疗器械的缺陷,或者输入不合格的血液造成损害的情况下,无论是否是医疗机构的责任,患者都可以向医疗机构请求赔偿。

《侵权责任法》同样规定了损害赔偿费用的支付方式:损害发生后,当事人可以协商赔偿费用的支付方式。协商不一致的,赔偿费用应当一次性支付;一次性支付确有困难的,可以分期支付,但应当提供相应的担保。

2017年3月15日,《中华人民共和国民法总则》(以下简称《民法总则》)经第十二届全国人民代表大会第五次会议通过,自2017年10月1日起执行,在第八章"民事责任"部分,规定了包括损害赔偿在内的民事责任赔偿方式,具体包括:民事主体依照法律规定和当事人约定,履行民事义务,承担民事责任。二人以上依法承担按份责任,能够确定责任大小的,各自承担相应的责任;难以确定责任大小的,平均承担责任。二人以上依法承担连带责任的,权利人有权请求部分或者全部连带责任人承担责任。连带责任人的责任份额根据各自责任大小确定;难以确定责任大小的,平均承担责任。实际承担责任超过自己责任份额的连带责任人,有权向其他连带责任人追偿。但《民法总则》关于损害的赔偿只是一种原则性的规定,具体的计算项目和依据还是按照《侵权责任法》《民事侵权精神损害赔偿责任若干问题的解释》《审理人身损害赔偿案件适用法律若干问题的解释》等相关法律、法规的规定来进行计算。

(三)《医疗纠纷预防和处理条例》生效后的赔偿方式

2018年10月1日,《医疗纠纷预防和处理条例》施行,在该条例中规定:发生医疗纠纷,需要赔偿的,赔付金额依照法律的规定确定。这个条例的出台意味着解决了医疗纠纷赔偿长期存在的二元化问题。根据这个条例的规定,医疗损害赔偿的依据主要是《民法总则》《侵权责任法》《民事侵权精神损害赔偿责任若干问题的解释》《审理人身损害赔偿案件适用法律若干问题的解释》等的规定。

(四)《关于审理医疗损害责任纠纷案件适用法律若干问题的解释》施行后的民事赔偿

2017年12月14日,《关于审理医疗损害责任纠纷案件适用法律若干问题的解释》施行,其中也对医疗损害的民事赔偿进行了细化的规定,其中规定的主要内容包括:

(1)在紧急的情形下,医疗机构及其医务人员怠于实施相应医疗措施造成损害的,患者可以请求医疗机构进行赔偿;这条规定意味着患者的紧急治疗权受到侵害后能够通过损害赔偿得到救济。

(2)两个以上的医疗机构的不同诊疗行为造成患者同一损害的,患者请求医疗机构承担赔偿责任的,根据《侵权责任法》的相关规定来确定医疗机构的赔偿责任。

(3)医疗机构邀请本单位以外的医务人员对患者进行诊疗,造成损害的,由邀请医疗机构而非受邀人承担赔偿责任。实践当中,由于医学诊疗的需要,医疗机构可能会邀请其他医疗机构的人员到本院来对患者进行诊疗,加之,目前由于计算机技术的发展,使远程会诊得到了大范围运用,对于这些实践中新出现的问题,在以往的法律、法规中未明确规定,在实践中造成损害时,责任如何承担往往医患双方容易产生较大的争议。所以《关于审理医疗损害责任纠纷案件适用法律若干问题的解释》中明确了这种情形下的损害赔偿责任的承担。

(4)医疗产品的生产者、销售者明知医疗产品存在缺陷仍然生产、销售、造成患者残废或者健康严重损害的,被侵权人请求生产者、销售者赔偿损失及二倍以下惩罚性赔偿的,人民法院应予以支持。在以往的有关医疗损害的法律、法规中,并没有明确涉及关于惩罚性赔偿的规定。但本司法解释中,明确了医疗产品存在缺陷时惩罚性赔偿的适用。

(5)被侵权人同时起诉两个以上医疗机构承担赔偿责任,人民法院经过审理,认为受诉法院所在地的医疗机构依法不需要承担赔偿责任,而应由其他医疗机构承担赔偿责任的,残疾赔偿金、死亡赔偿金的计算,作如下处理:①一个医疗机构承担责

任的,按照该医疗机构所在地的赔偿标准执行;②两个以上医疗机构均承担责任的,可以按照其中赔偿标准较高的医疗机构所在地标准执行。

(6)患者死亡后,其近亲属请求医疗损害赔偿的,也适用《关于审理医疗损害责任纠纷案件适用法律若干问题的解释》的规定。

(五)医疗纠纷中的违约责任赔偿方式

患者到医疗机构挂号看病,医疗机构及其医务人员为其实施诊疗行为,通常认为患者和医疗机构之间缔结了一个合同。《中华人民共和国合同法》第107条规定,当事人一方不履行合同义务或者履行合同义务不符合约定的,应当承担继续履行、采取补救措施或者赔偿损失等违约责任。第113条规定,当事人一方不履行合同义务或者履行合同义务不符合约定,给对方造成损失的,损失赔偿额应当相当于因违约所造成的损失,包括合同履行后可以获得的利益,但不得超过违反合同一方订立合同时预见到或者应当预见到的因违反合同可能造成的损失。由于医患之间因为疾病诊疗而缔结了一个合同,所以当患者因医疗机构的医务人员的诊疗行为而遭受损害时,意味着医疗机构未尽到自己的合同义务,所以患者也可以基于合同关系要求医疗机构承担违约责任。一般情况下,由于诊疗活动的特点,医疗机构向患者承担的违约责任主要是赔偿损失,包括可以预见或应当预见的损失。但患者向医疗机构主张违约责任时,其损害赔偿不包括精神损害赔偿。而且当违约责任和侵权责任竞合时,患者只能主张医疗机构承担一种责任,如果患者主张医疗机构承担违约责任,其就不能再主张医疗机构承担侵权责任。

三、医疗损害程度的相关规定

(一)医疗事故的分级

《医疗事故处理条例》第49条规定,医疗事故赔偿,应当考虑下列因素,确定具体赔偿数额:(1)医疗事故等级;(2)医疗过失行为在医疗事故损害后果中的责任程度;(3)医疗事故损害后果与患者原有疾病状况之间的关系。同时,《医疗事故处理条例》根据对患者人身造成的损害,将医疗事故分为四级:一级医疗事故;二级医疗事故;三级医疗事故;四级医疗事故。原卫生部于2002年7月31日发布的《医疗事故分级标准》(试行)中将医疗事故分为四级十二等,一级医疗事故分为甲等和乙等;二级医疗事故分为甲、乙、丙、丁四等;三级医疗事故分为甲、乙、丙、丁、戊五等;四级医疗事故则未进行分等。同时,该标准还规定医疗事故一级乙等至三级戊等对应伤残等级一至十级。在医疗事故中,医疗责任程度分为:(1)完全责任;(2)主要责任;

(3)次要责任;(4)轻微责任。由于《医疗纠纷预防和处理条例》出台后并未废止《医疗事故处理条例》,且《医疗纠纷预防和处理条例》中并未对医疗事故等级作出相关规定,因此,在没有新的法律、法规出台之前,关于医疗事故的等级应沿用此规定。

(二)人体损伤致残程度的分级

2017年1月1日,《人体损伤致残程度分级》规定,司法鉴定机构和司法鉴定人进行人体损伤致残程度鉴定统一适用该分级标准。在该分级标准中,将致残等级划分为10个等级,从一级到十级,其中最高级为一级,一级是指致残率为100%,从一级开始递减直到10级(致残率10%),每级致残率相差10%。其中该标准中还规定,损伤在残疾后果中的作用力大小确定和因果关系之间的关系包括完全作用、主要作用、同等作用、次要作用、轻微作用和没有作用。

(三)《医疗纠纷预防和处理条例》中的相关规定

《医疗纠纷预防和处理条例》规定中明确了医学会、司法鉴定机构作出的医疗损害鉴定意见应当载明并详细论述:是否存在医疗损害以及损害程度,是否存在医疗过错,医疗过错与医疗损害是否存在因果关系,医疗过错在医疗损害中的责任程度。从上述规定来看,损害程度和责任程度是鉴定中必须明确的事项。但《医疗纠纷预防和处理条例》并没有进一步明确相关的规定,只是原则性的规定了医疗损害鉴定的具体管理办法由国务院卫生、司法行政部门共同制定。可以肯定的是,关于损害程度和责任程度是后续制定的相关行政法规中必须明确的内容。在医疗纠纷的案件中,医疗机构的医务人员的诊疗行为是否存在过错,这种过错与患者的损害之间是否存在因果关系,过错诊疗行为对于损害的原因力大小是确定医疗机构是否承担责任与及承担多大责任的前提。如果无法确定这些问题,就无法确定最终的责任承担,更不可能解决损害赔偿的问题。特别是医学诊疗的复杂性决定了在诊疗过程中,患者损害后果的出现可能是一因多果,多因一果,甚至是多因多果,所以要确定责任大小,确定损害的赔偿,必须首先考虑过错大小、因果关系以及原因力的问题。

第三节 对直接受害人的赔偿范围

一、赔偿权利人

医疗损害赔偿的赔偿权利人,是指基于人身和财产权益受到损害的事实,有权请求损害赔偿的患者及其近亲属。在医疗损害案件中,患者是医疗损害行为的直接

受害人,因此,如果患者因医疗机构及其医务人员的过错行为造成其人身、财产权益损害的,有权要求医疗机构赔偿其相应的损失,患者作为直接的受害人是请求赔偿的权利人。另外还有一种特殊的情形,即对于胎儿的损害,如果医疗行为造成胎儿损害的,在胎儿没有出生之前,视为对于胎儿母亲身体的损害,由胎儿的母亲作为赔偿权利人主张损害赔偿。但胎儿出生以后是活体的,其作为直接的受害人也是赔偿权利人。

二、赔偿义务人

医疗损害民事赔偿的赔偿义务人,是指对造成患者人身和财产损害而依法应当承担赔偿责任的医疗机构。与一般侵权案件不同的是,在医疗损害案件中,实施伤害患者人身和财产权益的行为主体是医疗机构的医务人员而非医疗机构,但承担赔偿责任的主体却是医疗机构而非具体实施侵害行为的医务人员,这主要是因为医务人员实施诊疗行为是一种职务行为,应由医疗机构对医务人员对患者造成的损害承担替代责任。但如果是个体开业的医务人员,对其实施的侵害行为所造成的损害由自己承担赔偿责任。至于医疗机构向患者承担相应的民事赔偿责任之后是否向存在过错的医务人员行使追偿的权利,则非医疗损害民事赔偿讨论的范畴。在因医疗产品,包括药品、医疗器械和消毒药剂等造成的损害中,赔偿的义务人还包括医疗产品的生产者和销售者。此外,如果因医务人员职务行为之外的其他行为造成患者人身和财产权益损害的,医疗机构也不承担对患者的赔偿责任,而应当由实施损害行为的医务人员个人承担相关的赔偿责任。如医疗机构的医务人员侵犯患者隐私权的情形,这里的隐私必须是与患者的疾病诊疗有关的隐私,如果医务人员侵犯的是和患者的疾病诊疗无关的隐私,则不构成医疗损害赔偿责任,而应当由医务人员个人作为承担赔偿责任的主体承担侵犯患者隐私权的损害赔偿责任。在实际中,与患者疾病诊疗有关的隐私一定是在患者任何诊疗过程中与患者的疾病诊疗行为有关的隐私,但由于患者在诊疗过程对自己的疾病史等相关情况有如实说明的义务,所以对患者的隐私和患者个人与疾病诊疗无关的隐私的侵权行为的构成要严格依据《侵权责任法》的相关规定来进行判断。

在实践中比较特殊的情况是多个医疗机构对同一患者进行诊疗。在这种情况下,患者的损害可能包括以下这些情形:第一,第一家医疗机构的诊疗行为对患者造成损害,患者为治疗损害转诊至其他医疗机构,其他医疗机构对患者的后续诊疗无过错;第二,第一家医疗机构的诊疗行为对患者造成损害,患者为治疗损害转诊至其他医疗机构,后续的医疗机构在对患者的诊疗过程中同样存在过错,又加重了患者的损害。第一种情况,第一家医疗机构是赔偿义务人;第二种情况,造成患者损害的所有医疗机构都是赔偿义务人,存在过错的所有医疗机构根据自己的过错大小对患者承担损害赔偿责任。

三、赔偿范围

(一)医疗费

医疗费根据医疗机构出具的医药费、住院费等收款凭证,结合病历和诊断证明等相关证据确定。赔偿义务人对治疗的必要性和合理性有异议的,应当承担相应的举证责任。医疗费的赔偿数额,按照一审法庭辩论终结前实际发生的数额确定。器官功能恢复训练所必要的康复费、适当的整容费以及其他后续治疗费,赔偿权利人可以待实际发生后另行起诉。但根据医疗证明或者鉴定意见确定必然发生的费用,可以与已经发生的医疗费一并予以赔偿。

(二)误工费

误工费根据受害人的误工时间和收入状况确定。误工时间根据受害人接受治疗的医疗机构出具的证明确定。受害人因伤致残持续误工的,误工时间可以计算至定残日前一天。受害人有固定收入的,误工费按照实际减少的收入计算。受害人无固定收入的,按照其最近3年的平均收入计算;受害人不能举证证明其最近3年的平均收入状况的,可以参照受诉法院所在地相同或者相近行业上一年度职工的平均工资计算。患者有固定收入的情况,患者须提出合法的证明,固定收入是患者实际减少的固定收入,是患者的实际损失,如果患者虽然因为受到损害而无法工作,但关没有遭受损失的,患者就不存在全部或部分的误工损失,对于这部分误工费,就无须赔偿,否则,患者将因此而获得法外利益。

(三)护理费

护理费根据护理人员的收入状况和护理人数、护理期限确定。护理人员有收入的,参照误工费的规定计算;护理人员没有收入或者雇佣护工的,参照当地护工从事同等级别护理的劳务报酬标准计算。护理人员原则上为1人,但医疗机构或者鉴定机构有明确意见的,可以参照确定护理人员人数。护理期限应计算至受害人恢复生活自理能力时止。受害人因残疾不能恢复生活自理能力的,可以根据其年龄、健康状况等因素确定合理的护理期限,但最长不超过20年。

受害人定残后的护理,应当根据其护理依赖程度并结合配制残疾辅助器具的情况确定护理级别。护理依赖是指因伤残、病残等原因而导致生活不能自理需要依赖

他人护理者。如何确定"护理依赖程度"和"配制残疾器具情况",可以参照相关的国家标准。

护理依赖的程度分三级:(1)完全护理依赖指生活不能自理,上述五项均需护理者。(2)大部分护理依赖指生活大部分不能自理,上述五项中三项需要护理者。(3)部分护理依赖指部分生活不能自理,上述五项中一项需要护理者。

(四)交通费

交通费根据受害人因就医或者转院治疗实际发生的费用计算。交通费应当以正式票据为凭;有关凭据应当与就医地点、时间、人数、次数相符合。对于乘坐的交通工具,一般情况下以普通的公共汽车为主,特殊情况下,可以乘坐救护车、出租汽车。乘坐火车的,以普通硬座火车为主,一般情况下,不准许乘坐飞机,当然,紧急情况则不在此列。

(五)住院伙食补助费

住院伙食补助费可以参照当地国家机关一般工作人员的出差伙食补助标准予以确定。受害人确有必要到外地治疗,因客观原因不能住院,受害人实际发生的住宿费和伙食费,其合理部分应予赔偿。

(六)营养费

营养费根据受害人伤残情况参照医疗机构的意见确定。但这里的伤残情况,不仅仅指造成残疾的情况,还包括没有造成残疾,但造成严重伤害的情形。

(七)残疾赔偿金

残疾赔偿金根据受害人丧失劳动能力程度或者伤残等级,按照受诉法院所在地上一年度城镇居民人均可支配收入或者农村居民人均纯收入标准,自定残之日起按20年计算。60周岁以上的,年龄每增加一岁减少一年;75周岁以上的,按五年计算。受害人因伤致残但实际收入没有减少,或者伤残等级较轻但造成职业妨害严重影响其劳动就业的,可以对残疾赔偿金作相应调整。

(八)残疾辅助器具费

残疾辅助器具,是因伤致残的患者为补偿其遭受伤害的肢体器官功能而配制的生活自助器具。患者因医疗损害受到肢体上的伤害,导致其失去部分功能,势必会影响其从事劳动的能力,必然会导致其收入的减损,残疾辅助器具是为了帮助患者恢复劳动能力。因此,残疾辅助器具费应当予以赔偿。残疾辅助器具费按照普通适用器具的合理费用标准计算。伤情有特殊需要的,可以参照辅助器具配制机构的意见确定相应的合理费用标准。

超过确定的护理期限、辅助器具费给付年限或者残疾赔偿金给付年限,赔偿权利人向人民法院起诉请求继续给付护理费、辅助器具费或者残疾赔偿金的,人民法院应予受理。赔偿权利人确需要继续护理、配制辅助器具,或者没有劳动能力和生活来源的,人民法院应当判令赔偿义务人继续给付相关费用五至十年。

(九)丧葬费

丧葬费按照受诉法院所在地上一年度职工月平均工资标准,以6个月总额计算。

(十)被扶养人生活费

被扶养人生活费根据扶养人丧失劳动能力程度,按照受诉法院所在地上一年度城镇居民人均消费性支出和农村居民人均年生活消费支出标准计算。被扶养人为未成年人的,计算至18周岁;被扶养人无劳动能力又无其他生活来源的,计算20年。但60周岁以上的,年龄每增加一岁减少一年;75周岁以上的,按5年计算。

(十一)死亡赔偿金

死亡赔偿金按照受诉法院所在地上一年度城镇居民人均可支配收入或者农村居民人均纯收入标准,按20年计算。60周岁以上的,年龄每增加一岁减少一年;75周岁以上的,按五年计算。

(十二)住宿费

受害人去外地治疗,因客观原因不能住院的,实际发生的合理的住宿费应予赔偿。

第四节 对间接受害人的赔偿范围

一、赔偿权利人

间接受害人,是指除患者之外的其他受到损害的人。关于间接受害人的损害赔偿,在《侵权责任法》中并无明确规定,通说认为,间接损害主要是对于被扶养人生活费的规定。被扶养人因为直接受害人遭到损害而全部或者部分丧失扶养的能力而成为间接受害人。但实际上,因直接受害人的损害而可能遭受损失的人不仅仅是被扶养人,在医疗损害中,有些人由于其和患者之间存在某种法律关系或社会关系,虽

然其不是侵害的直接对象,但由于对患者的侵害行为可能造成这类人的合法权益也受到侵害,因此,这些损害也应当得到赔偿,所以,间接受害人也可能成为医疗损害民事赔偿的赔偿权利人。

二、赔偿义务人

间接受害人因医疗损害受到损失,有权要求赔偿义务人对自己的损害进行赔偿,对间接受害人的损失的赔偿义务主体和对直接损害的患者的赔偿义务主体是一致的。依法对间接受害人承担赔偿责任的赔偿义务人是医疗机构而非医务人员。只有个体开业的医务人员才对自己实施的侵害行为所造成的损害承担赔偿责任。如数个医疗机构在对患者的损害中都有过错的,同时也造成间接受害人的损害的,这数个医疗机构也是间接受害人的赔偿义务人。医疗产品的损害责任的赔偿义务人还包括产品的生产者和销售者。

三、赔偿范围

(一)住院伙食补助费

住院伙食补助费参照当地国家机关一般工作人员的出差伙食补助标准予以确定。受害人确有必要到外地治疗,因客观原因不能住院的,受害人的陪护人员实际发生的伙食费,其合理部分应予赔偿。

(二)住宿费

受害人与陪护人去外地治疗,因客观原因不能住院的,陪护人实际发生的合理的住宿费应予赔偿。

(三)交通费

交通费根据受害人及其必要的陪护人员因就医或者转院治疗实际发生的费用计算。交通费应当以正式票据为凭;有关凭据应当与就医地点、时间、人数、次数相符合。

第五节 精神损害赔偿

《侵权责任法》规定了侵害他人人身权益,造成他人严重精神损害的,被侵权人可以请求精神损害赔偿。在医疗损害中,患者因医疗损害遭受精神损害,有权向医疗机构主张精神损害赔偿,在患者死亡的情形下,患者的近亲属有权向人民法院主张精神损害赔偿。但要注意的是,精神损害赔偿必须是在医疗损害足以造成患者精神痛苦时才能主张,在实践中,在有的案件中,医患双方之间的纠纷只是一种态度纠纷或者并未造成损害,患者主张精神损害赔偿就不应该得到支持。在通常情况下,医疗损害中精神损害赔偿的义务主体是医疗机构,在因医疗产品造成损害的情况下,医疗产品的生产者和经营者也是赔偿义务主体。

患者及其近亲属向人民法院请求赔偿精神损害抚慰金的,适用《关于确定民事侵权精神损害赔偿责任若干问题的解释》予以确定。精神损害的赔偿数额根据以下因素确定:(1)侵权人的过错程度,法律另有规定的除外;(2)侵害的手段、场合、行为方式等具体情节;(3)侵权行为所造成的后果;(4)侵权人的获利情况;(5)侵权人承担责任的经济能力;(6)受诉法院所在地平均生活水平。

赔偿权利人举证证明其住所地或者经常居住地城镇居民人均可支配收入或者农村居民人均纯收入高于受诉法院所在地标准的,精神损害抚慰金可以按照其住所地或者经常居住地的相关标准计算。

思考与练习题:

1. 简述医疗损害赔偿的原则。
2. 简答《侵权责任法》和《民法总则》生效以后的赔偿方式。
3 简答对直接受害人的赔偿范围。
4. 简答对间接受害人的赔偿范围。

(昆明医科大学　李晓堰　邓虹)

第八章 医疗侵权诉讼

学习目标

掌握:医疗侵权诉讼一审普通程序;医疗侵权诉讼的举证责任分配

熟悉:医疗侵权诉讼的概念和特征;医疗侵权诉讼的上诉程序、审判监督程序和执行程序

了解:医疗侵权诉讼的基本原则;医疗侵权诉讼的基本制度

第一节 医疗侵权诉讼概述

一、医疗侵权诉讼的概念和特征

诉讼俗称打官司,是纠纷解决机制中最常见的公力救济方式。其实质是由特定的国家机关在纠纷主体的参加下,处理特定的社会纠纷的一种最具权威和最有效的机制。诉讼具有国家强制性和严格的规范性,前者体现在诉讼是由法院行使国家审判权确定纠纷主体之间的权利义务关系,后者体现在诉讼必须严格地按照法律规范进行,尤其要遵循一定的程序规范。医疗侵权诉讼是民事侵权诉讼的一种,有广义和狭义之分。广义的医疗侵权诉讼是指因在医疗过程中发生的一切由于故意或过失的侵权行为而产生的诉讼。狭义的医疗侵权诉讼是指在医疗过程中,因医方和患方之间发生的由医疗过失侵权行为所产生的权利义务关系的争议,而被患方诉至人民法院,人民法院依法进行审理并做出裁判的活动。本书所指的医疗侵权诉讼指狭义上的医疗侵权诉讼。

医疗侵权诉讼的特征包括两个层次,第一层次是一般民事诉讼所具有的普遍特征,第二层次是医疗侵权的独有特征。

(一)第一层次的特征

1.医疗侵权诉讼的主体是由法院、当事人、其他诉讼诉讼参与人以及检察院构

成。其中,法院和当事人是基本的诉讼主体,缺少其中任何一个都构不成诉讼。法院行使国家审判权参与诉讼,是当事人之间的中立裁判者;当事人包括医患双方,是医疗侵权诉讼的主体,是案件的利害关系人,在诉讼中处于平等的对抗地位;其他诉讼参与人如证人、鉴定人、翻译人员等与案件无直接利害关系,其参加诉讼是为了更好地协助法院或者当事人进行诉讼。检察院是法律监督机关,在诉讼中监督法院审判活动,保证诉讼的依法进行。

2.医疗侵权诉讼依靠国家强制力来解决纠纷。诉讼是通过代表国家审判权的法院来处理纠纷,与其他纠纷解决方式如仲裁、调解等相比,其处理过程带有明显的国家强制性。法院的审理具有绝对的权威性,其依法做出的生效判决、裁定,当事人必须服从,履行裁判所确定的义务。一旦当事人不主动履行,法院可以在他方当事人的申请下,强制执行。

3.医疗侵权诉讼应按照严格的诉讼程序和诉讼制度进行。为了保证诉讼的公正性和权威性,医疗侵权诉讼遵循诉讼的一般程序规则和制度,法院和所有诉讼参与人都必须严格按照规定的程序和制度进行诉讼,不得违反。违反了法定的程序都可能导致诉讼行为的无效。

(二)第二层次的特征

1.医疗侵权诉讼的当事人双方身份特定。原告为患方,被告为医方。当然,患方未必是患者本人,可能包括患者家属或者法定监护人等具有诉讼主体资格的人。双方之间存在医疗服务关系,即医患关系,这是医疗侵权诉讼区别于一般民事诉讼的特征。

2.医疗侵权诉讼的诉请和理由比较固定。因为医疗侵权诉讼的发生事由主要是关于医患双方在医疗过程中是否由于医方过失造成侵权事实的争议,因此原告的诉讼请求一般是要求被告承担赔偿及相关民事责任,诉讼理由也主要是医疗机关由于医疗过失造成患者的人身财产损害。

3.医疗侵权诉讼的处理具有专业性和科学性。在医疗侵权诉讼中,除了相关法律的适用外,一般都涉及对医疗事故或者医疗过错行为的认定,而这种认定是职业法律人很难做到的。很多国家设有专门的医事法庭,负责审理医疗纠纷案件,而在我国,目前在南京、武汉、绵阳等地有初步尝试,设立了医疗纠纷合议庭、医事法庭等专门化审理组织。因此,在医疗侵权诉讼中,一般由具有医学专业知识的鉴定人员对诉讼中涉及的医学专业问题进行鉴定,该鉴定结论是法定的具有排他意义的证据,这使得医疗侵权诉讼具有一般民事侵权诉讼所没有的专业性和科学性。

二、医疗侵权诉讼的基本原则与基本制度

(一)医疗侵权诉讼的基本原则

医疗侵权诉讼的基本原则,是指在医疗侵权诉讼全过程或一定诉讼阶段中起指导作用的基本准则。研究医疗侵权诉讼的基本原则对把握医疗侵权诉讼各项程序制度的精神实质有着重要的意义,也有助于适应在诉讼中出现的各种复杂情况,正确、灵活地处理法律尚未规定的新情况、新问题。

医疗侵权诉讼属于民事诉讼的一种,因此,它应当遵循民事诉讼的基本原则。但由于它又是一类特殊的侵权诉讼,在遵循基本原则的同时,医疗侵权诉讼的基本原则又有着其自身的特征与要求。

1. 当事人平等原则

该原则是指在医疗侵权诉讼中,当事人平等地享有和行使诉讼权利,平等地履行其诉讼义务。医疗侵权诉讼的当事人是医患双方,在医疗服务法律关系中,双方是平等的民事主体。需要注意的是,由于医疗活动的特殊性,医方在遵循医疗原则的基础上,具有独立的医学诊查和医学处理权,所采取的具体医疗措施,具有一定的单方行为性,多数病案资料也由医方保存,患者居于相对的弱势地位。因此,在医疗侵权诉讼中,医方在举证责任的负担上承担相对较重的举证责任。这是基于医患双方在法律关系中的实质地位所作出的更有利于当事人平等的调整,并不是对当事人平等原则的违背。

2. 辩论原则

该原则是指在人民法院的主持下,当事人有权就争议的案件事实和法律问题,各自陈述自己的主张、意见和根据,互相进行反驳和答辩,以维护自己的合法权益。辩论原则贯穿于民事诉讼的全过程。容易形成误解的是将辩论原则与法庭辩论混淆。法庭辩论阶段只是当事人集中行使其辩论权的一个阶段,而辩论不仅仅局限于这一阶段。在医疗侵权诉讼中,辩论原则的适用有其自身的特点。由于医疗侵权诉讼涉及的是对医疗行为和医疗差错的争议,带有一定的专业性和科学性,因此,辩论往往以专业医学鉴定作为基础,围绕医学鉴定的真实性、合法性等展开辩论。

3. 处分原则

该原则是指当事人有权在法律规定的范围内,自由支配和处置自己的民事权利和诉讼权利。处分原则是最能够反映民事诉讼制度特点的原则之一,唯有在民事诉讼中,才实行处分原则。医疗侵权诉讼的处分原则主要体现在对民事权利的处分和

对诉讼权利的处分两个方面。对民事权利的处分包括:(1)原告在起诉时可以自由地确定司法保护的范围和选择保护的方法;(2)在诉讼开始后,原告可以依法变更其诉讼请求,也可以扩大或缩小其诉讼请求的范围;(3)在诉讼过程中,原告可以放弃其诉讼请求,被告可以部分或者全部承认原告的诉讼请求;当事人双方可以达成或拒绝达成调解协议;在判决未执行完毕之前,双方当事人随时可就实体问题自行和解。对诉讼权利的处分包括:(1)当事人可以决定是否向人民法院起诉;(2)在诉讼开始后,原告可以申请撤诉,被告也有权提出反诉来主张自己的实体权利;(3)在诉讼过程中,双方当事人可以请求法院进行调解;(4)在一审裁判作出但尚未生效时,当事人有权决定是否提出上诉;(5)对生效裁判或其他具有执行力的法律文书,享有权利的当事人有权决定是否申请强制执行。

4. 法院调解原则

该原则是指人民法院审理民事案件,应当根据自愿和合法的原则进行调解;调解不成的,应当及时判决。调解原则贯穿于审判程序的各个阶段,调解不是强制性的,如果调解不成,法院应当及时作出判决。在医疗侵权诉讼中,调解原则的适用尤其要注意方式方法。由于医疗侵权行为涉及的多为公民的生命健康权利,在民事权益的争议中属于较为重大的权益争议,因此当事人往往态度激烈。法院调解时应协调双方的权益需求,选择最为恰当的解决方式,如调解不成,应及时作出判决,切不可强行调解,使矛盾激化。

(二)医疗侵权诉讼的基本制度

医疗侵权诉讼的基本制度,是指人民法院审判医疗侵权案件所必须遵循的基本操作规程。基本制度不同于一般制度,如管辖制度、证据制度、当事人制度、诉讼代理制度等,基本制度体现了审判活动不同于其他活动的本质特征,服务于案件的公正审判,对于保证基本原则和其他程序制度的贯彻执行,保护当事人的合法权益具有重要作用。

1. 合议制度

该制度是指由三名以上的审判人员组成审判集体,代表人民法院行使审判权,对案件进行审判并作出裁判的制度。合议制度的组织形式为合议庭。

2. 回避制度

该制度是指审判人员和其他有关人员(翻译人员、鉴定人、勘验人)遇有法律规定不宜参加案件审理的情形时,而退出案件审理活动的制度。审判人员或其他相关人员回避的原因有:是本案当事人或者当事人、诉讼代理人的近亲属,与本案有利害

关系,与本案当事人有其他关系,可能影响对案件公正审理的。回避可以由上述人员主动提出,也可以由当事人主动申请,但当事人申请一般应当在案件开始审理时提出。

3. 公开审判制度

该制度是指人民法院的审判活动除合议庭评议案件外,向群众和社会公开的制度。在医疗侵权诉讼中,涉及当事人隐私的案件不公开审理。

4. 两审终审制度

该制度是指一个民事案件经过两级法院的审判,案件的审判即宣告终结的制度。根据该制度,一个民事案件经第一审人民法院审判后,当事人如果不服,有权依法向上一级人民法院提起上诉,上一级人民法院对上诉案件审理后作出的判决和裁定,是终审判决裁定,当事人不得再提起上诉。

(三)当事人制度

当事人是构成医疗侵权诉讼不可或缺的要件,没有当事人就没有诉讼。医疗侵权诉讼的当事人是指因发生医疗侵权纠纷,以自己的名义请求人民法院行使审判权解决民事争议或保护民事权益的人及其相对方。当事人有广义和狭义之分,广义的当事人包括原告、被告、共同诉讼人、诉讼代表人和第三人;狭义的当事人仅指原告和被告。本书所指的当事人制度以广义的当事人涵义为基础。

1. 原告和被告

医疗侵权诉讼中的原告是指认为自己的民事权利在医疗行为中遭受侵害,为维护其合法权益而向人民法院提起诉讼,引起诉讼程序发生的人;医疗侵权诉讼中的被告则是指被诉称侵犯原告民事权益,被人民法院传唤应诉的人。原告和被告是基本的当事人范畴,是诉讼得以发生的前提。医疗侵权诉讼的原告一般为患者,但并非全部是患者,与患者权益有直接利害关系的人也可作为原告,包括患者的亲属、患者的法定监护人。为医疗机构工作的医务人员在工作时间内造成的侵害,其被告为医疗机构,如果该医务人员在工作时间外或在其职责范围外的违法行为致人损害的,应以直接侵权人作为被告。

2. 共同诉讼人

共同诉讼是指在同一诉讼程序中,为复数的一方或者多方当事人共同进行的诉讼。共同诉讼分为必要共同诉讼和普通共同诉讼。必要共同诉讼是指当事人一方或双方为二人以上,其诉讼标的共同的诉讼。必要共同诉讼是不可分的,如遭遇医方为复数的共同侵权时,若对于损害结果的产生而言,几个侵权行为为不可分的原因,由此产生的医疗侵权诉讼就是必要共同诉讼。普通共同诉讼是指当事人一方或者双方为二人以上,其诉讼标的属于同一种类,人民法院认为可以合并审理并经当事人同意而合并审理的诉讼。如医疗机构的某个医疗行为由于差错在不同时刻造成多个患者的权益受到损害,这些患者在法院许可和自己认可的情形下即可作为普通共同人共同提出医疗侵权诉讼。

3. 诉讼代表人

诉讼代表人产生于代表人诉讼。代表人诉讼又称群体诉讼,它是指当事人一方或者双方人数众多(一般为10人以上),由该群体中的一人或者数人代表群体起诉或者应诉,法院所作判决对该群体全体成员均有拘束力的诉讼。而代表该群体进行诉讼的人被称为诉讼代表人。代表人诉讼具有同一诉讼程序解决多数人诉讼的功能,在这点上,其与共同诉讼制度相同;但是代表人诉讼仅需要诉讼代表人进行诉讼,而共同诉讼要求全体当事人进行诉讼,在这里,代表人诉讼与共同诉讼具有明显的区别。在医疗侵权行为中,可能产生群体诉讼的原因有:违反药品管理法销售伪劣药品,导致大范围人群健康损害的;违反传染病防治的相关法规进行"防疫"、"免疫"等医疗活动时,造成大范围的人群健康损害的;使用不符合卫生要求的医疗器材,造成大范围的人群健康损害的。目前,在医疗侵权诉讼中,尚未出现大范围的群体诉讼事件。

4. 第三人

医疗侵权诉讼通常是在民事权益冲突的双方当事人(原告和被告)之间进行的,但有时也会直接或间接地涉及原、被告之外的第三人的民事权益,因而导致第三人参加诉讼。所谓第三人,是指对他人之间的诉讼标的有独立的请求权,或者虽无独立的请求权,但案件的处理结果与其有法律上的利害关系,因而参加到他人之间已经开始的诉讼中去,以维护自己的合法权益的人。第三人分为有独立请求权的第三人和无独立请求权的第三人两类。有独立请求权的第三人是指对当事人争议的诉讼标的有独立请求权而参加诉讼的人。在医疗侵权诉讼中,由于侵害的是人身健康权利,而人身健康权利的归属与患者人身密不可分,因此不会出现有独立请求权的第三人。无独立请求权的第三人是指对原、被告争议的诉讼标的没有独立请求权,但案件处理结果可能与其有法律上的利害关系而参加诉讼的人。无独立请求权的第三人参加诉讼的方式是申请参加和通知参加两种,在医疗侵权诉讼的司法实践中,无独立请求权的第三人往往充当主当事人的辅助人参加诉讼。如在使用医疗器材导致的医疗侵权诉讼中,医方认为自己的医疗行为并未出任何差错,侵权行为是由于医疗器材的质量瑕疵所致,此时,医疗器材的生产者或者经营者可以作为无独

立请求权的第三人参加诉讼,其必须证明医疗器材本身没有质量瑕疵,否则将独立承担产品侵权责任。

第二节　医疗侵权诉讼程序

一、医疗侵权诉讼程序概述

医疗侵权诉讼是民事诉讼的一类,与其他民事诉讼的审判程序大体是一致的。人民法院审理民事案件的程序包括第一审程序、第二审程序和审判监督程序。第一审程序是所有民事案件必经的审理程序,是民事诉讼程序的基础,完整地体现了民事诉讼审判程序的全貌,也是民事诉讼审判程序中最完整、最系统的程序;第二审程序和审判监督程序是纠错和统一法律适用的程序,其程序流程基本参照第一审程序进行。所以第一审程序是医疗侵权诉讼程序中最重要的程序过程。

需要注意的是,在民事诉讼的第一审程序中,有简易程序和普通程序之分。所谓简易程序,是指专供基层人民法院和它派出的法庭审理简单民事案件时所适用的审判程序。相较普通程序,简易程序的根本特性是"简便易行",它的诉讼成本较低,审理周期较短,诉讼方式简单。民事案件适用简易程序的三个必备条件是:(1)该民事案件事实清楚,即当事人双方对争议的事实陈述基本一致,并能提供可靠证据,无须人民法院调查搜集证据即可判明事实,分清是非;(2)权利义务关系明确,指谁是责任的承担者,谁是权利的享有者,关系明确;(3)争议不大,双方当事人对案件的是非、责任以及诉讼标的的争执无原则分歧。虽然适用简易程序有提高审判效率、快速解决纠纷的诸多好处,但笔者认为,医疗侵权诉讼案件原则上不应适用简易程序。其理由为:

(1)医疗侵权诉讼案件事实较为复杂。当事人双方对争议的事实陈述很难取得一致。由于医学科学的专业性强,双方当事人提供的证据,需要专业人员,甚至是多种专业人员来判断其可信度,审判人员自身很难判明事实,分清是非。

(2)医疗纠纷诉讼案件权利义务关系较为复杂。发生医疗侵权诉讼的原因多种多样,谁是责任的承担者要根据事实判定,不能说只要是医疗侵权诉讼,医院一定就是责任的承担者。如一起患者放弃治疗案:患者诊断为"双眼慢性闭角性青光眼",进行"巩膜咬切+自体小梁移植术",手术顺利,出院时患者病情基本稳定。由于患者未遵医嘱,约1月后出现"房水迷流综合征"。经医生多次向患者提出建议,要求患者接受白内障摘除术以重建前房,并一再告知拒绝治疗的严重后果,但患者以经济困难为由,拒绝接受手术治疗,约1年后继发了大疱性角膜病变,视功能亦进一步恶化至仅存光感。患者以医生治疗有误为由,诉诸法院。很显然,导致患者"房水迷流综合征"和视功能恶化的原因是患者放弃治疗,该责任的承担者是患者本人而非医师。最后在有法医参加的医疗事故鉴定中,认定不良后果责任人为患者本人,而非医师。

(3)医疗纠纷诉讼争议很大。由于医疗侵权行为涉及患者生命健康的重大权益,医患双方当事人对案件的是非责任以及诉讼标的的争执往往分歧严重。患方一般态度激烈,提出诉讼的标的较高,动辄过十万,甚至上百万的索赔。适用简易程序可能会导致双方对于审判结果的不信服。

二、医疗侵权诉讼的管辖

管辖是指各级人民法院之间和同级人民法院之间受理第一审民事案件的分工和权限。管辖制度就是要解决第一审民事案件由哪一级法院以及哪一地法院受理的问题。管辖问题在医疗侵权诉讼中具有重要的意义,明确管辖有利于当事人行使诉讼权利。一方面,它可以使原告知道应该或可以向哪一级的哪一个法院起诉,正确行使诉权;另一方面,它可以使被告得以判断受诉法院对案件有无管辖权,正确行使诉权。

(一)级别管辖

级别管辖是指按照一定的标准,划分上下级人民法院之间受理第一审民事案件的分工和权限。根据《民事诉讼法》的规定,除法律规定由中级人民法院、高级法院、最高法院管辖的案件之外,所有第一审案件均由基层人民法院管辖。中级人民法院和高级人民法院分别管辖本辖区内有重大影响的民事案件。如果医疗侵权诉讼涉及标的额大、当事人众多、案情复杂等情形时,视其影响可以由中级人民法院或者高级人民法院管辖。

(二)地域管辖

地域管辖又称区域管辖,它是以人民法院的辖区和案件的隶属关系确定诉讼管辖,亦即确定同级人民法院之间在各自的区域内受理第一审民事案件的分工和权限。通常情况下,第一审民事案件由被告住所地人民法院管辖;被告住所地与经常居住地不一致的,由经常居住地人民法院管辖。对于医疗侵权诉讼案件,也可适用关于侵权案件的管辖规定,即由被告住所地或侵权行为地人民法院管辖,这里的侵权行为地包括侵权行为实施地和侵权结果发生地。

(三)共同管辖和选择管辖

共同管辖和选择管辖实际上是一个问题的两个方面。共同管辖,是指对同一诉讼依照法律规定,两个或两个以上的人民法院都有管辖权。选择管辖则是在共同管辖的情况下,当事人可以选择其中一个人民法院提起诉讼。由于医疗侵权诉讼可以由侵权行为实施地、侵权结果发生地和被告住所地法院管辖,因此,常常会出现两个以上的法院同时拥有管辖权。根据民事诉讼法的规定,两个以上的人民法院都有管辖权的诉讼,原告可以向其中一个人民法院起诉;原告向两个以上有管辖权的人民法院起诉的,由最先立案的人民法院管辖。

(四)管辖权异议

管辖权异议是指当事人(通常是被告)认为受诉人民法院对该案无管辖权,而向受诉人民法院提出的不服该法院管辖的意见或主张。管辖权异议制度的设立,主要目的是为了保障当事人的诉讼权利和人民法院正确行使管辖权,在程序上体现出案件审理的正当性。管辖权异议的提起须在提交答辩状期间。对当事人提出的管辖权异议,人民法院应当认真进行审查。异议成立的,应做出裁定,将案件移送有管辖权的人民法院。当案件属于共同管辖时,人民法院在移送前应征求原告的意见。异议不成立的,裁定应当送达双方当事人。当事人对裁定不服的,可以提出上诉。

三、医疗侵权诉讼的第一审普通程序

(一)起诉与受理

1.起诉

医疗侵权诉讼的起诉是指患方认为自己的民事权利因医疗行为受到侵害向人民法院提出诉讼请求,要求人民法院予以司法保护,依法做出裁判的诉讼行为。起诉是医疗侵权诉讼的开始。原告可以以书面或者口头的方式起诉,书面起诉的应提交起诉状。起诉状应载明当事人的基本情况、诉讼请求和所根据的事实与理由、证据和证据来源、证人姓名和住所等。医疗侵权诉讼是对人身伤害的侵权诉讼,根据《民法总则》的规定,其诉讼时效为3年。

当事人向人民法院起诉医疗事故争议的,是否应当先经医疗事故技术鉴定?答案是否定的。根据《医疗事故处理条例》(以下简称《条例》)第46条规定:发生医疗事故的赔偿等民事责任争议,医患双方可以协商解决;不愿意协商或者协商不成的,当事人可以向卫生行政部门提出调解申请,也可以直接向人民法院提起民事诉讼。这一规定表明在医疗侵权行为发生之后,协商解决、申请卫生行政部门调解和向法院提起诉讼是三种平行的解决方式,当事人可以任意选择。而且,上述规定的适用不以医疗事故的确定为基础,双方可以自行协商已经说明了这一点,因此作为平行解决方式的医疗侵权诉讼也不以医疗事故技术鉴定为基础。同时,《条例》第40条还规定:当事人既向卫生行政部门提出医疗事故争议处理申请,又向人民法院提起诉讼的,卫生行政部门不予受理;卫生行政部门已经受理的,应当终止处理。这就更加明确地说明医疗事故技术鉴定不是起诉的前提,起诉可以排斥卫生行政部门的处理。这是由诉讼具有的权威性和最终性所决定的。

2.受理

受理是指法院对起诉人的起诉进行审查后,认为符合法律规定的起诉条件,决定立案审理的行为。当原告起诉之后,人民法院需进行审查,审查期限为7日。人民法院认为符合起诉条件的,7日内应予以立案,并通知相关当事人。

(二)审理前的准备

审理前的准备是指人民法院在受理案件之后,至开庭审理之前,为开庭审理的顺利进行和案件的正确、及时处理所进行的一系列必要的活动。审理前的准备是人民法院适用普通程序审理案件所必需的程序。医疗侵权诉讼的审理前的准备工作包括:

(1)向被告送达起诉书副本,限期提出答辩状。人民法院应当在立案之日起5日内将起诉状副本发送被告,被告在收到之日起15日内提出答辩状。被告提出答辩状,人民法院应在收到之日起5日内将答辩状副本发送原告。被告不提出答辩状的,不影响人民法院审理。

(2)发送受理案件通知书、应诉通知书和举证通知书。人民法院应当按照法律规定,向原告发送受理案件通知书,向被告发送应诉通知书,同时向双方发送举证通知书。根据《证据规定》的要求,人民法院向当事人送达的举证通知书应当载明举证责任的分配原则与要求、当事人可以向人民法院申请调查取证的情形、人民法院根据案件情况指定的举证期限以及逾期举证的后果。举证期限可以由当事人协商一致,并经人民法院认可,协商不成的也可以由人民法院指定。由人民法院指定举证期限的,指定的期限不得少于30日,自当事人收到案件受理通知书和应诉通知书的次日起计算。

(3)审核诉讼材料,调查收集必要的证据。此时,人民法院对于诉讼材料的审核和对有关证据的审核是形式上的,而不是实质上的。

(4)证据交换。经当事人申请,人民法院可以组织当事人在开庭审理前交换证

据。人民法院对于证据较多或者复杂疑难的案件,应当组织当事人在答辩期届满后、开庭审理前交换证据。交换证据的时间可以由当事人协商一致并经人民法院认可,也可以由人民法院指定。人民法院组织当事人交换证据的,交换证据之日举证期限届满。当事人申请延期举证经人民法院准许的,证据交换日相应顺延。

(5)追加当事人。追加当事人只发生在必要共同诉讼中,是指对医疗侵权诉讼中某些没有提起诉讼或者没有被提起诉讼的公民、法人或其他组织,如果不追加就不能使争议得到彻底解决时,应当予以追加的行为。

(6)进行鉴定。在医疗侵权诉讼的审前准备程序里,极为重要的一项就是进行相关医学司法鉴定。根据《证据规定》第25条的规定,当事人申请鉴定,应当在举证期限内提出。对需要鉴定的事项负有举证责任的当事人,在人民法院指定的期限内无正当理由不提出鉴定申请或者不预交鉴定费用或者拒不提供相关材料,致使对案件争议的事实无法通过鉴定结论予以认定的,应当对该事实承担举证不能的法律后果。

在医疗侵权诉讼中,由于当事人往往或因不服卫生行政部门的医疗事故鉴定结论提出诉讼,或未进行医疗技术鉴定而提起诉讼,所以委托人民法院进行相关医学司法鉴定的情形极为多见。此处的鉴定分为两类,一类是委托人民法院进行医疗事故技术鉴定,一类是委托人民法院进行法医学鉴定,确定除医疗事故外的侵权行为。根据《最高人民法院关于参照〈医疗事故处理条例〉审理医疗纠纷民事案件的通知》的规定,依当事人申请或者依职权决定进行医疗事故司法鉴定的,应交由《条例》所规定的医学会组织鉴定;而医疗事故技术鉴定之外的对于医疗侵权行为的鉴定,可以由司法鉴定机构组织法医学鉴定予以认定。

(三)开庭审理

医疗侵权诉讼的开庭审理是指在审判人员主持下,在当事人及其他诉讼参与人的参加下,按照法定程序和形式对医疗侵权争议的案件进行实体审理的诉讼活动。开庭审理包括以下内容:

(1)预备阶段。在这个阶段所进行的工作,是为法庭调查和法庭辩论作准备,内容包括:查明当事人和其他诉讼参与人是否到庭,宣布法庭纪律;核对当事人,宣布案由及审判人员、书记员名单;口头告知当事人有关的诉讼权利和义务,询问当事人是否提出回避申请。

(2)法庭调查阶段。法庭调查按照下述顺序进行:①当事人陈述;②告知证人的权利义务,证人作证,宣读未到庭的证人证言;③出示书证、物证和视听资料;④宣读鉴定结论。

(3)法庭辩论阶段。法庭辩论在法庭调查的基础上进行,是开庭审理的核心阶段。法庭辩论按照原告及其诉讼代理人、被告及其诉讼代理人、第三人及其诉讼代理人、互相辩论的顺序进行。

(4)评议和宣判阶段。由合议庭对案件进行评议,并作出判决。可以当庭宣判,也可以定期宣判。不论是否公开审理,判决都应当公开。

(四)第一审普通程序中的其他程序制度简介

1. 反诉

反诉是指在开始的诉讼程序中,本诉的被告以本诉的原告为被告,向人民法院提出与本诉有直接关系的独立的诉讼请求。在医疗侵权诉讼中,医疗机构提出反诉主要是在对医疗过错否定的基础上,向患者追讨相关医疗服务所应支付的费用。

2. 延期审理

延期审理是指人民法院确定了案件的审理期日后或者在开庭审理过程中,由于出现了法律规定的特殊情况使开庭审理无法如期或继续进行,而将开庭审理期日推延的制度。在医疗侵权诉讼中,有下列情形之一的,可以延期审理:(1)必须到庭的当事人和其他诉讼参与人有正当理由没有到庭的。(2)当事人临时提出回避申请的。(3)需要通知新的证人到庭,调取新的证据,重新鉴定、勘验,或者需要补充调查的。(4)其他应当延期的情形。这是一个弹性条款,由人民法院根据实际情况自行掌握。如责令当事人及其诉讼代理人退出法庭等。

3. 缺席判决

缺席判决是相对于对席判决而言。它是指人民法院在一方当事人无故拒不到庭或者未经法庭许可中途退庭的情况下依法审理后所作出的判决。法律规定缺席判决制度,对于人民法院及时有效地行使审判权,维护司法权威,保护当事人的合法权益具有重要的意义。在医疗侵权诉讼中,有下列事由的,可以缺席判决:(1)被告经人民法院合法传票传唤,无正当事由拒不到庭,或者未经法庭许可中途退庭的。(2)被告反诉,原告经人民法院传票传唤,无正当事由拒不到庭,或者未经法庭许可中途退庭的。(3)无民事行为能力的被告的法定代理人经传票传唤,无正当理由拒不到庭,又不委托诉讼代理人的。(4)人民法院裁定不准许原告撤诉的,原告经法院传票传唤,无正当事由拒不到庭的。(5)无独立请求权的第三人经法院传票传唤,无正当事由拒不到庭,或者未经法庭许可中途退庭的。

4. 诉讼中止和诉讼终结

诉讼中止是指在诉讼过程中,因出现法定事由而使本案诉讼活动难以继续进

行,受诉法院裁定暂时停止本案诉讼程序的制度。对于医疗侵权诉讼而言,有下列情形的,人民法院裁定中止诉讼:(1)一方当事人死亡,需要等待继承人表明是否参加诉讼的。(2)一方当事人丧失诉讼行为能力,尚未确定法定代理人的。(3)作为一方当事人的法人或者其他组织终止,尚未确定权利义务承受人的。(4)一方当事人因不可抗拒的事由,不能参加诉讼的。(5)本案必须以另一案的审理结果为依据,而另一案尚未审结的。(6)其他应当中止诉讼的情形。诉讼终结是指在诉讼过程中,由于法定的原因使诉讼无法继续进行或进行下去没有意义,从而结束诉讼程序的一种法律制度。在医疗侵权诉讼中,诉讼终结的理由主要是原告死亡,没有继承人,或者继承人放弃诉讼权利的。

四、医疗侵权诉讼的上诉程序、审判监督程序和执行程序

(一)上诉程序

上诉程序又称第二审程序,是指当事人对一审人民法院所作的未发生法律效力的裁判不服,向上一级人民法院提起上诉,上一级人民法院据此对案件进行审理所适用的审判程序。上诉程序是通常程序,但并不是必经程序,它同时具有审判与监督的双重职能。上诉案件的审理一般遵循普通程序的规定,其裁判根据不同情形包括:驳回上诉,维持原判;依法改判;发回重审;裁定撤销原判,驳回起诉。

(二)审判监督程序

审判监督程序是当事人、人民检察院和人民法院对已经发生法律效力的判决、裁定,基于法定的事实和理由认为确有错误,申请、提起和决定对相应的案件进行再审,从而由人民法院对案件进行审理而适用的审判程序。对已经发生法律效力的判决、裁定发现确有错误的,各级人民法院审判委员会及其上级人民法院有权决定再审;上级人民检察院对已生效的法院判决、裁定认为确有错误可以提起抗诉,法院对抗诉案件应当再审;当事人对已生效的判决、裁定、调解协议认为有错,在裁判生效的两年内可申请再审,经法院审查属实的,应当再审。再审应另行组织合议庭,分别适用第一、第二审程序审理。

(三)执行程序

民事执行是指人民法院的执行机构以生效的民事法律文书为根据,依法运用国家强制力量,采取强制性的执行措施迫使不履行义务的当事人履行义务,实现生效法律文书确定的内容的活动。执行开始的方式包括申请执行和移送执行。法院应认真审查执行根据,依照法定的方法和程序进行执行。

第三节 医疗侵权诉讼中的举证责任

一、举证责任概述

(一)概念

举证责任也称为证明责任,是指作为裁判基础的法律要件事实在诉讼中处于真伪不明状态时,负有证实该法律要件事实的当事人承受不利的裁判后果的风险。

从民事诉讼法的历史沿革看,举证责任的概念早在罗马法时代就已经出现。当时这一概念的含义是,在诉讼中,首先应该由谁来展开立证活动,而且当证明到一定程度时,一方当事人还可以要求对方立证,进而到了一定的阶段,也可以促使原告证明的一种暂时的流动性证明活动。现代各国民事诉讼法普遍引入了举证责任制度,并有所发展。

(二)对举证责任概念的理解

1. 举证责任是案件事实真伪不明时的一种裁判机制

法院对当事人之间的民事权利义务关系作出裁判,应当以法律要件真实,即引起当事人之间民事法律关系发生、变更或消灭的事实为基础。通过诉讼证明,有争议的法律要件事实可能呈现以下三种状态:(1)该事实已被证明为真;(2)该事实已被证明为假;(3)该事实真伪不明。在前两种状态下,法院可依据查明的事实作出裁判。而在第三种状态下,即案件事实处于真伪不明的状态时,法院难以作出判断,而没有法院的判断,则民事纠纷不能终息,这对双方当事人来说都意味着毫无利益。此时,法官必须寻找一条解决此类问题的方法。根据证据裁判主义,有争议的案件事实在被证明存在之前,法官不能认定其存在。这样,当法律要件真伪不明时,法官就可以该事实不存在为基础对当事人之间的权利义务关系作出裁判。可见,举证责任是法律要件事实真伪不明时的一种裁判机制。

2. 举证责任是当事人的一种风险负担

我国《民事诉讼法》第 64 条规定:"当事人对自己提出的主张,有责任提供证据。"同时,最高人民法院在《最高人民法院关于民事诉讼证据的若干规定》第 2 条规定:"当事人对自己提出的诉讼请求所依据的事实或者反驳对方诉讼请求所依据的事实有责任提供证据加以证明。没有证据或者证据不足以证明当事人事实主张的,由负有举证责任的当事人承担不利后果。"根据该规定,我们认为,当一方当事人的

主张真伪不明时,必须承担因法院不认可该事实所产生的不利的诉讼后果。对当事人来说,举证责任就是承受不利的裁判后果的风险,举证责任是当事人的一种风险负担。

3. 举证责任只能由一方当事人负担

在民事诉讼中,一项真伪不明的法律要件事实只可能由一方当事人提出,不可能由双方当事人同时主张,如双方当事人都主张同一事实,表明当事人对该事实并没有争议。因此,对同一案件事实真伪不明引起的不利后果也只能由一方当事人承担,不可能由双方当事人承担。

二、举证责任的分配

(一)举证责任分配的含义

举证责任的分配,是指按照一定的标准,将不同法律要件事实的举证责任在双方当事人之间预先进行分配,使原告对其中的一部分事实负有举证责任,被告对另一部分事实负有举证责任。举证责任的分配要解决的问题是,按照什么标准来分配举证责任,如何分配举证责任才既符合公平、正义的要求,又能使纠纷得到较为迅速的解决。其核心与实质是,当诉讼终结时如果案件事实仍真伪不明,应当由谁承担不利的裁判后果。

(二)有关举证责任分配的理论

围绕举证责任的分配标准,学说上有多种见解。

1. 要证事实分类说

要证事实分类说是指,就案件全体作出判断所必要的事实中需要证明的事实,即作为证明对象的事实。要证事实分类说主张,不依据要证事实属于何种法律上效果的要件事实来确定举证责任的分配,而是要根据要证事实的性质或内容来分配举证责任。在这其中,分为积极的要证事实说和消极的要证事实说。前者指积极地主张事实的当事人,就该积极事实负举证责任;后果指消极地否定事实的当事人,就该否定的事实负举证责任。该学说在 20 世纪初有一定影响力,现在已经失去支持基础。

2. 法律要件分类说

法律要件分类说的主张者为德国的著名证据法学家罗森伯格。根据该学说的观点,当事人如果主张,根据某法律的规定会产生一定的法律上的效果时,应就符合该法律规定构成要件的事实负举证责任。法律规定可以分为三类,一是规定权利发生的权利根据规定,二是规定权利消灭的权利消灭规定,三是对基于权利根据规定发生的权利予以阻止的权利障碍规定。根据该学说,主张符合权利规定构成要件事实的当事人,应就主张权利的存在承担举证责任;而主张权利消灭或主张权利不存在的当事人,就符合权利消灭或不存在法律规定的构成要件负举证责任。由于该学说的主张基于法律规定,因此当事人举证责任的范围比较容易判定。目前,这一学说在德国和日本占据了通说的地位。

3.举证责任分配的新学说

(1)危险领域说。危险领域概念,是指当事人于法律上或事实上能支配的生活领域范围。危险领域说认为,当损害之原因既非发生于被害人本身之危险领域内,又非大量发生于第三人之危险领域内,而完全发生于被告之危险领域内时,被害人就上项危险发生领域的举证责任转换于被告。也就是说,当事人应对能控制的危险领域中的事实负举证责任。

(2)盖然性说。即依据待证事实发生的盖然性的高低,以统计上的原则及例外情况为基础,适当地分配举证责任。根据人们生活经验和统计结果,以发生的盖然性高的事实,主张该事实的当事人不负举证责任,对方当事人应对没有发生该事实负举证责任。因为在事实不明而当事人又无法举证的情况下,法院认定发生盖然性高的事实远比认定发生的盖然性低的事实能接近事实而避免误判。所以在举证责任分配的设计上,如果一方当事人主张发生盖然性较低的事实,那么就应由他负举证责任。

(3)损害归属说。该学说是瓦伦·多尔夫于1970年提出的。他主张以实体法确定的责任归属或损害归属原则为分担举证责任的标准,即通过对实体法各条文进行对比、分析,寻找出实体法关于某一问题的损害归责原则,然后由依实体法应承担责任的一方负举证责任。因此,举证责任的归属应当与实体法上的损害归属相一致,否则,实体法的立法宗旨就无法实现。

上述关于举证责任分配的几种学说,都有一定的合理性。其中居于通说地位的是法律要件分类说,它对于解决举证责任的一般问题起着重要作用。但是,由于其本身的局限性,无法公平合理地解决现代社会中出现的新问题。而危险领域说、盖然性说以及损害归属说,对于法律要件分类说起到了补充作用。

三、医疗侵权诉讼中的举证责任的分配

在实践中,由于医疗机构具有专业知识和技术手段,掌握着相关的证据材料,具有较强的证据能力,患者则处于相对的弱势地位,如果依据以上讲的举证责任分配

的一般规则,患者往往因举证不能而无法获得相应的赔偿,这对患者来说也是不公平的。如何提升原告在医疗侵权诉讼中的攻击防御能力,尤其是诉讼进行中如何将双方当事人负担的举证责任公平合理地分配,以使医疗过失的受害人能得到法律的救济,已成为今日各国医事法学上的重要课题。为进一步健全和完善我国医疗侵权诉讼中的举证责任分配制度,有必要对美国、德国以及日本等发达国家的相关理论进行一下介绍。

(一)美国法:"事实本身说明过失原则"在医疗侵权诉讼中的运用

"事实本身说明过失原则"正式成为说明过失的法律原则,是从英国法官 Baron Pollock 在 1863 年审理一起过失侵权案件时加以适用的。所谓"事实本身说明过失原则"主要是指,过失必须要有合理的证据,但若事实显示导致损害发生的事物是在被告或其受雇人的管理之下,且依一般情形,如果对该事物之管理予以适当的注意,损害就不会发生,这时被告若不能提出说明,可认为已有合理的证据证明该事故是因被告的过失所致。

具体到医疗侵权纠纷案件,由于患者接受治疗时往往处于无意识状态而导致的举证困难,"医医相护"现象的普遍存在以及医师比患者更接近证据的客观情况等多种原因,都使得医师与患者间所存在的举证责任分配不公平问题日益严重。因此,在 1916 年,美国加州法院首次在医疗损害赔偿诉讼中适用"事实本身说明过失原则"来平衡这种举证责任分配不公的问题。到现在为止,美国已有 34 个州在医疗侵权诉讼中采用这项原则,以减轻原告的举证负担。这项原则的成立必须具备三个要件:(1)一般情形下,若非出于某人的过失,事故不会发生;(2)引起事故的代理人或媒介,必须是在被告排他的控制下;(3)事故的发生非基于原告的自愿行为或过失行为所致。而到了 1971 年,加州最高法院一反传统的要件分类方式,认为在医疗侵权诉讼中,这一原则的适用只需要具备两个条件:(1)必须依经验判断,伤害的发生本质上应是某人过失行为所产生;(2)被告大概是应该负责任的人。这种见解实际上将传统要件理论中的(1)、(2)要件放宽,同时将要件(3)得以去除。

(二)德国法:"表见证明"理论在医疗侵权诉讼中的运用

"表见证明"是德国实务见解形成的概念,源自"事实本身说明过失原则"。所谓"表见证明",是指以具有高度盖然性的经验法则为基础,从加害的客观的事情抽象地推断出"某种"过失这样的要件事实。在这种场合,如要推翻以上的抽象的、不特定的推定,使推定的合理性产生疑问,对方当事人必须证明为排除经验法则适用的足够的、具体的、特定的"特别的事情"的存在。

"表见证明"在本质上是法官心证的证据评价问题。它是由判案和学说累积形成的制度,它的作用在于增加法官的自由心证,经由经验法则的帮助,使法官能对当事人之间所争执的待证事实加以判断。因此,从这一意义上讲,"表见证明"理论的本质应属于主观举证责任概念的范畴,而不是客观举证责任的方法。在适用"表见证明"的情形下,对方当事人所负担的责任,是证据提出责任,若未能提出反证,并非当然依举证责任分配原则受败诉判决,须视法官心证的程度如何而定。如果法官尚未形成确实心证而仍陷于事实真伪不明的状态,则依客观举证责任分配的原则,即须对负担本证责任的当事人为败诉判决。

(三)日本法:"大概推定"原则在医疗过失认定中的运用

为减轻被害人的举证负担,受美国法"事实本身说明过失原则"及德国法"表见证明"理论的影响,"大概推定"原则在日本法学界受到重视,并最终固定化和法则化。所谓"大概推定"原则,是指在侵权行为的损害赔偿事件中,如依一般情况判断可认为"非因过失损害不致发生",此时若原告能证明损害已经发生及有所谓"非因过失损害不致发生"的情形存在,即可大概推定被告有过失,被告必须就其并无过失的事实或其行为无过失这一点提出反证,否则难免将受到败诉的判决。实际上,"大概推定"原则应属于间接证明的一种,主要是借由间接事实的证明以推定主要事实存在。

日本法学上虽未在医疗过失认定中明确提出"大概推定"原则的用语,但在日本最判昭和1932年5月10日和最判昭和1939年7月28日两个判决中,应当认为其已经承认有"大概推定"情形的存在。该二案例均系接受医师注射后引起患者注射部位化脓伤害之请求损害赔偿事件,前者在判决中指出:"注射液之不良或注射筒的消毒不完全,均足以成为诊疗行为之过失,即使原告仅能推断其中之一为过失,亦不能认为其关于过失之认定不明或不确定。"后者则认为:"这些消毒的不完全(指原审判决所推断感染葡萄状球菌之三种可能原因:注射器具、施行手术者之手指或患者注射部位之消毒不完全)都是足以成为诊疗行为(即麻醉注射)的过失,鉴于医师诊疗行为之特殊性,纵使无法具体确定其中何者消毒不完全,但也不能据以认定过失事实不完全。"上述两判决所作的这种选择性的事实认定,虽然对于具有多重选择之任何一个事实都未能达到足以形成确实心证之证明程度,但因为有注射后化脓这种客观现象的经验原则存在,故承认化脓之结果与上述"某一个"过失行为间应具有因果关系。

四、我国医疗侵权诉讼的举证责任分配

(一)立法变迁

医疗损害赔偿诉讼中的举证责任分配在我国立法中几经变迁。最初遵循的是民事侵权诉讼的一般分配规则,即由权利人主张其权利产生的基本要件事实:损害事实、损害结果、因果关系和过错,按照这一规定,患方将承担医疗侵权的全部权利生成要件事实。在实践中,由于医疗机构具备专业知识和技术手段,掌握相关的证据材料,具有较强的证据能力,患者则处于相对的弱势地位,患者往往因证明不能而无法获得相应的赔偿。为平衡当事人利益,更好地实现保护弱者的立法宗旨,《最高人民法院关于民事诉讼证据的若干规定》(以下简称《证据规定》)对医疗侵权举证责任的分配进行了修改,该规定第4条第8款规定:"因医疗行为引起的侵权诉讼,由医疗机构就医疗行为与侵权结果之间不存在因果关系及不存在医疗过错承担证明责任。"由此确立了证明责任部分倒置的分配规则,医方需要对原本需要患方举证的过错和因果关系进行举证。

随后的司法实践发现,这一过重的举证负担有如下缺陷:(1)医方过重的举证责任负担与医学的探索性、风险性、不确定性等特征不符,会引发各种防御性医疗行为,增加患方医疗成本,加重治疗风险;(2)患方过于轻松的举证责任负担会引发好讼的心态,减少诉讼外化解纠纷的可能性,从而使医方陷入诉讼的泥沼中;(3)医方举证责任负担过重使医方回避风险性治疗,会影响医学事业的发展。这些理由在《侵权责任法》中得到了回应,该法第54条和第58条共同重新确认了医疗侵权举证责任的分配采用一般分配规则和推定过错规则相结合的分配方式,基于上位法优先的法律适用原则,原《证据规定》的规定应当自然废止。这一修改纠正了先前医疗机构举证负担过重的情形,又以推定过错的方式减轻了患方的举证负担,有一定积极意义。

(二)患方的举证责任

作为原告的患方应当举证证明医疗侵权的损害事实、医疗过错和因果关系等权利产生要件事实举证。在举证内容上,患方需要证明的是:

1. 证明存在医患关系

患方需要证明的内容包括:(1)被告医疗机构的主体资格。如果是非法成立的所谓医疗组织,不属于医疗侵权案件,而是一般人身伤害赔偿或非法行医的相关法律责任;(2)医疗服务合同关系的存在。即患方曾在该医疗机构就诊并接受治疗的

相关证据,包括挂号单、缴费单、病历、诊断证明书等。在患者未挂号或使用化名、他人姓名挂号就诊等特殊情形时,患方须通过证人证言、医院自认等间接证据证明与医疗机构之间存在事实上的医患关系。

2. 证明损害事实的存在

患方需要证明自己生命或健康受损害的客观事实,一般通过死亡证明书、诊断证明书、病历记录及鉴定结论等证明。对于尚未发生但有发生可能性的损害后果,患方可以通过因果关系出现的盖然性对之加以证明,如果概率较低,不能被认为是客观损害后果。

3. 证明存在因果关系

因果关系是在《侵权责任法》中没有明文列举的举证项目。曾经有人指出,继续遵循《证据规定》中因果关系证明倒置于医方的规定。但本书认为,根据对立法原意的推测以及侵权责任法的前后条款,因果关系应当由患者举证。目前患者证明因果关系的主要方式是通过医疗事故鉴定和司法鉴定。

4. 证明医方存在过错

这是医疗侵权纠纷中医患双方争议的焦点,一般来说,患方通过以下三种途径证明医方存在过错:

(1)以专业鉴定的鉴定结论为依据;

(2)证明医方存在违反法律、行政法规、规章以及其它有关诊疗规范的情形;

(3)以推定方式证明医方存有过错,需要证明医方:隐匿或者拒绝提供与纠纷有关的病历资料;伪造、篡改或者销毁病历资料。

病历是指医务人员在医疗活动中形成的文字、符号、图表、影像、切片等资料的总和,是对患者的疾病发生、发展情况和医务人员对患者的疾病诊断、检查、治疗和护理情况的客观记录,也是作为证明医疗过失的重要书证。因此,根据《医疗机构病历管理规定》的要求,医疗机构有完整记载病历和保存病历的义务。在证明医方隐匿病历和拒绝提供病历中,患方需要证明的是:医疗机构及其医务人员持有病历资料;医疗机构及其医务人员将病历资料予以隐藏或不提供;上述行为是出于主观上的故意。在证明医方伪造、篡改或者销毁病历中,患方需要证明的是:医疗机构及其医务人员有伪造、篡改或者销毁病历的行为,如果病历出现明显错误或前后矛盾且医方无法解释的记载,可以认为属于上述行为,但仅仅在书写上存在错别字或格式上不规范,不影响对病历真实性的认定;上述行为出于主观上的故意。

此外,在医疗物品侵权责任中,患方无须证明医方有过错。

5. 证明赔偿请求依据

患方应就其赔偿请求提供相应证明,证明其各项赔偿请求的法律和事实依据。

(三)医方的举证责任

根据《侵权责任法》的规定,遵循规范说,医方应当对下述事实承担举证责任:

1. 在被推定医疗过错时承担举证责任

根据《侵权责任法》对医疗过错推定的规定,医方需要证明的内容包括:

(1)不存在违反法律、行政法规、规章以及其它有关诊疗规范的情形。

(2)未及时提供规范病历的合理依据。包括:病历资料不为自己所持有;无隐匿、拒不提供病历资料等行为,如病历资料由于不可抗力等原因灭失;无伪造、篡改或者销毁病历资料等行为。如证明病历的更改符合法定形式和格式,病历的销毁是因为超出法定的保存时间等。

2. 对侵权的免责事由承担举证责任

医方对下列免责事由承担举证责任,如果能够证明,则免除责任承担:

(1)患者或者其近亲属不配合医疗机构进行符合诊疗规范的诊疗;

(2)医务人员在抢救生命垂危的患者等紧急情况下已经尽到合理诊疗义务;

(3)限于当时的医疗水平难以诊疗。

3. 在医疗物品侵权中对免责事由承担举证责任

在医疗物品侵权责任中,医方如能证明下述免责事由,即免除责任承担:

(1)医疗产品未投入流通的;

(2)产品投入流通时引起损害的缺陷尚不存在;

(3)医疗产品投入流通时的科学技术水平尚不能发现缺陷的存在。

思考与练习题

1. 医疗侵权诉讼的独有特征是什么?
2. 医疗侵权诉讼的基本制度有哪些?
3. 如何确定医疗侵权中的原告与被告?
4. 医疗侵权诉讼一审普通程序的主要过程是什么?
5. 举证责任的基本含义是什么?
6. 我国医疗侵权诉讼的举证责任是如何分配的?

(重庆医科大学 冯磊)

第九章 医事诉讼证据

学习目标

掌握：医事证据的概念和特征；医事证据的法定分类；医事证据规则；医事书证的概念和特征

熟悉：医事证据的属性；医事证明对象；医事书证的制作；医事书证的保管

了解：医事证明过程；医事书证获取的程序

第一节 医事证据概述

一、医事证据的概念

(一)证据的概念

证据的概念在理论上有不同的观点，目前主要有三种观点：

1. 事实说

事实说即证据是能够证明案件真实情况的一切事实。我国《刑事诉讼法》第四十二条第一款规定："证明案件真实情况的一切事实，都是证据。"成为该种观点的法律支撑。按照这种观点，证据是用来证明案件事实的，但是证据本身也是一种事实。随着证据法学研究的深入，"事实说"逐渐被认为没有充分体现证据在法律上的意义和功能，于是"事实说"逐渐被修正为"统一说"，即要求在"事实说"的基础上强调证据必须具有法定的形式，"证据是证据内容（事实材料）与证据的形式（证明手段）的统一，是以法律规定的形式表现处理的能够证明案件真实情况的一切事实。"

2. 材料说

材料说即把证据界定为证明案件事实的材料。这一概念的出现是为了解释，为什么司法证明活动要对提交或收集的各种证据进行真实性、关联性、合法性的甄别。"材料说"一般认为证据分为属于事实且有证明效力的"证据"和未定有证明效力的

"证据材料"。立法也受这一观点影响。2001年实施的《最高人民法院关于民事诉讼证据的若干规定》(下简称《民诉证据规定》)的第一条、第十四条、第三十四条、第三十六条等使用了"证据材料"的概念,意在指出在作为定案证据前,证据有可能存在虚假、非法等非真实状况。但使用"证据材料"的概念又似乎将对应的证据概念等同于客观事实,所以"材料说"本质上仍是对"事实说"的承认。但在实践中,这样的分别很难细致理清。如上述司法解释中"证据未经质证不能作为定案依据"(第四十七条)这样的法律规定,就又一次混淆了证据和证据材料。

3. 根据说

根据说即把证据界定为证明案件事实的根据。持此观点的学者认为,证据与事实是不能划等号的,证据可以证明事实,但证据本身并不等于事实,证据仅仅是一种认识事实的凭据。比起"材料说""根据说"更进一步地对证据属于事实的结论提出疑问,摆脱了证据是事实的传统认知,将证据抽象为某种结论的前提和行动的基础,直指证据的内容或实体。在立法上,与三大诉讼法中"证据必须查证属实,才能作为认定案件事实的根据"的规定恰好吻合。

从证据概念的发展可以看出,在认识论上,证据概念逐渐综合了客观真实与法律真实的观念,不再局限于单纯的事实论;在与证明活动的内在关联上,证据概念与证明活动的本质属性逐渐融合,既强调证明活动的阶段性和复杂性,也不失证明活动发现真实的价值目标;在定义的准确性上,证据概念从具体逐渐过渡到抽象,内涵更为丰富、广泛。

(二)医事证据的概念

与证据概念争论相适应,关于医事证据的概念,主要是以下几种观点:

1. 事实说

有学者认为,医事证据是具备法定形式的、由法官按照法定的程序加以认定的,最终作为证明医事案件事实存在与否的事实。这一定义显然参照了证据概念的"事实说",也在一定程度上吸收了"事实说"衍生出来的"统一说"。这样的概念界定符合传统立法和理论上对证据的认知,但在学界逐渐更新事实说的今天,显得有些保守。而且,该定义将法官依照法定程序认定作为证据成为事实的判断标准,不同于事实说本身的客观真实论,似乎吸纳了"材料说"的观点,显得有些模糊。

2. 根据说的进一步解释

有学者以医事民事证据为例对医事证据予以了探讨,认为医事民事证据是负荷医事民事诉讼案件信息的载体。因为任何案件发生后都会将案件事实的信息传递给一定的人或物,为人所记忆或为物所储存,但信息并不能成为证据,而只有与信息的载体,即记忆或储存该信息的人或物相连接才能形成证明中的人证或物证。这一观点承继"根据说",但对根据本身进行了进一步的解释,以信息载体明确了作为根据的证据的含义,较有创新意义。但该概念丝毫未提及证据本身在事实认定上的作用,同时,是否有必要以信息载体对根据进行阐释尚待斟酌。因为,在该定义中,案件信息又构成了一个需要解释的概念,如果案件信息仅仅是指真实信息,那么此处的医事证据概念本质上仍然属于"事实说",只有信息包括了所有相关信息甚至虚假信息时,才可归属于"根据说"。这样烦琐的解释可能消解了对于概念应当简约和准确的要求。实质上,我们可以看出,该学者意图将"统一说"融合入"根据说",但这样的融合是否有必要,也可以进一步探索。

3. 以医学活动为核心的解释

有学者以医学证据取代医事证据进行定义,认为,医学证据,是指在医学活动中形成的,以其内容、形式以及外部特征证明医学活动发生、变化过程的根据。在实践中,根据医学活动内容的不同,医学证据可以分为临床证据、医学研究证据、教学证据;也可以医学活动是否造成事故后果分为医疗事故证据和非医疗事故证据,还可以医学证据的运用方式分为调解证据、诉讼证据、赔偿证据等。之所以这样定义,是因为目前国内外对证据法学依所适用的自然学科进行分支的学科建立尚未形成明确认识,我们提出以宏观医学活动为主体的定义,以便于证据法学对整个医学活动和全社会每一个成员的基本人权保护的指导。这样的定义另辟蹊径,较有新意。但以"医学活动"为核心,很难区分该概念的适用范围。医学不同于法律,医学证据也不同于法律证据。两者的区别包括:(1)适用范围不同。医学证据适用于医学活动,是包括基础医学、临床医学、预防医学、公共卫生、医学教育、医学统计、社会医学在内的医学研究和实践的根据,仍然属于医学的学科范畴;而医事证据适用于医事争议和医疗纠纷的解决,属于法学的学科范畴;(2)功能不同。医学证据的功能是指导医学活动的科学性、规范性、合理性,而医事证据的功能是为了查明案件事实,公正合理地解决纠纷;(3)性质不同。医学证据的使用源于医疗职业判断,具有技术性和专业性,即便有公开的诊疗规范、行为指南等作为依据,一般也因专业性过强没有公开的强制性要求;而医事证据的使用是为了形成纠纷解决上有法律意义的裁断,原则上都应当予以公开,由其支撑的医事证明过程应当符合法律要求和经验认知。(4)要求不同。对医学证据尤其是临床上的医学证据的真实性要求较高,不仅包括逻辑上周密和方法上科学(如循证医学证据),也包括需要实验科学的支撑,确认无误后方可使用;对医事证据的要求应注重法律真实和客观真实的平衡,以能够有助

于公正合理解决纠纷为目标,有时可以适用推定、证明责任倒置、无罪推定等证明技术。综上所述,医学证据尚不具备代替法律意义上的医事证据概念的条件。

比较而言,本书仍然倾向于较为合理的"根据说"。因此,医事证据是指在医事争议领域中用以证明案件事实存在与否的根据。采用"根据说"是对"事实说"和"材料说"的修正。无论根据是真还是假,它都是证据,"事实说"显得过于绝对,也不符合证据法运行的实践。同时,这一定义吸纳了证据材料的概念,这是因为作为根据的证据本身就是各种材料,将证据材料作为所谓证据事实相对应的一个概念,既烦琐也掩盖了立法中对证据界定的缺陷。

二、医事证据的属性

(一)客观性

客观性是指医事证据所反映的内容应当是客观事实,而非猜测、虚构之物。传统上,客观性一般包括三个方面:(1)在形式上,医事证据表现为客观存在的实体,无论其具体形式是人证还是物证,都是客观存在物;(2)在内容上,医事证据是对于医事争议案件有关的事实的客观记载,是客观存在事实,不是主观想象、揣测的事实;(3)作为医事证据内容的事实与案件的待证事实间的联系是客观的,没有客观联系,则该证据实际上无法履行揭示案件真实情况的功能。为了保证医事证据的客观性,我们一般一方面要求医事争议的当事人和其它参与人必须提供真实的证据,不得伪造、篡改证据;另一方面要求证据的审查和认定者能够客观、全面地审核证据,不得以偏概全,先入为主。

与"事实说"遭遇的争议类似,证据的客观性也同样面临是否过于理想,是否符合实际的质疑。因此,学界提出了证据具有主观性的命题,认为在证明过程中,无论是证据的收集、提供、审核、认定,无不渗透了人的主观活动。有学者指出,在证据法学中,主观性如果是指不依据实际情况而单纯由偏见组成,则证据当然不具有主观性;如果主观性是指鉴于自我意识方面的,则并非所有的证据都绝对地不具有主观性。实际上,主观性可以作为对客观性上的主观认知,而并非主观随意性,在证明过程中,应当最大限度地使人的主观认识、主观判断与客观认识相一致。主观性并不意味着对客观性的贬损,对于主观性较强的证据,应当依程序和证据规则对之进行严格的审查判断,以免造成采信失误。主观和客观的一致衍生出了综合两者的"真实性"概念并被立法所接纳,如《民诉证据规定》第五十条规定:"质证时,当事人应当围绕证据的真实性、关联性、合法性,针对证据证明力有无以及证明力大小,进行质疑、说明与辩驳。"

(二)关联性

关联性是指医事证据与所要证明的案件事实之间具有客观联系。关联性意味着即便是客观事实,如果与案件事实无关,也不能作为认定案件事实的根据。医事证据的证明力与其和待证事实之间的关联性成正向关系,关联性越密切,证明力越大,关联性越弱,证明力越小。

理解医事证据的关联性属性,需要理解:

1. 关联性应具有实质性

从哲学视角看,客观事物之间都有一定的联系,所谓"蝴蝶效应"就是对这一现象的归纳。但这种哲学上的普遍联系观不能作为医事证据关联性属性的解释,医事证据与待证事实之间的关联性应更具有实质意义,如对某医务人员日常医疗能力较差、曾有过医疗差错的事实不能作为当下构成医疗过错的证据,社会对过度医疗的批评不能作为证明某个具体医疗行为构成过度医疗的证据。从证据法上看,这种实质性指的是,一个证据的使用必须对案件事实有确实的帮助,应如实评价证据的证明力,不能将没有实质意义的证据想当然地认为或者硬说成有客观联系的证据。

2. 关联性应具有多样性

关联性的表现形式具有多样性,如时间联系和空间联系,直接联系和间接联系,肯定联系和否定联系,偶然联系和必然联系等。无论存在何种联系,都表明证据反映了案件有关的事实。在评价时,要特别注意关联性的多样性与证明过程的联系,多样性表明,即便有关联,但医事证据的证明力有大有小,有强有弱。如间接联系的证据显然比直接联系的证据证明力弱。例如,在医事争议中,鉴定结论可以直接证明医疗过错,而医生在日记中记载自己可能出错了的言论则只能间接表明医疗差错存在的可能性。因此,要对关联性的多样性与证明力的强弱做出恰当的判断。

3. 关联性应具有可知性

医事证据与待证事实的关联性应当为人们所认识,如果尚未被人们所认识的事实则不具有关联性。因此,科学技术水平以及人们认识水平的提高对于理解关联性有重要作用。关联的可知性在医事争议中非常有意义。医学技术的发展使我们逐渐认识到,以前不具有联系的行为之间慢慢具有了关联性,如药物的副作用对诊疗的影响,病症与除以医疗行为之外相关影响因素的关系等,这为我们以证据评价医事争议提供了重要帮助。特别值得说明的是,医事证据与待证事实关联的可知性很多需要并不是绝对的,而是根据流行病学等统计方式得出的高概率关联,这一关联

同样被法律推定为具有可知性,除非有相反证据将其推翻。

(三)合法性

合法性是指医事证据必须按照法定的程序和方式收集和提供,必须具备法律规定的条件。理解合法性需要理解:

1. 医事证据的主体合法

证据的制作、形成主体应当合法。例如,各类医疗争议鉴定的鉴定人应当具备一定的任职资格条件,其作出的鉴定意见才具有证明意义。

2. 医事证据的形式合法

医事证据应符合法律规定的形式才能作为证据使用。如医事文书的电子病历,根据卫生部2010年发布的《电子病历基本规范(试行)》第六条规定:"电子病历录入应当使用中文和医学术语,要求表述准确,语句通顺,标点正确。通用的外文缩写和无正式中文译名的症状、体征、疾病名称等可以使用外文。记录日期应当使用阿拉伯数字,记录时间应当采用24小时制。"这是对电子病历书写和制作的规范性要求,如果违反了上述要求,从形式上,电子病历不具有合法性。

3. 医事证据的收集程序合法

这是证据合法性属性中被强调最多的。由于长期以来我国法律实践中程序正义的观念比较薄弱,当事人或其它证据收集主体在收集时关注事实较多,关注程序的合法性较少。然而,医事证据的收集或提取必须符合法定程序,不然就可能因程序不合法而不被采纳,从而丧失证明力。例如,医事刑事案件中,以刑讯逼供的方式获得的证据是非法证据;医事民事纠纷中,因怀疑医生渎职以在其家中安装窃听器等方式侵犯医生隐私而获得的证据是非法证据;卫生行政诉讼中,行政机关自行向原告与证人收集证据的行为违反程序规定,其获得的证据是非法证据。

三、医事证据的特征

(一)医学专业性特征

1. 医事证据形成过程常常与医学专业技术相关

医事争议的内容是医疗行为是否存在过错。而医疗行为具有高度的专业性,没有医学科技,就不能形成以医学信息为基本内容的医事证据。

2. 医事证据的收集和保全常常需要医学专业技术手段

由于医事证据形成于医疗过程,因此,收集和保全证据的过程中,医学技术从未缺席。为了使证据能够准确地证明案件事实,就必须保持医事证据的物理形态、化学成分、生物化学功能、组织结构、细胞水平、DNA性状等维持原有的稳定性，不发生改变，这就要求在提取和保全医事证据时运用医学科学技术以保持原貌和不被污染。另外，有创检查、手术、心肺复苏术的录音录像等手段直接获取的证据信息，其收集过程自然需要技术手段。

3. 医事证据的认定常常需要医学专业技术的辅助

一般来说，裁判者缺乏医事证据认定的专业知识，需要借助鉴定意见等证据形式予以辅助。所以，在医事争议的证明过程中，专业度较高的鉴定意见具有权威性。因此也有学者认为，医事证据在证据采信上具有间接性，即"往往要依赖专家的意见，往往需要医疗事故专家组或法院委托的鉴定机构的法医来鉴定病历等资料的真伪。"

(二) 医事证据以书证为主

从医学实践和我国相关法律法规的规定来看，医事证据以书证为主。医方医疗行为过程中形成的医学文书，既是医方的医学科学记录，又具有证明力，属于证据法上的书证类型。医疗文书包括病历、医疗证明、检验报告、检查报告、处方及相关工作记录等。医事书证所反映的信息来源于医疗行为，是关于医疗行为过程的详细记录。

由于医事证据主要是书证，而书证又主要是医务人员关于其行为的记录，因此医事证据兼具科学性和个性化色彩。科学性是指医事书证的形成应符合医学科学规律和相关规范要求，个性化是指每个医务人员在面对疾病时，其医疗经验、技术水平乃至服务态度、记录方式都有所差异，这导致医事书证的认定具有复杂性，有时需要专业技术人员的甄别。

以书证为主还意味着医事证据具有易篡改的风险。书证的记载往往由医疗机构单方完成，又一般由医疗机构依法保管，医方很容易通过修改、删除、添加等改变原有记载内容，因此，医事书证必须经过严格审查和专业认定才能作为定案证据。

(三) 医事证据具有一定的偏在性

1. 医事证据的形成和阅读具有一定的偏在性

实践中，医事证据形成于专业医事活动中，尽管现代医学活动强调患者参与、医患互动，但医疗活动中医方仍处于支配和主动地位——病历由医生记载生成，所有检查和辅助检查、治疗单等医学诊疗资料均经医生填写，对患者实施诊疗的医疗物品，如医疗仪器设备、手术器械、实验室制剂、血液、输液器等，均为医务人员使用支配与保管。不具有专业知识的患方一方面很难理解医事证据所记载和证明的内容，

另一方面也较难实质性地参与到医事证据的形成过程中。

2. 医事证据的保存和提供具有一定偏在性

实践中,医事证据大多由医疗机构保管。医方距离证据最近,患者可以要求医方提供相应证据,但医方也可能出于各种原因拒不提供。为了避免因医方故意或不提供证据过失造成医事争议无法查明,法律一方面规定了医疗机构保管医事证据的义务,如《医疗机构管理条例实施细则》第五十三条规定,医疗机构的门诊病历的保存期不得少于15年,住院病历的保存期不得少于30年;另一方面规定了因无正当理由不提供医事证据的妨害责任及其后果,如《侵权责任法》第五十八条规定:"患者有损害,因下列情形之一的,推定医疗机构有过错:(一)违反法律、行政法规、规章以及其他有关诊疗规范的规定;(二)隐匿或者拒绝提供与纠纷有关的病历资料;(三)伪造、篡改或者销毁病历资料。"

四、医事证据的种类

(一)理论上的分类

是指在理论上依据不同的标准,从不同角度对医事证据进行的分类。在理论上对证据按照不同的标准加以区分,是深入研究证据的一种方法,其目的在于研究不同类别证据在证明力和证据力上的特点、证据运用的规则,亦即研究运用各类证据的客观规律,最终保证证据的质量,实现证据的法律价值和效能。根据证据法现有的研究成果,医事证据的理论分类主要包括:

1. 本证与反证

根据证据与举证责任的关系,可以将医事证据分为本证与反证。本证是指对待证事实承担举证责任的一方提出的、用于证明该事实的证据。反证是指对待证事实不负举证责任的一方,为证明该事实不存在或不真实而提出的证据。反证的目的是为了削弱本证的证明力。因此,在负有举证责任的一方提出本证,并使事实的认定发生不利于对方当事人的变化时,对方才有提出反证的必要,因此反证提出的时间一般在本证之后。例如,在医疗损害赔偿案件中,患方诉称被告造成医疗损害,为此提供了病历、医药费用单据等证据,这就是患方提出的本证;医方提出辩称患方受损害是院外不明原因所致,并提出了其行为完全符合诊疗规范的证据,这就是医方提出的反证。

本证与反证的区分是以证据与待证事实之间的关系为标准,而不是以证据由哪一方当事人提出的为标准。也就是说,并非只有原告提出的证据才是本证。医方或患方都可能提出本证,也可能提出反证。例如,在医疗侵权诉讼中,患方提出损害由医方医疗行为所致,所提供的病历、证人证言等均属于本证;医方提出是由患方不配合所致,提供了患方私自离院的查房记录等证据,这是医方所提供的证据,同样属于本证。

2. 言词证据和实物证据

根据证据的表现形式的不同,证据可以分为言词证据和实物证据。言词证据是指以人的陈述为存在和表现形式的证据,它包括以人的陈述形式表现出来的各种证据,如刑事被害人的陈述、犯罪嫌疑人、被告人的供述,医患纠纷中当事人的陈述、行政诉讼当事人的陈述、证人证言、鉴定结论等。言词证据的形式可能是口头的,也可能是书面的,如鉴定意见,有时甚至包括肢体语言,如聋哑人通过打手势等所表示的哑语,均应认定为言词证据。实物证据是指以实物形态为存在和表现形式的证据,包括各种具有实物形态的证据,如物证、书证、视听资料、勘验笔录等。书证、物证的实物性一般没有疑问,视听资料和电子数据是基于自身的客观存在对案件事实起证明作用,因此也应当界定为实物证据。勘验笔录虽然表现为一定的书面材料、图画或照片,但其内容是对与案件有关的物品、场所、人身等在经过实地查看、校验后作出的客观记载,因此也应界定为实物证据。

医事证据中的言词证据的特点是:(1)与案件事实的关联性较为明显,更加详细、具体、生动。言词证据能够从动态上证明案件事实,是当事人、证人等对其直接或间接感知的案件事实的陈述,往往能够较为形象生动、详细具体地反映案件事实。如当事人陈述中,当事人是案件事实的亲历者,其陈述不仅可以把案件发生的过程及许多具体情节复述出来,而且往往还能把案件发生的前因后果、来龙去脉反映得比较清楚,有时可能比较深入。又如鉴定结论等更带有一定科学性,在论证上更加详细具体,关联性明显。(2)言词证据易于固定和保管,不易灭失。很多言词证据如证人证言是储存在记忆之中,根据刺激强度保存时间整体较长,而且固定言词证据的方式如录音、复制等较为方便,易于实施。(3)言词证据主观性较强,易失实。医事争议中证人证言、当事人陈述、嫌疑人口供等言词证据,都可能存在表达者故意捏造或记忆偏差等情形,即便是客观性较强的鉴定结论,也可能因为认知能力或者鉴定人员的主观性出现失实的情形。

医事证据中的实物证据的特点是:(1)实物证据的客观性、稳定性强。作为客观存在的物,往往是伴随案件的发生而形成的,一般难于伪造,不像言词证据那样受人的主观因素的影响而出现虚假或失真;而且实物证据一经收集保全后,就可以长期保持其原有状态,成为证明案件事实的有力证据。(2)实物证据容易灭失。实物证

据的客观存在离不开一定的外界条件,一旦外界条件发生了变化,实物证据就可能灭失,再无法收集到。因此,需要及时以封存等方式进行固定。如,疑似输液、输血、注射、用药等引起不良后果的,医患双方应当共同对现场实物进行封存、启封,封存的现场实物由医疗机构保管。(3)实物证据与待证事实的关联性具有隐蔽性。实物证据往往需要经过检验、鉴定、勘验等方式予以揭示。如,对上文提及封存的实物,需要检验的,应当由双方共同委托依法具有检验资格的检验机构进行检验;双方无法共同委托的,由医疗机构所在地县级人民政府卫生主管部门指定。同时,实物证据只能从静态上证明案件事实,常常只能证明案件事实的一个片断、一个情节,而不能像言词证据那样反映案件全貌。

3. 原始证据和传来证据

根据证据来源的不同,证据可以分为原始证据和传来证据。原始证据是指直接来源于案件事实而未经过中间环节传播的证据,是在案件事实发生、发展和消灭的过程中直接形成的证据,即通常所说的"第一手证据材料",如医事争议中病历的原件、医方所做的关于不构成医疗损害的陈述、医疗纠纷中的挂号单、医疗工具、病历单、以及封存的输液器、药品、血浆等等。传来证据是指不是直接来源于案件事实或原始出处,而是从第二手以上的来源获得的证据材料。即经过复制、复印、传抄、转述等中间环节形成的证据,是从原始证据派生出来的证据。如病历的复制件、患方家属转述的患者意见等。

一般来说,原始证据较传来证据更为可靠,有着更强的证明力。当证据与案件事实的关系越直接、越接近时,它的可靠程度就越高、证明力也越强;而当它与案件事实的关系被一个复制、传抄、转述的中间环节所阻挠时,复制过程中可能发生的失误、信息损耗、变形,就会使证据失真,不能如实地反映案件事实的原貌。所以,证据的可靠性程度与证明力的强弱,除了其他因素的影响之外,与案件事实距离的远近是一个重要原因。

4. 直接证据和间接证据

根据证据与待证事实之间的关系不同,证据可以分为直接证据和间接证据。直接证据是指与待证事实具有直接联系,能够单独地直接证明待证事实的证据,例如医疗事故鉴定结论,医患双方当事人关于事件的直接陈述,等等;间接证据是指与待证事实具有间接联系,不能够单独地直接证明待证事实的证据。间接证据必须与其它证据结合在一起,才能够证明待证事实。如在一起医疗损害赔偿案件中,患方提出的如下证据都是间接证据:(1)诊疗结束后,主治甲医生曾向其它医生咨询发生医疗过错的补救措施;(2)医方曾主动进行协商赔偿的证据。

理解直接证据和间接证据,需要注意:(1)一个证据究竟是直接证据还是间接证据,要根据它与待证事实之间的关系确定,待证事实不同,直接证据与间接证据也不同。同一证据,对于甲事实是直接证据,对于乙事实可能变成间接证据。(2)直接证据突出的优点是直接证明性,其缺点一方面是收集和审查判断较为困难,在证据的收集上,直接证据来源较窄,数量少,不易取得,在一些案件中甚至根本无法取得;另一方面是大多表现为言词证据,容易受客观因素的影响而出现虚假或失真,其客观、真实性较难确定,而且稳定性也较差。(3)单个间接证据不能证明案件事实,但若没有直接事实时,可以用若干间接证据认定案件事实,但前提是:各个间接证据都必须真实可靠,与待证事实具有客观关联性;间接证据之间互相印证,协调一致;间接证据有一定数量,并构成一个完整的证据链条。

(二)法律上的种类

1. 诉讼法中的规定

我国《民事诉讼法》第六十三条规定:"证据包括:(一)当事人的陈述;(二)书证;(三)物证;(四)视听资料;(五)电子数据;(六)证人证言;(七)鉴定意见;(八)勘验笔录。"我国《刑事诉讼法》第四十八条规定:"证据包括:(一)物证;(二)书证;(三)证人证言;(四)被害人陈述;(五)犯罪嫌疑人、被告人供述和辩解;(六)鉴定意见;(七)勘验、检查、辨认、侦查实验等笔录;(八)视听资料、电子数据。"我国《行政诉讼法》第三十三条规定:"证据包括:(一)书证;(二)物证;(三)视听资料;(四)电子数据;(五)证人证言;(六)当事人的陈述;(七)鉴定意见;(八)勘验笔录、现场笔录。"

2. 医事法律中的规定

《医疗事故处理条例》第二十八条以医疗事故鉴定需要提供的材料为由,规定了以下医事纠纷中的证据种类:(一)住院患者的病程记录、死亡病例讨论记录、疑难病例讨论记录、会诊意见、上级医师查房记录等病历资料原件;(二)住院患者的住院志、体温单、医嘱单、化验单(检验报告)、医学影像检查资料、特殊检查同意书、手术同意书、手术及麻醉记录单、病理资料、护理记录等病历资料原件;(三)抢救急危患者,在规定时间内补记的病历资料原件;(四)封存保留的输液、注射用物品和血液、药物等实物,或者依法具有检验资格的检验机构对这些物品、实物做出的检验报告;(五)与医疗事故技术鉴定有关的其他材料。

第二节 医事证明

一、医事证明的概念

医事证明是指医患纠纷中各方按照法定的程序和规则提出证据以证实其所主张事实的真实性的活动。医事证明是一种揭示、认识案情的复杂的实践和逻辑的思维活动,它的任务在于查明医患纠纷的真实情况,认定医疗事故或者医疗侵权纠纷是否发生、赔偿责任的范围大小以及其他有关案件事实,是收集、审查判断和运用证据对案件事实加以认定得出结论的过程。医事证明必须依照法定程序进行,其证明活动能够直接体现诉讼的价值和作用。

二、医事证明标准

(一)概念

所谓医事证明标准,是指医患各方提出证据对案件情况等待证事实进行证明所应达到的程度或要求。医事证明标准解决的是医患各方应该证明到何种程度,以及法院审查证据应达到何种程度才能认定案件事实的证明问题。对于医患各方而言,医事证明标准往往会影响诉讼活动的方向和目标,决定着他们各自诉讼活动的展开及其实际形态,有利于其认清证据是否充分、是否达到所要求的证明程度;对于法院而言,医事证明标准就是法院用来裁判争讼双方胜败的重要标尺,有利于其明了当事人双方达到何种程度之证明即可裁判案件。

(二)我国有关医事证明标准的规定

我国《民事诉讼法》第七条和《刑事诉讼法》第六条规定,人民法院审理案件必须以事实为依据,以法律为准绳。因此,学界一般认为我国实行"一元制"的诉讼标准,对民事诉讼和刑事诉讼的诉讼证据都要求"确实、充分",诉讼中对案情的证明都要达到绝对真实的程度。然而,我国民事诉讼中承认当事人对其民事权利的处分权,即权利人可以行使其权利,也可以不行使其权利,甚至放弃他的权利,国家对民事权利原则上不干预,因此在追求案件真实性上,不可能与刑事诉讼相同。医患纠纷主要是民事纠纷,基于此,无论是以"客观真实说""法律真实说"还是"相对真实说"作为医患纠纷的证明标准,都有其不足之处,应采纳"高度盖然性说"。

根据我国民事审判的实际情况,早在1998年最高人民法院《关于民事经济审判方式改革问题的若干规定》第十一条就规定：案件的同一事实，除举证责任倒置外，由提出主张的一方当事人首先举证，然后由另一方当事人举证。另一方当事人不能提出足以推翻前一事实的证据的，对这一事实可以认定；提出足以推翻前一事实的证据的，再转由提出主张的当事人继续举证。该条文中的"足以"正是表达了有关证据材料在法官内心确信上所形成的某种高度盖然性的证明标准。此后在2001年，最高人民法院《关于民事诉讼证据的若干规定》（下简称《民事证据规定》）第七十三条规定，双方当事人对同一事实分别举出相反的证据，但都没有足够的依据否定对方证据的，人民法院应当结合案件情况，判断一方提供证据的证明力是否明显大于另一方提供证据的证明力，并对证明力较大的证据予以确认。因证据的证明力无法判断导致争议事实难以认定的，人民法院应当依据举证责任分配的规则作出裁判。该条文中的"足够"也说明我国立法对法官内心确信在程度上的衡量标准是由证据优势的分量所决定的，所谓"足够"，即指一定高度的盖然性。

而对于刑事诉讼，我国《刑事诉讼法》第一百二十九条、第一百三十七条、第一百四十一条、第一百六十二条都多次规定"犯罪事实清楚，证据确实、充分"。所谓犯罪事实清楚，是指与定罪量刑有关的事实和情节，都必须查清。所谓证据确实、充分，是指对作出定案根据的证据质和量的总要求。证据确实，即每个证据都必须真实，具有证明力。证据充分，即证明必须达到一定的量，足以认定犯罪事实。具体而言，刑事诉讼的侦查、起诉、定罪判刑都应该达到以下标准：(1)据以定案的每个证据都必须查证属实；(2)每个证据和待查证的事实均有相应的证据加以证明；(3)所有证明在总体上足以对所要证明的犯罪得出确定无疑的结论，并排除了其他一切可能性。医事活动有关的刑事诉讼，也应当达到这一标准。

三、医事证明过程

(一)医事举证

医事举证，是指医患双方将自己收集的医事证据提交法院或法庭，以论证其诉讼主张的活动。医事举证必须是由医患双方向法院提出证据，否则其所收集的证据就毫无意义；医事举证不仅是法院受理医患纠纷案件的必备条件，也是人民法院审判案件的前提和基础。

1. 医事举证期限

医事举证期限是指在诉讼中，法律规定或者法院指定医患双方向法庭提交证据的有效期限。基于诉讼诚信和诉讼效率的原则，为了防止医患双方滥用举证权利拖延诉讼,促使医患双方积极举证,《民事证据规定》中对民事诉讼举证期限有所规定:如果医患双方没有在法律规定的时间内举证,就视为放弃举证权利,丧失了举证机会;而超过举证期限提出的证据一般将不被法院采纳。根据《民事证据规定》,我国实行当事人协商和法院指定相结合的方式确定举证期限。具体而言,举证期限可以由当事人协商一致,并经法院认可;由人民法院指定举证期限的,不得少于30日;人民法院组织当事人交换证据的,交换证据之日举证期限届满;按期提交证据存在客观困难的情况下,当事人可以申请适当延长举证期限并由人民法院批准;对于当事人逾期提交的证据,人民法院审理案件时不组织质证,除非对方当事人同意质证。而《民事诉讼法》对这一规定进行了部分修正,第六十五条第2款规定:"人民法院根据当事人的主张和案件审理情况,确定当事人应当提供的证据及其期限。当事人在该期限内提供证据确有困难的,可以向人民法院申请延长期限,人民法院根据当事人的申请适当延长。当事人逾期提供证据的,人民法院应当责令其说明理由;拒不说明理由或者理由不成立的,人民法院根据不同情形可以不予采纳该证据,或者采纳该证据但予以训诫、罚款。"

2. 医事证据交换

医事举证期限与医事证据交换有密切的关系。所谓医事证据交换,即人民法院在医患纠纷案件时,根据当事人的申请或对于证据较多及复杂疑难案件,于答辩期满后、开庭审理前在审判人员的主持下,医患双方之间相互明示其持有证据的行为或过程。

值得注意的是,为了防止所谓"当事人动嘴,法官跑腿""法官调查,律师阅卷"等严重违背民事诉讼规律的现象的发生,应当严格界定医患双方及其诉讼代理人因客观原因不能自行收集的证据范围。一般来讲,这部分证据包括:有关患者个人隐私方面的证据、有关重要案情的知情者拒不为当事人一方出庭作证的证人证言以及一方当事人需要通知的证人不在本地,需要法院委托调查取证的证据。

(二)医事质证

医事质证是指医患双方通过辨认、质疑、说明、辩论等方法,对提交到法庭的证明材料的真实性、关联性及合法性做出的判断,无异议的予以认可,有异议的当面提出质疑、询问和辩论的过程。医事质证是医患双方当事人反驳对方证据的重要手段,也是法官查证证据是否属实的必经程序,其关键在于由质证主体向提供证据的人就证据的真实性、关联性和合法性进行质疑、说明与辩驳。我国《民事诉讼法》第六十六条规定,"证据应当在法庭上出示,并由当事人质证。"由此确立了我国医事质证的基本内容。

(三)医事认证

医事认证,即对医事证据的认定,是法官在审判医患纠纷案件的过程中对证据进行审查评判、确认其证据能力和证明力的活动。认证是诉讼过程的重要阶段,它不仅是取证、举证和质证活动的归宿,也是审判活动的中心内容。

医事认证的主体只能是法官,因此,认证不同于对证据的审查判断。只要是使用证据的人,包括医患双方及其诉讼代理人对自己收集或者他人提供的证据都需要进行审查判断,但这些主体却不具有认证的职权,这些活动也不具有认证的效力。只有法官才能在庭审过程中对证据进行认证。

医事认证的对象是证据,而不是案件事实,它包括当事人自行收集或法院依职权调查收集的各类证据材料。

医事认证的内容,包括对证据材料的证据能力和证明力的认定,具体指证据材料客观性、关联性及合法性的认定。

四、医事证明对象

(一)概念

医患纠纷中的证明对象是证明主体证明活动所指向的客体,即需要运用证据予以证明的一切案件事实。

(二)医事证明对象的范围

1. 有关医患纠纷的实体法事实

有关医患纠纷的实体法事实就是能够引起医患纠纷产生、变更、消灭的事实。例如,医疗事故的事实、医疗侵权行为的事实等。作为医事证明对象的实体法事实一般可以分为以下三个层次:

(1)主要事实,又称为要件事实,是指由民事实体法规定的作为形成权利保护法律要件基本要素的事实。例如,基于医疗侵权行为而请求损害赔偿时,关于医方实施了侵权行为、给患者造成了损害后果、侵权行为与损害后果之间有因果关系、医方存在主观过错等事实就是该医疗侵权损害赔偿请求的主要事实。

(2)间接事实,即借助于经验规则、理论原理能够推断主要事实存在与否的事实。在诉讼实践中,有时很难获得足够的证据来直接证明主要事实是否存在,而需要通过证据来证实与该主要事实有关的另一些事实,并根据这些事实来推断主要事实,这些据以推断主要事实存在与否的事实,就属于间接事实。

(3)辅助事实,即能够明确证据的证据能力和证据力的事实,或者对证据能力和证据的可信性有影响的事实。例如,能证明鉴定人是当事人的配偶、朋友等事实。

2. 有关医患纠纷的程序法事实

程序法事实是指能够引起诉讼法律关系产生、变更、消灭等对解决诉讼程序问题具有法律意义的事实。医患纠纷中仍然存在需要证明的程序法事实。虽然程序法事实一般不直接涉及实体问题,但如不予以证明,就会影响诉讼程序的顺利进行。程序法事实大多数属于法院应依职权调查的事项,医患双方即使没有主张,法院也应主动予以查明。例如,本案当事人是否适格、法院对该医疗纠纷是否有管辖权、当事人是否有诉讼能力、诉讼代理人是否有代理权限、回避、诉讼期间的计算等。

(三)医事免证事实

免证事实是相对于待证事实而言的。医患纠纷中作为裁判根据的事实虽然经常要通过证据加以证明,但并非所有事实均须通过证据证明。所谓医事免证事实,是指不需要当事人承担举证责任即可以认定的事实。免除诉讼证明对于提高诉讼效率、避免诉讼拖延、降低诉讼成本具有重要的作用,是效率原则在诉讼证明中的重要体现。

根据我国《民事诉讼法》第六十九条规定,经过法定程序公证证明的法律事实和文书,人民法院应当作为认定事实的根据,但有相反证据足以推翻公证证明的除外。最高人民法院《民事证据规定》第八条第1款规定,诉讼过程中,一方当事人对另一方当事人陈述的案件事实明确表示承认的,另一方当事人无须举证;第9条规定,下列事实当事人无须举证证明:(一)众所周知的事实;(二)自然规律及定理;(三)根据法律规定或者已知事实和日常生活经验法则,能推定出的另一事实;(四)已为人民法院发生法律效力的裁判所确认的事实;(五)已为仲裁机构的生效裁决所确认的事实;(六)已为有效公证文书所证明的事实。根据有关法律的规定,医事免证事实分为以下五项:

1. 众所周知的事实

众所周知的事实即显著的事实,是指一定区域内具有一般知识的大多数人都知道的事实。因为该事实既然一般人知道,法官作为一般人的一部分,当然也知道;从诉讼经济的角度而言,不应当将人力、物力和时间用于证明大家都知晓的事实。所谓众所周知,也是相对而言,既要受地理范围的限制,也要受时间流逝的影响,因此法官在确定众所周知的事实时,应因地因时而异,不能绝对化。

2. 自然规律及定理

自然规律及定理具有科学性,其真实性已经经过了实践的多次检验,因此不用

重新证明。如万有引力定律、太阳从东边升起等。一般认为，自然规律和定理不允许当事人提出相反证据。对于审判人员不知晓的科学定理，主张的一方当事人应当进行解释，告诉审判人员可以从何处寻证，也无须证明。

3. 预决的事实

预决的事实是指人民法院生效裁判所确认的事实。预决的事实有预先决定的作用，除非出现新的证据或理由，否则法院应当对其予以确认。预决的事实之所以有预决效力，一方面是因为该事实在其他诉讼中已为法院所查明；另一方面是为了保持法院先后裁判之间的协调性，防止法院对同一事实的认定相互冲突，从而有损司法裁判的权威性。需要注意的是，预决的事实必须是未经审判监督程序审理的事实，如果已经审判监督程序改判，或者已启动审判监督程序正在审理，则原生效裁判所确认的事实不再有预决效力。

4. 法律规定的推定事实

推定，是指根据某一事实的存在而作出的另一事实存在的假定，前一事实称为基础事实，后一事实称为推定事实。基础事实得到证明，推定事实便可以直接确认。因此，根据已知事实而推出的另一事实，司法机关可以直接确认，不必作为证明对象。

在适用推定时必须遵守的首要原则是，允许对方当事人对推定事实加以反驳，也即允许对方当事人对推定事实进行伪证。推定作为一种根据事物间的联系作出的逻辑推断，具有一定的局限性。通过推定确认的事实，其真实程度具有盖然性，不可能百分之百符合客观真实。因此，为了克服推定存在的局限性，推定应当允许当事人提出反证，以保证推定正确的运用。

5. 公证证明的事实

所谓公证，是指应当事人的申请，具有公信权限的公证机构对法律行为、法律事实和文书的真实性、合法性进行证明的活动。根据《民事诉讼法》第六十五条和《关于适用〈民事诉讼法〉若干问题的意见》第七十五条的规定，公证证明的事实为无须举证的事实，同时，又规定有相反证据足以推翻的除外。可见，公证证明的事实是有条件的免证事实。值得注意的是，凡是主张为已有效公证文书所记载的事实的人，都负有向法院提交该公证文书的举证义务。

6. 当事人自认的事实

当事人自认的事实，简称为诉讼上的自认或裁判上的自认，或者直接简称为自认，指在诉讼中当事人一方就对方当事人所主张的案件事实表示承认或视为承认。最高人民法院《民事证据规定》以第八条为核心，结合第十三条、第六十七条、第七十

六条对明示自认、拟制自认、代理人的自认、自认的撤销、自认的效力及限制等作了规定,由此在我国民事诉讼制度中初步确立了自认制度。

(1) 自认的构成要件

第一,自认的主体是当事人,包括原告、被告和第三人,在当事人欠缺行为能力时,由其法定代理人代为诉讼,法定代理人所为自认效果与当事人所为一致。委托代理人所为自认,因其基于授权而实施诉讼行为,行为结果由本人承受,故代理人的自认行为视为本人的自认,但当事人及时撤回的除外。

第二,自认的对象是案件事实。首先,自认是指一方当事人对于另一方当事人主张的案件事实加以承认,因而其对象是案件事实,不包括诉讼请求、证据和法律适用。对方当事人关于适用和解释法律的陈述,不能成为自认的对象,因为如何适用和解释法律,应由法官予以判断,是法官职权范围内的事,而当事人对法律的认同不能拘束法院。其次,作为承认对象的案件事实,应限于主要事实,对于间接事实或辅助事实的承认,不能产生自认的效力,因为如果承认间接事实、辅助事实也能够成为自认的对象,就会与"高度盖然性说"所确定的法官自由裁量权相抵触。最后,自认对象不要求必须为不利事实。对于诉讼案件而言,是否不利是相对的,同一问题既有可能对当事人有利,也可能对当事人不利,将这种主观判断的问题交由法官来加以判断缺乏实际可操作性;而且根据辩论原则,法院应以当事人之间无争议的事实作为裁判基础,当事人的自认事实之所以能作为裁判基础,是基于当事人对事实认识的一致性,而非事实本身的真实性,因此,自认对象不要求必须为不利事实。

第三,自认只能发生在诉讼过程中,即在起诉为法院受理后至辩论终结前在审判人员面前以言词或书状做出。在诉讼程序以外的自认,一般是将其作为传闻证据,不具有诉讼上自认对法院的拘束力。

(2) 自认的法律效力

最高人民法院《民事证据规定》第八条规定:诉讼过程中,一方当事人对另一方当事人陈述的案件事实明确表示承认的,另一方当事人无须举证。但涉及身份关系的案件除外。对一方当事人陈述的事实,另一方当事人既未表示承认也未否认,经审判人员充分说明并询问后,其仍不明确表示肯定或者否定的,视为对该项事实的承认。由此可以看出,在我国,当事人的自认可以使对方当事人免除就该事实的举证责任,成为免于证明的事实,从而对自认的当事人及法院也发生相应的约束力。

对当事人而言,一方面,诉讼上的自认具有免除对方当事人举证责任的效力,即主张该事实的对方当事人无须举证证明该事实。另一方面,作出自认的一方当事人也应受其自认的约束,除有法律规定的情形外,不得任意地予以撤回。

对法院而言,当事人的自认一般应具有拘束法院的效力,法院应当对自认的事实予以认定,并将其作为裁判的基础。

五、证据规则

(一)概念

所谓证据规则,即关于诉讼过程中取证、举证、质证、认证活动的法律规范和准则,它是确认证据的范围、证据的使用、调整和约束证明行为的法律规范的总称。

(二)医事证据能力规则

1. 医事证据能力的概念

医事证据能力,即医事证据的证据资格或其适格性,是指一定的事实材料作为医患诉讼纠纷证据的法律上的资格,或者说是指证据材料能够被法院采信,作为认定案件事实依据所应具备的法律上的资格。

由于"证据能力,法律上殊少为积极的规定,一般仅消极的就无证据能力或其能力限制之情形加以规定。故证据能力所应研究者,并非证据能力本身之问题,乃证据能力之否定或限制之问题。"因此,证据能力规则多为否定性排除规则。这就是说,各国证据法一般不列举哪些事实和材料可采纳为证据,而只就哪些事实和材料不能作为证据或依法应当受到限制做出明确规定。通过这种排除规则尽管可以将一些无关的、多余的、容易被夸大的证据材料排除出法庭调查之外,在一定程度上保障了诉讼证明中证据的可靠性;但排除规则终究是以规则取代了法官个人的理性判断,因而不可避免地带有"一刀切"的机械性的弊端。更重要的是,过多的排除规则使得众多能够证明案件事实的证据资料被排除在作证范围之外,"使得审判上可用之证据大为减少,因而影响司法职务之执行。"

2. 我国民事诉讼法有关证据能力的规则

尽管民事诉讼法对民事诉讼证据能力无限制规定,然而在诉讼实践中,却并非一切事实和材料都具有民事诉讼证据能力。法律要求民事诉讼证据必须同时具备关联性、客观性及合法性。围绕着上述要求,我国诉讼法确立了以下证据能力规则:

(1)证人资格规则。《民事诉讼法》第七十二条第2款规定,不能正确表达意思的人,不能作证。《证据规定》第五十三条进一步规定,不能正确表达意志的人,不能作为证人。待证事实与其年龄、智力状况或者精神健康状况相适应的无民事行为能力人和限制民事行为能力人,可以作为证人。(2)非法证据排除规则。在医患纠纷中,非法证据主要是指医患双方及其诉讼代理人以非法的方式、手段所搜集的证据。

对于非法证据应否排除的问题,《民事诉讼法》并未规定,而《民事证据规定》则规定,以侵害他人合法权益或者违反法律禁止性规定的方法取得的证据,不能作为认定案件事实的依据。因而在实践中,以侵犯患者或一方合法权益而取得的证据,不具有证据能力。(3)证据须经过质证的规则。(4)限期举证规则。(5)调解或和解中对事实的认可不得作为对其不利的证据的规则。(6)证据能力受限制的规则。医事证据能力也应当遵守上述规则。

(三)医事证据证明力规则

1. 证明力的概念

证据的证明力,又称为证据价值、证据力,是指证据对于案件事实的证明作用的大小或强弱。证据之间证明力的差异是客观存在的,这是由证据各自的特性及其与案件待证事实之间的关系的不同所决定的。证明力与证据能力既相互联系又相互区别。证据能力是指是否具有证明案件事实的资格,而证明力是指证据在多大程度上对案件事实起到证明的作用。

2. 我国法律有关医事证据证明力的规定

我国法律有关医事证据证明力的规定适用《民事诉讼法》及《民事证据规定》等规范。原则上来说,我国对于医事证据证明力的审查判断,实际上是由法官基于审理活动获得的证据和法庭调查与辩论的全部情况依照有关规定,形成对案件事实的确信,并据此去认定案件事实的。为了给法官审查、判断证据时提供指导,有关司法解释对证据的运用和证据证明力的判断作出了一些具体规定,主要包括:

(1)涉及证明力有无的规则。即证据在特定情形下是否具有证明力并且予以确认的证据规则。

(2)涉及证明力大小的规则。是指对不同证据之间的证明力大小进行比较并且予以确认的证据规则。如《民事证据规定》第七十七条规定:国家机关、社会团体依职权制作的公文书证的证明力一般大于其他书证;物证、档案、鉴定结论、勘验笔录或者经过公证、登记的书证,其证明力一般大于其他书证、视听资料和证人证言;原始证据的证明力一般大于传来证据;直接证据的证明力一般大于间接证据;证人提供的对与其有亲属或者其他密切关系的当事人有利的证言,其证明力一般小于其他证人证言。

(3)涉及证明力优先顺序的规则。包括两种情形:一是证明力大小优先规则,即应当优先采信证明力强的证据。二是同等证明力优先规则,是指在具有同等证明力的情况下,一种证据比另一种证据具有采信的优先性。如《民事诉讼法》第七十条规定:书证应当提交原件。物证应当提交原物。提交原件或者原物确有困难的,可以提交复制品、照片、副本、节录本。这就确认了原件的证明力优先规则。

第三节 医事书证

一、医事书证的概念和特征

(一)概念

书证是指以文字、符号、图形等方式记载的内容来证明案件事实的文件或其它物品,从定义上看,广义的书证包括了录音、录像、多媒体图像、电子数据内容等,但由于我国法律明确规定了视听资料和电子数据等证据形式,因此除此之外的其它书证,可以称之为狭义的书证。

医事书证是书证的一种,是在医事活动中形成的、以其记载内容对医事争议的相关事实具有证明意义的证据类型。

(二)医事书证的特征

1. 内容上的专业性

医事书证的内容大多具有医学专业性,常常是对问诊、查体、辅助检查、诊断、诊疗、护理、康复等医疗行为及其后果的记录。因此,医事书证的生成过程需要以医学专业知识为基础,遵循国家制定或行业公认的相应规范。同时,司法人员在诉讼中审查和判断医事书证的证明力时,常常需要鉴定人、诉讼辅助人等专业人员的辅助。

2. 证明上的直接性

医事书证作为证明医事争议案件事实的依据,具有直接性的特点。这与医事物证形成重要区别。医事物证需要通过鉴定、勘验等方式来体现其证明力,因此,一般不能直接证明案件事实,在医疗纠纷中往往作为间接证据出现。而医事书证的内容与待证事实直接相关,有些直接证明了法律关系的产生、变更和消灭,如门诊记录、挂号单等,有些则伴随案件事实而发生,如病历、处方单等,只要进行适当的分析,就可以作为直接证据使用。

3. 保存上的稳定性

就本身而言,医事书证的内容一经固定,就具有较强的稳定性,不像证人证言或当事人陈述等容易发生变化;就保存而言,医疗机构应当按照《医疗机构病历管理规定》《医疗机构管理条例》等法规以及内部管理制度,由医院病案室等专门机构对相

关医事书证进行较长期限的保存,如门诊病历需保管 15 年,住院病历需保管 30 年等。医疗机构对医事书证保管的严格性进一步加强了保存上的稳定性。

二、医事书证的类型

(一)医事处分性书证和医事报道性书证

根据内容的性质和功能不同,可以将医事书证分为医事处分性书证和医事报道性书证。

医事处分性书证是指设立、变更或终止某一法律关系为目的的医事书证,包括挂号单、各类知情同意书等;医事报道性书证是指记载某事实而不以产生一定法律关系为目的的医事书证,如病历、诊断书、病理切片、出院(转院)证明等。

(二)医事原生书证和医事派生书证

根据制作方法和内容来源不同,可以将医事书证分为医事原生书证和医事派生书证。

医事原生书证是指作为最初制作的原始文书的书证,是制作人以书写、描绘、打印等方式直接将内容记录到纸张等载体上而形成的医事书证,包括原件、原本、底本、正本等。医事派生书证是指在原始文书基础上,制作人通过复印、描写、抄录、誊写等方法制作而形成的医事书证,包括副本、抄本、节录本、复印件、影印件等。

(三)医事文书和医事文献

根据在实践中形成阶段的不同,医事书证可以分为医事文书和医事文献。

医事文书是指在医事活动中,由医疗行为产生的、因医疗行为获得的以及记录医疗活动的各类书证。包括病历、医疗证明、工作记录、处方、领血单、传染病报告卡、收费清单等各类医事文书。医事文书可以直接作为书证使用。一般来说,我们探讨的医事书证常常与医事文书同义。

医学文献是指人们将医学科学领域的知识、信息经过选择、分析、综合、研究、记录和存储在一定的载体上加工而成的文献,医学文献可以成为书证,但并不是都能成为书证。一般认为,在具体的医疗案件中,可作为证据使用的医学文献包括:

1. 医疗技术规范

国家卫生行政机构或医疗行业协会(学会)制定诊疗技术规范和诊疗常规。如卫生部制定的《临床输血技术规范》和《医疗机构消毒技术规范》(2012 版)、国家药典委员会制定的《中华人民共和国药典》(2010 版)等技术规范。医疗技术规范可作为判定医疗行为是否存在技术过错的证据。

2. 医学教材

主要是指国家卫生行政机构规划(统编)的权威教材。对于医学领域已经达成共识的理论和观点,并已经过反复的实践检验具有较强的稳定性和可靠性,经人民法院查证属实可以作为书证使用。

其他文献如医学期刊杂志上发表的医学论文、研究综述、研究报告等多带有研究和探索性质,其观点与方法并不是医学领域公认的,一般不能作为书证使用。

三、医事书证的制作

(一)医事书证的制作主体

医事书证是医疗机构及其医务人员在其特定工作岗位上依法定职责而形成的记载。依照《执业医师法》第二十三条的规定,医师有义务签署有关医学证明文件。《病历书写基本规范》第二条也规定:病历书写是指医务人员通过问诊、查体、辅助检查、诊断、治疗、护理等医疗活动获得有关资料,并进行归纳、分析、整理形成医疗活动记录的行为。《侵权责任法》第六十一条则进一步明确了医疗机构的生成义务,规定:医疗机构及其医务人员应当按照规定填写并妥善保管住院志、医嘱单、检验报告、手术及麻醉记录、病理资料、护理记录、医疗费用等病历资料。因此,医事书证的生成和制作主体是医疗机构及其医务人员。

(二)医事书证制作的基本要求

1. 真实

医事书证的制作原则上应该与医疗过程同步,应当是从原始的医疗活动中获取的资料,或者是对相关资料进行归纳、分析、整理形成的真实记录,医事文书的书写应当准确无误,字迹工整清楚,表述明确,标点正确。

法律严禁涂改、伪造、隐匿、销毁、篡改等使医事书证失真的行为。《执业医师法》第二十三条明确规定,医师必须亲自诊查、调查,并按照规定及时填写医学文书,不得隐匿、伪造或者销毁医学文书及有关资料。《医疗事故处理条例》第八条也规定,严禁涂改、伪造、隐匿或者抢夺病历资料。当医事书证失真时,根据《侵权责任法》第五十八条的规定,应当直接推定医疗机构存有过错。

2. 规范

首先,制作主体的规范化。病历应当按照规定的内容书写,并由相应医务人员签名。实习医务人员、试用期医务人员书写的病历,应当经过本医疗机构注册的医务人员审阅、修改并签名。进修医务人员由医疗机构根据其胜任本专业工作实际情

况认定后书写病历。打印病历应当按照规范内容录入并及时打印,由相应医务人员手写签名。

其次,修改的规范化。病历书写过程中出现错字时,应当用双线划在错字上,保留原记录清楚、可辨,并注明修改时间,修改人签名。不得采用刮、粘、涂等方法掩盖或去除原来的字迹。

再次,书写的规范化。病历书写应当使用蓝黑墨水、碳素墨水,需复写的病历资料可以使用蓝或黑色油水的圆珠笔。计算机打印的病历应当符合病历保存的要求。病历书写应当使用中文,通用的外文缩写和无正式中文译名的症状、体征、疾病名称等可以使用外文。病历书写应规范使用医学术语,文字工整,字迹清晰,表述准确,语句通顺,标点正确。病历书写一律使用阿拉伯数字书写日期和时间,采用24小时制记录。

最后,内容的规范化。医事文书的内容应当符合规范化要求,如《医疗机构病历管理规定》第十一条至第三十条分别对一般病历书写和住院病历书写做出了详细的规定。

3. 及时

医事书证的制作和生成应当符合法律规定的时间要求。这一方面是为了保证医疗活动和行为的如实记录,为下一个阶段的医疗行为提供依据,另一方面,也是为了避免篡改、伪造等失真行为的发生。常见的医事书证制作时间包括:

(1)入院记录、再次或多次入院记录应当于患者入院后24小时内完成;24小时内入出院记录应当于患者出院后24小时内完成,24小时内入院死亡记录应当于患者死亡后24小时内完成。

(2)首次病程记录应当在患者入院8小时内完成。

(3)主治医师首次查房记录应当于患者入院48小时内完成。

(4)接班记录应当由接班医师于接班后24小时内完成。

(5)转入记录由转入科室医师于患者转入后24小时内完成。

(6)因抢救急危患者,未能及时书写病历的,有关医务人员应当在抢救结束后6小时内据实补记,并加以注明。

(7)常规会诊意见记录应当由会诊医师在会诊申请发出后48小时内完成,急会诊时会诊医师应当在会诊申请发出后10分钟内到场,并在会诊结束后即刻完成会诊记录。

(8)手术记录应当在术后24小时内完成。

(9)出院记录应当在患者出院后24小时内完成。

(10)死亡记录应当在患者死亡后24小时内完成。

(11)死亡病例讨论记录是指在患者死亡一周内,由科主任或具有副主任医师以上专业技术职务任职资格的医师主持完成。

在法律规定的时限内未能完成医事文书的制作的,应当认为医疗机构存有过失,承担相应法律责任。

4. 完整

病历制作应当完整。在医疗过程中,应当注意随时收集应有的检查资料,使病历保持完整,一方面能够更全面地反映患者的诊疗过程,另一方面可以使医方在纠纷发生后举证更加容易。现实工作中,病历书写的完整性常常存在各种问题,比如缺检查报告单、检查异常报告单、无病程记录、护理记录项目填写不全、入院或出院记录空白缺项、缺失麻醉前后随访、各种委托书、协议书等。

四、医事书证的保管

(一)保管的主体

医事书证保管的主体原则上为医疗机构。《侵权责任法》第六十一条规定,医疗机构及其医务人员应当按照规定填写并妥善保管住院志、医嘱单、检验报告、手术及麻醉记录、病理资料、护理记录、医疗费用等病历资料。

但在实践中,患者也可以作为保管的主体。如按照《医疗机构病历管理规定》的规定,门(急)诊病历原则上由患者负责保管。医疗机构建有门(急)诊病历档案室或者已建立门(急)诊电子病历的,经患者或者其法定代理人同意,其门(急)诊病历可以由医疗机构负责保管。住院病历由医疗机构负责保管。这样的规定主要是考虑医院的保管能力以及患者就医方便等因素。但考虑到住院病历的重要性和复杂性,仍然由医疗机构负责保管。

(二)保管的方式

1. 期限

(1)病历的保存期限。医疗机构的门(急)诊病历保存期限不得少于15年,自患者最后一次就诊之日起计算;住院病历的保存期不得少于30年,自患者最后一次住院出院之日起计算。

(2)其它医事文书的保存期限。按照《处方管理办法》的规定,普通处方、急诊处方保存期限为1年,医疗用毒性药品、第二类精神药品处方保存期限为2年,麻醉药品和第一类精神药品处方保存期限为3年。医疗机构应当根据麻醉药品和精神药品处方开具情况,按照麻醉药品和精神药品品种、规格对其消耗量进行专册登记,登

记内容包括发药日期、患者姓名、用药数量。专册保存期限为3年。按照《临床输血技术规范》的规定,输血科(血库)要认真做好血液出入库、核对、领发的登记,有关资料需保存十年。按照《手术安全核查制度》规定,住院患者的《手术安全核查表》应归入病历中保管,非住院患者的《手术安全核查表》由手术科室负责保存1年。

2. 管理

(1)医疗机构应当依法规范管理医事书证,建立管理制度。医疗机构及其医务人员应当按照《病历管理规定》《病历书写基本规范》等规定,规范书写并妥善保管病历资料,采取有效措施防治病历遗失、损毁、被抢等。医疗机构应当建立健全病历管理制度,设置病案管理部门或者配备专(兼)职人员,负责病历和病案管理工作。医疗机构还应当建立病历质量定期检查、评估与反馈制度。医疗机构医务部门负责病历的质量管理。

(2)病历的保管应当规范、谨慎。门(急)诊病历由患者保管的,医疗机构应当将检查检验结果及时交由患者保管。门(急)诊病历由医疗机构保管的,医疗机构应当在收到检查检验结果后24小时内,将检查检验结果归入或者录入门(急)诊病历,并在每次诊疗活动结束后首个工作日内将门(急)诊病历归档。患者住院期间,住院病历由所在病区统一保管。因医疗活动或者工作需要将住院病历带离病区时,应当由病区指定的专门人员负责携带和保管。医疗机构应当在收到住院患者检查检验结果和相关资料后24小时内归入或者录入住院病历。患者出院后,住院病历由病案管理部门或者专(兼)职人员统一保存、管理。

(3)医事文书的外借和查阅应依法进行。除为患者提供诊疗服务的医务人员,以及经卫生计生行政部门、中医药管理部门或者医疗机构授权的负责病案管理、医疗管理的部门或者人员外,其他任何机构和个人不得擅自查阅患者病历。其他医疗机构及医务人员因科研、教学需要查阅、借阅病历的,应当向患者就诊医疗机构提出申请,经同意并办理相应手续后方可查阅、借阅。查阅后应当立即归还,借阅病历应当在3个工作日内归还。查阅的病历资料不得带离患者就诊医疗机构。

(4)医事文书所记载的患者隐私受法律保护。医疗机构及其医务人员应当严格保护患者隐私,禁止以非医疗、教学、研究目的泄露患者的病历资料。

(5)医事文书应依法进行封存和启封。发生医疗事故争议时,死亡病例讨论记录、疑难病例讨论记录、上级医师查房记录、会诊意见、病程记录应当在医患双方在场的情况下封存和启封。封存的病历资料可以是复印件,由医疗机构保管。在依法需要封存病历时,应当在医疗机构或者其委托代理人、患者或者其代理人在场的情况下,对病历共同进行确认,签封病历复制件。医疗机构申请封存病历时,医疗机构应当告知患者或者其代理人共同实施病历封存；但患者或者其代理人拒绝或者放弃实施病历封存的，医疗机构可以在公证机构公证的情况下，对病历进行确认，由公证机构签封病历复制件。医疗机构负责封存病历复制件的保管。开启封存病历应当在签封各方在场的情况下实施。

五、医事书证获取的程序

(一) 申请复印、复制的程序

医疗机构应当指定部门或者专（兼）职人员负责受理复制病历资料的申请。受理申请时，应当要求申请人提供有关证明材料，并对申请材料的形式进行审核，主要包括：(1) 申请人为患者本人的，应当提供其有效身份证明；(2) 申请人为患者代理人的，应当提供患者及其代理人的有效身份证明，以及代理人与患者代理关系的法定证明材料和授权委托书；(3) 申请人为死亡患者法定继承人的，应当提供患者死亡证明、死亡患者法定继承人的有效身份证明，死亡患者与法定继承人关系的法定证明材料；(4) 申请人为死亡患者法定继承人代理人的，应当提供患者死亡证明、死亡患者法定继承人及其代理人的有效身份证明，死亡患者与法定继承人关系的法定证明材料，代理人与法定继承人代理关系的法定证明材料及授权委托书。

医疗机构受理复制病历资料申请后，由指定部门或者专（兼）职人员通知病案管理部门或专（兼）职人员，在规定时间内将需要复制的病历资料送至指定地点，并在申请人在场的情况下复制；复制的病历资料经申请人和医疗机构双方确认无误后，加盖医疗机构证明印记。

(二) 诉讼中的医事文书提交程序

医事书证是医疗纠纷中的重要证据，尽管通过复制等方式可以查阅并保存医事文书，但仍然有可能在诉讼中发现，一些可作为书证的文书还在医疗机构控制之下。根据《最高人民法院关于适用〈中华人民共和国民事诉讼法〉的若干解释》的规定，医事书证可以通过向法院申请文书提出命令的方式要求医疗机构提供。书证在对方当事人控制之下的，承担举证证明责任的当事人可以在举证期限届满前书面申请人民法院责令对方当事人提交。申请理由成立的，人民法院应当责令对方当事人提交，因提交书证所产生的费用，由申请人负担。对方当事人无正当理由拒不提交的，人民法院可以认定申请人所主张的书证内容为真实。持有书证的当事人以妨碍对方当事人使用为目的，毁灭有关书证或者实施其他致使书证不能使用行为的，人民法院可以依法对其处以罚款、拘留。

思考与练习题：

1. 医事证据的基本属性和特征是什么？
2. 医事证明规则有哪些？
3. 医事书证制作的基本要求是什么，如何理解？
4. 医事书证的保管应注意哪些事项？
5. 结合本章所学，谈谈你对其他种类的医事证据（如证人证言、物证、电子数据等）的认识。

（重庆医科大学　冯磊）

第十章 医疗损害司法鉴定

学习目标

掌握：医疗损害司法鉴定的概念及内容；司法鉴定的概念及特点
熟悉：医疗损害司法鉴定的一般程序；司法鉴定意见的审查内容
了解：司法鉴定机构及司法鉴定人管理法律制度

第一节 医疗损害司法鉴定概述

一、司法鉴定

(一)基本概念

1. 司法鉴定的概念

(1)广义的司法鉴定

是指在争议解决过程中，鉴定人运用科学技术或者专门知识对争议解决中涉及的专门性问题进行鉴别和判断并提供鉴定意见的活动。

(2)狭义的司法鉴定

是指在诉讼活动中，鉴定人运用科学技术或者专门知识对诉讼中涉及的专门性问题进行鉴别和判断并提供鉴定意见的活动。

(3)立法定义

2005年2月28日第十届全国人民代表大会常务委员会第十四次会议通过《全国人民代表大会常务委员会关于司法鉴定管理问题的决定》(以下简称《决定》)对司法鉴定概念进行了立法界定，将司法鉴定活动限定在诉讼过程中：司法鉴定是指在诉讼活动中鉴定人运用科学技术或者专门知识对诉讼涉及的专门性问题进行鉴别和判断并提供鉴定意见的活动。

2. 司法鉴定人的概念

司法鉴定人是在诉讼活动中,依法接受委托对诉讼涉及的专门性问题进行鉴别和判断并提出鉴定意见的自然人。

因此,司法鉴定人必须具有解决案件中所涉及的专门性问题的能力,必须掌握相当的科学技术或者专门知识并取得《司法鉴定人执业证》,经省级司法行政机关审核登记;按照登记的司法鉴定执业类别,从事司法鉴定业务等。

3. 司法鉴定意见的概念

司法鉴定意见是司法鉴定人对鉴定中的专门性问题进行鉴别判断后的结论性意见,是司法鉴定人作为个人的认识和判断,表达的只是司法鉴定人个人的意见,鉴定意见是法定的证据种类之一,必须符合证据的要求。

(二) 司法鉴定的特点

1. 司法鉴定是在诉讼活动中进行的科学技术活动;在我国,诉讼活动主要包括刑事诉讼、民事诉讼和行政诉讼三种,因此,《决定》规定的司法鉴定仅指在以上三种诉讼活动中所进行的鉴定。其他非诉讼性鉴定,不属于司法鉴定。

2. 司法鉴定是为了解决案件中涉及的专门性问题;

3. 司法鉴定的主体是司法鉴定人;

4. 司法鉴定的方法是运用科学技术或者专门知识进行检验、鉴别和判断;

5. 司法鉴定的结果是司法鉴定人应当提供司法鉴定意见。

(三) 司法鉴定的基本原则

1. 依法鉴定原则

是指司法鉴定从程序到实体,从形式到内容,从技术手段到技术标准都必须严格遵守国家法律、法规的规定,违法鉴定意见不得作为证据使用的原则。

(1) 鉴定程序严格遵守《司法鉴定程序通则》、诉讼法及其他相关法律法规的规定,包括司法鉴定的申请、委托、受理、实施、补充鉴定、重新鉴定等各个环节。

(2) 司法鉴定机构必须经过国家司法鉴定的主管部门批准和授权或经司法机关临时指聘。

(3) 鉴定客体(对象)仅限于案件中经过法律或法定程序确认的某些专门性问题,鉴定对象的来源(含提取、保存、运输、监督等)必须合法。

(4) 鉴定主体必须是取得司法鉴定许可证的鉴定机构和具有司法鉴定人执业资格的自然人。

(5) 鉴定活动属于以科学技术手段核实证据的诉讼参与活动,鉴定标准要符合法定标准。

(6)鉴定意见主要表现为司法鉴定文书必须具备法律规定的格式和内容。鉴定意见是法定的证据种类之一,必须符合证据要求。

2. 尊重科学客观原则

司法鉴定客观性原则是指鉴定意见的真实性和公正性。主要体现在:

(1)司法鉴定必须遵守法定程序,自觉接受法律监督,这是坚持鉴定活动客观性的法律保障;

(2)司法鉴定必须坚持科学方法和技术标准,这是坚持鉴定意见客观性的科学保障。

3. 独立鉴定原则

司法鉴定人应当独立行使鉴定权,不受任何干预,以确保鉴定意见的客观性、公正性。

一方面,鉴定意见作为诉讼中的证据种类之一,实质上是一种个人意见,是鉴定人凭借其专门知识对某个问题作出的一种认识和判断,鉴定意见是否客观正确,取决于鉴定人自己的科学技术水平和判断能力,应当由鉴定人自己负责,鉴定意见实行司法鉴定人负责制;

另一方面,为了保障鉴定人根据科学技术进行鉴定,必须防止权势、人情和金钱的干扰,坚持鉴定人独立地进行鉴定的原则。

4. 鉴定中立原则

是指鉴定机构和司法鉴定人在鉴定过程中必须站在科学技术的客观立场上,不偏向诉讼主体的任何一方。主要表现在两个方面:

(1)鉴定活动中应当依照有关诉讼法律和《司法鉴定程序通则》规定实行回避;司法鉴定人不得直接介入侦查、检察活动;

(2)实施鉴定仅对案件中专门性问题的科学性、真实性负责,了解案情要全面客观,而不对委托方负责。

5. 鉴定公开原则

鉴定公开主要是对鉴定活动方式而言,包括鉴定项目公开,鉴定收费标准公开,鉴定方法、手段、标准的公开,鉴定程序公开,鉴定人姓名公开等。

(四)司法鉴定的分类

依据《决定》分类:

1. 法医类鉴定,包括法医病理鉴定、法医临床鉴定、法医精神病鉴定、法医物证

鉴定和法医毒物鉴定。

2. 物证类鉴定,包括文书鉴定、痕迹鉴定和微量鉴定。

3. 声像资料鉴定,包括对录音带、录像带、磁盘、光盘、图片等载体上记录的声音、图像信息的真实性、完整性及其所反映的情况过程进行的鉴定和对记录的声音、图像中的语言、人体、物体作出种类或者同一认定。

4. 根据诉讼需要由国务院司法行政部门和最高人民法院、最高人民检察院确定的其他应当对鉴定人和鉴定机构实行登记管理的鉴定事项。

二、医疗损害司法鉴定

医疗损害司法鉴定,是依法解决医疗纠纷的重要手段。为正确审理医疗损害责任纠纷案件,对医疗行为进行科学、公正的评判,开展医疗损害司法鉴定在维护医患双方合法权益、推动构建和谐医患关系、促进医学发展等方面起着至关重要的作用。

(一)医疗损害司法鉴定的概念

医疗损害司法鉴定是指人民法院在审理医疗损害赔偿民事诉讼案件中,依职权或应医患纠纷任何一方当事人的请求,委托具有专门知识的人对医方有无医疗过错以及患方所诉医疗损害结果与医疗过错有无因果关系等专门性问题进行分析、判断并提供鉴定意见的活动。

(二)医疗损害司法鉴定的内容

根据《最高人民法院关于审理医疗损害责任纠纷案件适用法律若干问题的解释》规定,下列专门性问题可以作为申请医疗损害鉴定的事项:

1. 实施诊疗行为有无过错;
2. 诊疗行为与损害后果之间是否存在因果关系以及原因力大小;
3. 医疗机构是否尽到了说明义务、取得患者或者患者近亲属书面同意的义务;
4. 医疗产品是否有缺陷、该缺陷与损害后果之间是否存在因果关系以及原因力的大小;
5. 患者损伤残疾程度;
6. 患者的护理期、休息期、营养期;
7. 其他专门性问题。

(三)医疗损害司法鉴定的特点

1. 具有中立性、法律性、客观性的性质。
2. 只能对诉讼过程中涉及的医疗损害专门事实问题进行鉴定,不能进行法律评价。

3. 鉴定机构具有中立性,各鉴定机构之间没有隶属关系,鉴定机构接受委托,依法在其业务范围内从事司法鉴定业务,不受地域限制。具有一定的程序公信力。

4. 实行鉴定人负责制。鉴定人应当独立进行鉴定,对鉴定意见负责并在鉴定书上签名。多人参加的鉴定,对鉴定意见有不同意见的,应当注明。

5. 鉴定程序的透明性。依据司法部下发的《司法鉴定程序通则》。

6. 作为诉讼证据的司法鉴定意见是法定的证据种类,具备证据能力和证明力。

(四)医疗损害司法鉴定的一般程序

医疗损害司法鉴定遵循《司法鉴定程序通则》规定,由司法鉴定启动、受理、实施和后续程序四部分组成。司法鉴定的启动包括司法鉴定的申请、决定和委托三个环节。后续程序包括补充鉴定和重新鉴定。

1. 申请

根据《最高人民法院关于审理医疗损害责任纠纷案件适用法律若干问题的解释》规定,当事人依法申请对医疗损害责任纠纷中的专门性问题进行鉴定,人民法院对诉讼涉及的专门性问题认为需要鉴定的,应依职权委托鉴定。

2. 决定

人民法院决定是否准许。

3. 委托

(1)委托鉴定的主体

当事人申请医疗损害鉴定的,由双方当事人协商确定鉴定人。当事人就鉴定人无法达成一致意见,人民法院提出确定鉴定人的方法,当事人同意的,按照该方法确定;当事人不同意的,由人民法院指定。鉴定人应当从具备相应鉴定能力、符合鉴定要求的专家中确定。

根据《医疗纠纷预防和处理条例》规定,医疗损害鉴定专家库由设区的市级以上人民政府卫生、司法行政部门共同设立。专家库应当包含医学、法学、法医学等领域的专家。聘请专家进入专家库,不受行政区域的限制。

(2)鉴定材料

委托医疗损害鉴定的,当事人应当按照要求提交真实、完整、充分的鉴定材料。提交的鉴定材料不符合要求的,人民法院应当通知当事人更换或者补充相应材料。委托人应当对鉴定材料的真实性、合法性负责。

在委托鉴定前,人民法院应当组织当事人对鉴定材料进行质证。

(3)委托鉴定书

委托鉴定书,应当有明确的鉴定事项和鉴定要求。鉴定人应当按照委托鉴定的事项和要求进行鉴定。

4. 受理

司法鉴定机构依据《司法鉴定程序通则》的相关规定决定是否受理。

5. 实施

根据《医疗纠纷预防和处理条例》规定,司法鉴定机构开展医疗损害鉴定,应当执行规定的标准和程序,尊重科学,恪守职业道德,对出具的医疗损害鉴定意见负责,不得出具虚假鉴定意见。

(1)鉴定主体

司法鉴定机构接受委托从事医疗损害鉴定,应当由鉴定事项所涉专业的临床医学、法医学等专业人员进行鉴定;司法鉴定机构没有相关专业人员的,应当从医疗损害鉴定专家库中抽取相关专业专家进行鉴定。

(2)回避程序

咨询专家、鉴定人员有下列情形之一的,应当回避,当事人也可以以口头或者书面形式申请其回避:①是医疗纠纷当事人或者当事人的近亲属;②与医疗纠纷有利害关系;③与医疗纠纷当事人有其他关系,可能影响医疗纠纷公正处理。

(3)鉴定材料

司法鉴定机构和司法鉴定人在鉴定过程中应当严格依照技术规范保管和使用鉴定材料,严重不负责任造成鉴定材料损毁、遗失的,应当依法承担责任。

医疗损害鉴定机构不得接受医患单方提供的、未经委托人确认或者未经双方当事人认可的任何鉴定材料。

(4)医疗损害鉴定一般应当组织召开鉴定陈述会。

(5)鉴定时限

司法鉴定机构应当自司法鉴定委托书生效之日起三十个工作日内完成鉴定。鉴定事项涉及复杂、疑难、特殊技术问题或者鉴定过程需要较长时间的,经本机构负责人批准,完成鉴定的时限可以延长,延长时限一般不得超过三十个工作日。鉴定时限延长的,应当及时告知委托人。司法鉴定机构与委托人对鉴定时限另有约定的,从其约定。在鉴定过程中补充或者重新提取鉴定材料所需的时间,不计入鉴定时限。

(6)鉴定意见

司法鉴定机构作出的医疗损害鉴定意见应当载明并详细论述下列内容：①是否存在医疗损害以及损害程度；②是否存在医疗过错；③医疗过错与医疗损害是否存在因果关系；④医疗过错在医疗损害中的责任程度。

根据《最高人民法院关于审理医疗损害责任纠纷案件适用法律若干问题的解释》规定，对医疗机构及其医务人员的过错，应当依据法律、行政法规、规章以及其他有关诊疗规范进行认定，可以综合考虑患者病情的紧急程度、患者个体差异、当地的医疗水平、医疗机构与医务人员资质等因素。鉴定意见可以按照导致患者损害的全部原因、主要原因、同等原因、次要原因、轻微原因或者与患者损害无因果关系，表述诊疗行为或者医疗产品等造成患者损害的原因力大小。

6．出庭质证

根据《最高人民法院关于审理医疗损害责任纠纷案件适用法律若干问题的解释》规定，鉴定意见应当经当事人质证。当事人申请鉴定人出庭作证，经人民法院审查同意，或者人民法院认为鉴定人有必要出庭的，应当通知鉴定人出庭作证。双方当事人同意鉴定人通过书面说明、视听传输技术或者视听资料等方式作证的，可以准许。鉴定人因健康原因、自然灾害等不可抗力或者其他正当理由不能按期出庭的，可以延期开庭；经人民法院许可，也可以通过书面说明、视听传输技术或者视听资料等方式作证。无前款规定理由，鉴定人拒绝出庭作证，当事人对鉴定意见又不认可的，对该鉴定意见不予采信。

(四)法律责任

根据《医疗纠纷预防和处理条例》规定，司法鉴定机构出具虚假医疗损害鉴定意见的，由县级以上人民政府卫生、司法行政部门依据职责没收违法所得，并处5万元以上10万元以下罚款，对该医学会、司法鉴定机构和有关鉴定人员责令暂停3个月以上1年以下医疗损害鉴定业务，对直接负责的主管人员和其他直接责任人员给予或者责令给予降低岗位等级或者撤职的处分；情节严重的，该医学会、司法鉴定机构和有关鉴定人员5年内不得从事医疗损害鉴定业务或者撤销登记，对直接负责的主管人员和其他直接责任人员给予或者责令给予开除的处分；构成犯罪的，依法追究刑事责任。

第二节　司法鉴定机构管理法律制度

一、司法鉴定管理

司法鉴定制度是解决诉讼涉及的专门性问题、帮助司法机关查明案件事实的司法保障制度。作为司法保障制度的司法鉴定是国家司法活动的重要组成部分,司法鉴定为司法工作提供技术保障,其功能是从科学的角度帮助司法机关确认证据,在侦查、起诉、审判等各个诉讼阶段都起着非常关键的作用。

司法鉴定是司法活动的重要环节,能否为当事人和司法机关提供高质量、可信赖的司法鉴定服务,直接关系到人民群众的合法权益,关系到能否让人民群众在每个司法案件中都感受到公平正义。2005年《全国人民代表大会常务委员会关于司法鉴定管理问题的决定》(以下简称《决定》)颁布实施以来,各级司法行政机关认真履行司法鉴定登记管理工作职责,不断健全完善管理制度和标准体系。为促进司法鉴定工作更好地适应以审判为中心的诉讼制度改革要求,服务诉讼活动,完善工作机制,严格执业责任,强化监督管理,加强司法鉴定与办案工作的衔接,司法部与最高人民法院联合发布《关于建立司法鉴定管理与使用衔接机制的意见》,意见对司法鉴定的委托与受理,鉴定人履行出庭作证义务,加强司法鉴定监督,完善处罚规则,促进鉴定人和鉴定机构规范执业等作出规定,有利于进一步规范司法鉴定工作,充分发挥司法鉴定作用,不断提高司法鉴定质量和公信力,保障诉讼活动顺利进行,促进司法公正。

司法鉴定管理实行行政管理和行业管理相结合的管理体制。司法行政机关依法对司法鉴定机构及其司法鉴定活动、司法鉴定人及其执业活动进行指导、管理和监督、检查。司法鉴定行业协会依法进行自律管理。保证司法鉴定质量,司法鉴定管理局应着力开展司法鉴定认证认可和能力验证工作。大力推进司法鉴定管理体制改革。强化对鉴定机构和鉴定人的严格准入,严格监管,是健全统一司法鉴定管理体制改革的必然要求,是保障鉴定质量和维护司法鉴定行业公信力的必然要求。

二、司法鉴定机构管理

司法鉴定机构是司法鉴定人的执业机构,应当具备规定的条件,经省级司法行政机关审核登记,取得《司法鉴定许可证》,在登记的司法鉴定业务范围内,开展司法鉴定活动,应当遵守法律、法规、规章,遵守职业道德和执业纪律,尊重科学,遵守技术操作规范,应当保守在执业活动中知悉的国家秘密、商业秘密,不得泄露个人隐私,加强对司法鉴定人执业活动的管理和监督,司法行政机关对司法鉴定机构及其司法鉴定活动依法进行指导、管理和监督、检查。司法鉴定行业协会依法进行自律管理。司法鉴定机构的发展应当符合统筹规划、合理布局、优化结构、有序发展的要求。司法鉴定机构开展司法鉴定活动应当遵循合法、中立、规范、及时的原则。

侦查机关根据侦查工作的需要设立的鉴定机构,不得面向社会接受委托从事司法鉴定业务。人民法院和司法行政部门不得设立鉴定机构。各鉴定机构之间没有隶属关系;鉴定机构接受委托从事司法鉴定业务,不受地域范围的限制。

(一)登记管理

根据《决定》及《司法鉴定机构登记管理办法》规定,全国实行统一的司法鉴定机构及司法鉴定人审核登记、名册编制和名册公告制度。

1. 申请登记

司法鉴定机构的登记事项包括:名称、住所、法定代表人或者鉴定机构负责人、资金数额、仪器设备和实验室、司法鉴定人、司法鉴定业务范围等。法人或者其他组织申请从事司法鉴定业务,应当具备下列条件:

(1)有自己的名称、住所;

(2)有不少于二十万至一百万元人民币的资金;

(3)有明确的司法鉴定业务范围;

(4)有在业务范围内进行司法鉴定必需的仪器、设备;

(5)有在业务范围内进行司法鉴定必需的依法通过计量认证或者实验室认可的检测实验室;

(6)每项司法鉴定业务有三名以上司法鉴定人。

法人或者其他组织申请从事司法鉴定业务,应当提交下列申请材料:

(1)申请表;

(2)证明申请者身份的相关文件;

(3)住所证明和资金证明;

(4)相关的行业资格、资质证明;

(5)仪器、设备说明及所有权凭证;

(6)检测实验室相关资料;

(7)司法鉴定人申请执业的相关材料;

(8)相关的内部管理制度材料;

(9)应当提交的其他材料。

申请人应当对申请材料的真实性、完整性和可靠性负责。申请设立具有独立法人资格的司法鉴定机构,还应当提交司法鉴定机构章程,按照司法鉴定机构名称管理的有关规定向司法行政机关报核其机构名称。

司法鉴定机构在本省(自治区、直辖市)行政区域内设立分支机构的,分支机构应当符合本办法第十四条规定的条件,并经省级司法行政机关审核登记后,方可依法开展司法鉴定活动。跨省(自治区、直辖市)设立分支机构的,除应当经拟设分支机构所在行政区域的省级司法行政机关审核登记外,还应当报经司法鉴定机构所在行政区域的省级司法行政机关同意。

2. 审核登记

《司法鉴定许可证》是司法鉴定机构的执业凭证,司法鉴定机构必须持有省级司法行政机关准予登记的决定及《司法鉴定许可证》,方可依法开展司法鉴定活动。司法行政机关决定受理申请的,应当出具受理决定书,并按照法定的时限和程序完成审核工作。司法行政机关应当组织专家,对申请人从事司法鉴定业务必需的仪器、设备和检测实验室进行评审,评审的时间不计入审核时限。经审核符合条件的,省级司法行政机关应当做出准予登记的决定,颁发《司法鉴定许可证》;不符合条件的,做出不予登记的决定,书面通知申请人并说明理由。法人或者其他组织申请从事司法鉴定业务,有下列情形之一的,司法行政机关不予受理,并出具不予受理决定书:

(1)法定代表人或者鉴定机构负责人受过刑事处罚或者开除公职处分的;

(2)法律、法规规定的其他情形。

凡经司法行政机关审核登记的司法鉴定机构及司法鉴定人,必须统一编入司法鉴定人和司法鉴定机构名册并公告。

(二)鉴定委托与受理

委托与受理是司法鉴定的关键环节,是保障鉴定活动顺利实施的重要条件。省级司法行政机关要适应人民法院委托鉴定需要,依法科学、合理编制鉴定机构和鉴定人名册,充分反映鉴定机构和鉴定人的执业能力和水平,在向社会公告的同时,提供多种获取途径和检索服务,方便人民法院委托鉴定。

根据《决定》《司法鉴定程序通则》《最高人民法院 司法部关于建立司法鉴定管理与使用衔接机制的意见》等有关法律、法规、规章等规定,司法鉴定机构应当统一受理办案机关的司法鉴定委托且只能受理其鉴定资质范围内的鉴定委托。无正当理由不得拒绝接受人民法院的鉴定委托;接受重新鉴定委托的司法鉴定机构资质条件应当不低于原司法鉴定机构。

1. 委托鉴定事项和鉴定材料审查

司法鉴定机构应当对委托鉴定事项、鉴定材料等进行审查。司法鉴定机构应当核对并记录鉴定材料(包括生物检材和非生物检材、比对样本材料以及其他与鉴定事项有关的鉴定资料)的名称、种类、数量、性状、保存状况、收到时间等。对属于本机构司法鉴定业务范围,鉴定用途合法,提供的鉴定材料能够满足鉴定需要的,应当受理。对于鉴定材料不完整、不充分,不能满足鉴定需要的,司法鉴定机构可以要求委托人补充;经补充后能够满足鉴定需要的,应当受理。

2. 受理程序

司法鉴定机构决定受理鉴定委托的,应当与委托人签订司法鉴定委托书。司法鉴定委托书应当载明委托人名称、司法鉴定机构名称、委托鉴定事项、是否属于重新鉴定、鉴定用途、与鉴定有关的基本案情、鉴定材料的提供和退还、鉴定风险,以及双方商定的鉴定时限、鉴定费用及收取方式、双方权利义务等其他需要载明的事项。

3. 受理时限

司法鉴定机构应当自收到委托之日起七个工作日内做出是否受理的决定。对于复杂、疑难或者特殊鉴定事项的委托,司法鉴定机构可以与委托人协商决定受理的时间。

4. 不予受理规定

司法鉴定机构决定不予受理鉴定委托的,应当向委托人说明理由,退还鉴定材料。具有下列情形之一的鉴定委托,司法鉴定机构不得受理:

(1)委托鉴定事项超出本机构司法鉴定业务范围的;

(2)发现鉴定材料不真实、不完整、不充分或者取得方式不合法的;

(3)鉴定用途不合法或者违背社会公德的;

(4)鉴定要求不符合司法鉴定执业规则或者相关鉴定技术规范的;

(5)鉴定要求超出本机构技术条件或者鉴定能力的;

(6)委托人就同一鉴定事项同时委托其他司法鉴定机构进行鉴定的;

(7)其他不符合法律、法规、规章规定的情形。

(三)鉴定实施

根据《决定》《司法鉴定程序通则》《最高人民法院司法部关于建立司法鉴定管理与使用衔接机制的意见》等有关法律法规规章等规定,接受人民法院委托鉴定后,司法鉴定机构不得私自接收当事人提交而未经人民法院确认的鉴定材料;鉴定机构应

规范鉴定材料的接收和保存,实现鉴定过程和检验材料流转的全程记录和有效控制;鉴定过程中需要调取或者补充鉴定材料的,由鉴定机构或者当事人向委托法院提出申请。

1. 司法鉴定人

司法鉴定机构受理鉴定委托后,应当指定本机构具有该鉴定事项执业资格的司法鉴定人进行鉴定。委托人有特殊要求的,经双方协商一致,也可以从本机构中选择符合条件的司法鉴定人进行鉴定。对同一鉴定事项,应当指定或者选择二名司法鉴定人进行鉴定;对复杂、疑难或者特殊鉴定事项,可以指定或者选择多名司法鉴定人进行鉴定。

2. 鉴定材料管理

司法鉴定机构应当建立鉴定材料管理制度,严格监控鉴定材料的接收、保管、使用和退还。司法鉴定机构和司法鉴定人在鉴定过程中应当严格依照技术规范保管和使用鉴定材料,经委托人同意,司法鉴定机构可以派员工到现场提取鉴定材料。现场提取鉴定材料应当由不少于二名司法鉴定机构的工作人员进行,其中至少一名应为该鉴定事项的司法鉴定人。现场提取鉴定材料时,应当有委托人指派或者委托的人员在场见证并在提取记录上签名。严重不负责任造成鉴定材料损毁、遗失的,应当依法承担责任。

3. 鉴定时限

司法鉴定机构应当自司法鉴定委托书生效之日起三十个工作日内完成鉴定。鉴定事项涉及复杂、疑难、特殊技术问题或者鉴定过程需要较长时间的,经本机构负责人批准,完成鉴定的时限可以延长,延长时限一般不得超过三十个工作日。鉴定时限延长的,应当及时告知委托人。司法鉴定机构与委托人对鉴定时限另有约定的,从其约定。在鉴定过程中补充或者重新提取鉴定材料所需的时间,不计入鉴定时限。

4. 终止鉴定

司法鉴定机构在鉴定过程中,有下列情形之一的,可以终止鉴定:

(1)发现有《司法鉴定程序通则》第十五条第二项至第七项规定情形的;

(2)鉴定材料发生耗损,委托人不能补充提供的;

(3)委托人拒不履行司法鉴定委托书规定的义务、被鉴定人拒不配合或者鉴定活动受到严重干扰,致使鉴定无法继续进行的;

(4)委托人主动撤销鉴定委托,或者委托人、诉讼当事人拒绝支付鉴定费用的;

(5)因不可抗力致使鉴定无法继续进行的;

(6)其他需要终止鉴定的情形。

终止鉴定的,司法鉴定机构应当书面通知委托人,说明理由并退还鉴定材料。

5. 鉴定意见书的出具

司法鉴定机构和司法鉴定人应当按照统一规定的文本格式制作司法鉴定意见书并按照规定将司法鉴定意见书以及有关资料整理立卷、归档保管。司法鉴定意见书应当由司法鉴定人签名。多人参加的鉴定,对鉴定意见有不同意见的,应当注明。司法鉴定意见书应当加盖司法鉴定机构的司法鉴定专用章。司法鉴定意见书应当一式四份,三份交委托人收执,一份由司法鉴定机构存档。司法鉴定机构应当按照有关规定或者与委托人约定的方式,向委托人发送司法鉴定意见书。

司法鉴定意见书出具后,发现有下列情形之一的,司法鉴定机构可以进行补正:

(1)图像、谱图、表格不清晰的;

(2)签名、盖章或者编号不符合制作要求的;

(3)文字表达有瑕疵或者错别字,但不影响司法鉴定意见的。

补正应当在原司法鉴定意见书上进行,由至少一名司法鉴定人在补正处签名。必要时,可以出具补正书。对司法鉴定意见书进行补正,不得改变司法鉴定意见的原意。

6. 鉴定复核

司法鉴定人完成鉴定后,司法鉴定机构应当指定具有相应资质的人员对鉴定程序和鉴定意见进行复核;对于涉及复杂、疑难、特殊技术问题或者重新鉴定的鉴定事项,可以组织三名以上的专家进行复核。复核人员完成复核后,应当提出复核意见并签名,存入鉴定档案。

(四)其它

根据《决定》《司法鉴定程序通则》《最高人民法院司法部关于建立司法鉴定管理与使用衔接机制的意见》等有关法律法规章等规定,包括:

1. 补充鉴定

有下列情形之一的,司法鉴定机构可以根据委托人的要求进行补充鉴定:

(1)原委托鉴定事项有遗漏的;

(2)委托人就原委托鉴定事项提供新的鉴定材料的;

(3)其他需要补充鉴定的情形。

补充鉴定是原委托鉴定的组成部分,应当由原司法鉴定人进行。

2. 重新鉴定

有下列情形之一的,司法鉴定机构可以接受办案机关委托进行重新鉴定:

(1)原司法鉴定人不具有从事委托鉴定事项执业资格的;
(2)原司法鉴定机构超出登记的业务范围组织鉴定的;
(3)原司法鉴定人应当回避没有回避的;
(4)办案机关认为需要重新鉴定的;
(5)法律规定的其他情形。

重新鉴定应当委托原司法鉴定机构以外的其他司法鉴定机构进行;因特殊原因,委托人也可以委托原司法鉴定机构进行,但原司法鉴定机构应当指定原司法鉴定人以外的其他符合条件的司法鉴定人进行。接受重新鉴定委托的司法鉴定机构的资质条件应当不低于原司法鉴定机构,进行重新鉴定的司法鉴定人中应当至少有一名具有相关专业高级专业技术职称。

3. 出庭质证

鉴定人出庭作证对于法庭通过质证解决鉴定意见争议具有重要作用。人民法院要加强对鉴定意见的审查,通过强化法庭质证解决鉴定意见争议,完善鉴定人出庭作证的审查、启动和告知程序,在开庭前合理期限以书面形式告知鉴定人出庭作证的相关事项。人民法院要为鉴定人出庭提供席位、通道等,依法保障鉴定人出庭作证时的人身安全及其他合法权益。经人民法院同意,鉴定人可以使用视听传输技术或者同步视频作证室等作证。刑事法庭可以配置同步视频作证室,供依法应当保护或其他确有保护必要的鉴定人作证时使用,并可采取不暴露鉴定人外貌、真实声音等保护措施。鉴定人在人民法院指定日期出庭发生的交通费、住宿费、生活费和误工补贴,按照国家有关规定应当由当事人承担的,由人民法院代为收取。

司法行政机关要监督、指导鉴定人依法履行出庭作证义务。对于无正当理由拒不出庭作证的,要依法严格查处,追究鉴定人和鉴定机构及机构代表人的责任。

司法鉴定机构接到出庭通知后,应当及时与人民法院确认司法鉴定人出庭的时间、地点、人数、费用、要求等。司法鉴定机构应当支持司法鉴定人出庭作证,为司法鉴定人依法出庭提供必要条件。

4. 接待投诉

委托人对鉴定过程、鉴定意见提出询问的,司法鉴定机构和司法鉴定人应当给予解释或者说明。司法鉴定机构应当指定专人、设立专门窗口部门接待投诉人,积极参与投诉调解,加强与投诉人的沟通,积极化解争议纠纷。对于当事人的投诉,司法鉴定机构应当认真记录、耐心解答、及时核实,不得推诿、敷衍。对于投诉不实的,司法鉴定机构应当做好解答、释疑工作;确实存在问题的,应当进行复查,采取有效办法及时解决;对于仅对鉴定意见有异议的,应当引导当事人通过法庭质证等法定程序解决。司法鉴定机构应当明确投诉处理部门,按照《司法鉴定执业活动投诉处理办法》等要求配合司法行政机关开展投诉调查。

三、司法鉴定监督管理机构

根据《决定》《司法鉴定程序通则》《最高人民法院 司法部关于建立司法鉴定管理与使用衔接机制的意见》《司法部关于严格准入严格监管提高司法鉴定质量和公信力的意见》等有关法律法规规章等规定,司法鉴定机构进行司法鉴定活动应当依法接受监督。司法行政机关应当就遵守法律、法规和规章的情况,遵守司法鉴定程序、技术标准和技术操作规范的情况,所属司法鉴定人执业的情况,法律、法规和规章规定的其他事项对司法鉴定机构进行监督、检查。对于有违反有关法律、法规、规章规定行为的,由司法行政机关依法给予相应的行政处罚;对于有违反司法鉴定行业规范行为的,由司法鉴定协会给予相应的行业处分。司法行政机关要加强司法鉴定监督,完善处罚规则,加大处罚力度,促进鉴定人和鉴定机构规范执业。监督信息应当向社会公开。司法行政机关应当组织开展司法鉴定第三方评价工作,对鉴定机构和鉴定人进行能力评估,完善认证认可和能力验证工作规定,提高司法鉴定质量管理水平。

司法行政机关负责监督指导司法鉴定行业协会及其专业委员会依法开展活动。司法行政机关应当按照统一部署,依法对司法鉴定机构进行监督、检查。公民、法人和其他组织对司法鉴定机构违反本办法规定的行为进行举报、投诉的,司法行政机关应当及时进行监督、检查,并根据调查结果进行处理。

四、司法鉴定机构的法律责任

司法鉴定事关案件当事人切身利益,对于司法鉴定违法违规行为必须及时处置,严肃查处。根据《决定》《最高人民法院司法部关于建立司法鉴定管理与使用衔接机制的意见》等规定,鉴定人或者鉴定机构经依法认定有故意作虚假鉴定等严重违法行为的,由省级人民政府司法行政部门给予停止从事司法鉴定业务三个月至一年的处罚;情节严重的,撤销登记;构成犯罪的,依法追究刑事责任;人民法院可视情节不再委托其从事人民法院司法鉴定业务;在执业活动中因故意或者重大过失给当事人造成损失的,依法承担民事责任。

根据《司法鉴定机构登记管理办法》规定,司法鉴定机构有下列情形之一的,由省级司法行政机关依法给予警告,并责令其改正:

(一)超出登记的司法鉴定业务范围开展司法鉴定活动的;

(二)未经依法登记擅自设立分支机构的；

(三)未依法办理变更登记的；

(四)出借《司法鉴定许可证》的；

(五)组织未取得《司法鉴定人执业证》的人员从事司法鉴定业务的；

(六)无正当理由拒绝接受司法鉴定委托的；

(七)违反司法鉴定收费管理办法的；

(八)支付回扣、介绍费,进行虚假宣传等不正当行为的；

(九)拒绝接受司法行政机关监督、检查或者向其提供虚假材料的；

(十)法律、法规和规章规定的其他情形。

司法鉴定机构对司法行政机关的行政许可和行政处罚有异议的,可以依法申请行政复议。

第三节 司法鉴定人管理法律制度

一、司法鉴定人概述

司法鉴定人应当科学、客观、独立、公正地从事司法鉴定活动,遵守法律、法规的规定,遵守职业道德和执业纪律,遵守司法鉴定管理规范。司法鉴定实行鉴定人负责制度。司法鉴定人应当依法独立、客观、公正地进行鉴定,并对自己作出的鉴定意见负责。司法鉴定人不得违反规定会见诉讼当事人及其委托的人。司法鉴定人执业实行回避、保密、时限和错鉴责任追究制度。

根据《决定》及《司法鉴定人登记管理办法》的规定,个人申请登记从事司法鉴定业务,应当具备下列条件：

(一)拥护中华人民共和国宪法,遵守法律、法规和社会公德,品行良好的公民；

(二)具有相关的高级专业技术职称；或者具有相关的行业执业资格或者高等院校相关专业本科以上学历,从事相关工作五年以上；

(三)申请从事经验鉴定型或者技能鉴定型司法鉴定业务的,应当具备相关专业工作十年以上经历和较强的专业技能；

(四)所申请从事的司法鉴定业务,行业有特殊规定的,应当符合行业规定；

(五)拟执业机构已经取得或者正在申请《司法鉴定许可证》的；

(六)身体健康,能够适应司法鉴定工作需要。

因故意犯罪或者职务过失犯罪受过刑事处罚的；受过开除公职处分的；被撤销

鉴定人登记的；所在鉴定机构受到停业处罚，处罚期未满的；无民事行为能力或者限制行为能力的以及法律法规和规章规定的其他情形的人员，不得申请从事司法鉴定业务。

二、司法鉴定人管理

根据《决定》《司法鉴定程序通则》及《司法鉴定人登记管理办法》规定，司法鉴定人开展司法鉴定活动，遵守法律、法规和有关制度，执行统一的司法鉴定实施程序、技术标准和技术操作规范。

(一)执业登记

根据《决定》及《司法鉴定人登记管理办法》规定，司法鉴定人具备条件，经省级司法行政机关审核登记，取得《司法鉴定人执业证》，按照登记的司法鉴定执业类别，从事司法鉴定业务。司法鉴定人应当在一个司法鉴定机构中执业。

1. 登记事项

司法鉴定人的登记事项包括：姓名、性别、出生年月、学历、专业技术职称或者行业资格、执业类别、执业机构等。

2. 登记材料

个人申请从事司法鉴定业务，应当由拟执业的司法鉴定机构向司法行政机关提交下列材料：

(1)申请表；

(2)身份证、专业技术职称、行业执业资格、学历、符合特殊行业要求的相关资格、从事相关专业工作经历、专业技术水平评价及业务成果等证明材料；

(3)应当提交的其他材料。

个人兼职从事司法鉴定业务的，应当符合法律、法规的规定，并提供所在单位同意其兼职从事司法鉴定业务的书面意见。

3. 审核登记

司法鉴定人审核登记程序、期限参照《司法鉴定机构登记管理办法》中司法鉴定机构审核登记的相关规定办理。

经审核符合条件的，省级司法行政机关应当做出准予执业的决定，颁发《司法鉴定人执业证》；不符合条件的，做出不予登记的决定，书面通知其所在司法鉴定机构并说明理由。

(二)司法鉴定实施

1. 回避制度

司法鉴定人本人或者其近亲属与诉讼当事人、鉴定事项涉及的案件有利害关系,可能影响其独立、客观、公正进行鉴定的,应当回避。司法鉴定人曾经参加过同一鉴定事项鉴定的,或者曾经作为专家提供过咨询意见的,或者曾被聘请为有专门知识的人参与过同一鉴定事项法庭质证的,应当回避。

2. 鉴定材料

司法鉴定人有权了解进行鉴定所需要的案件材料,可以查阅、复制相关资料,必要时可以询问诉讼当事人、证人。司法鉴定人在鉴定过程中应当严格依照技术规范保管和使用鉴定材料,因严重不负责任造成鉴定材料损毁、遗失的,应当依法承担责任。

3. 鉴定方法

司法鉴定人进行鉴定,应当依下列顺序遵守和采用该专业领域的技术标准、技术规范和技术方法:

(1)国家标准;

(2)行业标准和技术规范;

(3)该专业领域多数专家认可的技术方法。

4. 鉴定过程

鉴定过程中,需要对无民事行为能力人或者限制民事行为能力人进行身体检查的,应当通知其监护人或者近亲属到场见证;必要时,可以通知委托人到场见证。对被鉴定人进行法医精神病鉴定的,应当通知委托人或者被鉴定人的近亲属或者监护人到场见证。对需要进行尸体解剖的,应当通知委托人或者死者的近亲属或者监护人到场见证。到场见证人员应当在鉴定记录上签名。见证人员未到场的,司法鉴定人不得开展相关鉴定活动,延误时间不计入鉴定时限。

鉴定过程中,需要对被鉴定人身体进行法医临床检查的,应当采取必要措施保护其隐私。

司法鉴定人应当对鉴定过程进行实时记录并签名。记录可以采取笔记、录音、录像、拍照等方式。记录应当载明主要的鉴定方法和过程,检查、检验、检测结果,以及仪器设备使用情况等。记录的内容应当真实、客观、准确、完整、清晰,记录的文本资料、音像资料等应当存入鉴定档案。

鉴定过程中,涉及复杂、疑难、特殊技术问题的,可以向本机构以外的相关专业领域的专家进行咨询,但最终的鉴定意见应当由本机构的司法鉴定人出具。专家提供咨询意见应当签名,并存入鉴定档案。

5. 出庭质证

经人民法院依法通知,司法鉴定人应当出庭作证,回答与鉴定事项有关的问题。司法鉴定人出庭作证,应当举止文明,遵守法庭纪律。

三、司法鉴定人的权利和义务

(一)司法鉴定人的权利

根据《司法鉴定人管理办法》的规定,司法鉴定人享有下列权利:

1. 了解、查阅与鉴定事项有关的情况和资料,询问与鉴定事项有关的当事人、证人等;
2. 要求鉴定委托人无偿提供鉴定所需要的鉴材、样本;
3. 进行鉴定所必需的检验、检查和模拟实验;
4. 拒绝接受不合法、不具备鉴定条件或者超出登记的执业类别的鉴定委托;
5. 拒绝解决、回答与鉴定无关的问题;
6. 鉴定意见不一致时,保留不同意见;
7. 接受岗前培训和继续教育;
8. 获得合法报酬;
9. 法律、法规规定的其他权利。

(二)司法鉴定人的义务

根据《司法鉴定人管理办法》的规定司法鉴定人应当履行下列义务:

1. 受所在司法鉴定机构指派按照规定时限独立完成鉴定工作,并出具鉴定意见;
2. 对鉴定意见负责;
3. 依法回避;
4. 妥善保管送鉴的鉴材、样本和资料;
5. 保守在执业活动中知悉的国家秘密、商业秘密和个人隐私;
6. 依法出庭作证,回答与鉴定有关的询问;
7. 自觉接受司法行政机关的管理和监督、检查;
8. 参加司法鉴定岗前培训和继续教育;
9. 法律、法规规定的其他义务。

四、司法鉴定人的监督管理

司法鉴定人应当在所在司法鉴定机构接受司法行政机关统一部署的监督、检查。司法行政机关应当就遵守法律、法规和规章的情况;遵守司法鉴定程序、技术标准和技术操作规范的情况;遵守执业规则、职业道德和职业纪律的情况;遵守所在司法鉴定机构内部管理制度的情况;遵守法律、法规和规章规定的其他事项的情况对司法鉴定人进行监督、检查。公民、法人和其他组织对司法鉴定人违反规定的行为进行举报、投诉的,司法行政机关应当及时进行调查处理。司法行政机关对司法鉴定人进行监督、检查或者根据举报、投诉进行调查时,可以依法查阅或者要求司法鉴定人报送有关材料。司法鉴定人应当如实提供有关情况和材料。司法行政机关依法建立司法鉴定人诚信档案,对司法鉴定人进行诚信等级评估。评估结果向社会公开。

五、司法鉴定人的法律责任

(一)根据《司法鉴定人登记管理办法》规定,司法鉴定人有下列情形之一的,由省级司法行政机关依法给予警告,并责令其改正:

1. 同时在两个以上司法鉴定机构执业的;
2. 超出登记的执业类别执业的;
3. 私自接受司法鉴定委托的;
4. 违反保密和回避规定的;
5. 拒绝接受司法行政机关监督、检查或者向其提供虚假材料的;
6. 法律、法规和规章规定的其他情形。

(二)根据《司法鉴定人登记管理办法》规定,司法鉴定人有下列情形之一的,由省级司法行政机关给予停止执业 3 个月以上 1 年以下的处罚;情节严重的,撤销登记;构成犯罪的,依法追究刑事责任:

1. 因严重不负责任给当事人合法权益造成重大损失的;
2. 具有本办法第二十九条规定的情形之一并造成严重后果的;
3. 提供虚假证明文件或者采取其他欺诈手段,骗取登记的;
4. 经人民法院依法通知,非法定事由拒绝出庭作证的;
5. 故意做虚假鉴定的;
6. 法律、法规规定的其他情形。

司法鉴定人在执业活动中,因故意或者重大过失行为给当事人造成损失的,其所在的司法鉴定机构依法承担赔偿责任后,可以向有过错行为的司法鉴定人追偿。

司法鉴定人对司法行政机关的行政许可和行政处罚有异议的,可以依法申请行政复议。

第四节 司法鉴定范围与程序

一、司法鉴定范围

依据《全国人民代表大会常务委员会关于司法鉴定管理问题的决定》,司法鉴定是指在诉讼活动中鉴定人运用科学技术或者专门知识对诉讼涉及的专门性问题进行鉴别和判断并提供鉴定意见的活动。专门性问题为鉴定对象,即鉴定范围。这些问题主要是指在刑事、民事、行政诉讼活动中,需要证明的事项,对仅凭办案人员等一般人的常识或者逻辑推理等无法作出肯定或者否定的判断的专门性问题,必须依法运用科学技术或者专门知识对诉讼涉及的专门性问题进行鉴别和判断。依据《决定》分类,司法鉴定的范围分为以下几类:

(一)法医类鉴定

包括法医病理鉴定、法医临床鉴定、法医精神病鉴定、法医物证鉴定和法医毒物鉴定。

1. 法医病理鉴定

是指法医病理鉴定人运用法医病理学理论、知识和技术方法通过尸体外表检查、尸体解剖检验、组织切片观察、毒物分析和书证审查等,对涉及与法律有关的医学问题进行检验、分析并作出科学意见的过程。其主要内容包括:死亡原因鉴定、死亡方式鉴定、死亡时间推断等。

2. 法医临床鉴定

是运用法医临床学的理论和技术,对涉及与法律有关的医学问题进行鉴定和评定。其主要内容包括:人身损伤程度鉴定、损伤与疾病关系评定、人体损伤致残程度评定、职工工伤与职业病致残程度评定、劳动能力评定、医疗纠纷鉴定等。

3. 法医物证鉴定

是运用免疫学、生物学、生物化学、分子生物学等的理论和方法,利用遗传性标记系统的多态性对生物学检材的种类、种属及个体来源进行鉴定。其主要内容包括:个体识别、亲子鉴定、性别鉴定、种族和种属认定等。

4. 法医精神病鉴定

是指应用精神病学的理论和技术,对涉及与法律有关的当事人的精神状态和法定能力(包括刑事责任能力、受审能力、服刑能力、民事行为能力、被害者自我防卫能力、作证能力等)、精神损伤程度、智能障碍等问题进行鉴定。

5. 法医毒物鉴定

是以分析化学尤其是现代仪器分析技术为基础,以能损害生命正常活动的毒物为对象并对其进行定性和定量判定,基本任务是对各类事(案)件中可能涉及的毒物进行分析鉴定,判明有无毒物、毒物与事件的关系等,为涉及毒物的事(案)件的侦查和审判提供线索和证据。

(二)物证类鉴定

包括文书鉴定、痕迹鉴定和微量鉴定。

1. 文书鉴定

文书物证司法鉴定是指对诉讼中存在争议的文书物证综合运用多种学科理论和方法进行识别判断的活动。文书物证司法鉴定的对象包括书写文书、印刷文书和异常文书。是查明案情事实、分清是非责任的重要科学手段。

2. 痕迹鉴定

即痕迹物证鉴定,是指根据办案机关的委托,鉴定机构指派具有痕迹学鉴定专门知识和具备法定资格的鉴定人,对诉讼中涉及的痕迹,依据同一认定的原理和方法进行科学判断的过程。痕迹鉴定的主要目的,在于确定痕迹形成的原因、痕迹间的相互关系、痕迹是否为一定的人或受审查的物所形成。

3. 微量鉴定

微量物证司法鉴定是根据有关法律规定、基本原理、专业知识、技术方法和执业经验对涉及诉讼的可疑微量物证,按照鉴定程序和技术规范,经预处理后,对其进行检验、检测、分析,并最终得出鉴定意见的科学实证活动。为侦查破案提供线索和指出侦查方向、为认定案件事实提供证据支持。

(三)声像资料鉴定

声像资料司法鉴定是运用有关理论、知识、技术方法和执业经验,对诉讼活动涉及的录音带、录像带、磁盘、光盘、图片、手机等载体上记录的声音、图像信息的真实性、完整性及所反映的情况过程进行鉴定,并对记录的声音、图像中的语言、人体、物体作出种类或同一认定。

除此之外,还有根据诉讼需要由国务院司法行政部门和最高人民法院、最高人民检察院确定的其他应当对鉴定人和鉴定机构实行登记管理的鉴定事项。

二、司法鉴定的一般程序

依据《司法鉴定程序通则》规定,司法鉴定程序是指司法鉴定机构和司法鉴定人进行司法鉴定活动的方式、步骤以及相关规则的总称。

司法鉴定程序由司法鉴定启动、受理、实施和后续程序四部分组成。

(一)司法鉴定启动程序

司法鉴定的启动包括司法鉴定的申请、决定和委托三个环节。

1. 鉴定的申请

司法鉴定的申请是指民事、行政案件的诉讼当事人,刑事案件的犯罪嫌疑人或者被告人、被害人、原告以及其他诉讼参与人,为了维护自身的合法权益向办案机关提出对诉讼中涉及的某些专门性问题进行司法鉴定的请求。

对诉讼中需要鉴定的专门性问题提出申请是司法鉴定的第一道程序。依据申请司法鉴定的程序,实践中申请人可以在案件整个诉讼阶段提出司法鉴定的申请。民事案件、刑事自诉案件在提出起诉前,当事人可以自行委托相关事项的鉴定。刑事诉讼、民事诉讼、行政诉讼中当事人及其代理人可向办案机关提出司法鉴定的申请。

司法鉴定申请权属于举证权。根据我国法律、法规、司法解释、部门规章的规定,司法鉴定申请实行与举证相一致原则,凡是在诉讼活动中具有举证责任的诉讼当事人均有申请司法鉴定的权利。在不同的诉讼活动中,由于举证责任权限不同,诉讼当事人的申请权有一定的差别。在刑事诉讼中,鉴定主要由侦查机关或侦查人员提请,有时也由被害人及其亲属提出申请;在民事诉讼、行政诉讼中,当事人及其代理人可向办案机关提出司法鉴定的申请。

2. 鉴定的决定

对于诉讼案件中司法鉴定的申请,办案机关根据法律规定,对鉴定的要求进行审核后,有权做出是否鉴定的决定。如同意进行司法鉴定,其决定的内容主要包括:决定进行司法鉴定的依据、鉴定对象、鉴定项目、鉴定要求、鉴定适用的标准、拟委托的鉴定机构、鉴定人、鉴定时间、地点。即根据什么作出鉴定决定、决定由谁在什么时间、地点对什么对象做何种鉴定,鉴定需要解决诉讼中的什么问题。以内部批文的形式反映并记录办案机关内部工作流程与审批的情况及鉴定决定的具体内容。

办案机关司法鉴定的决定既可以是基于犯罪嫌疑人、被告人、被害人、诉讼当事

人或代理人提出司法鉴定的申请而做出,亦可根据办案需要直接做出。

司法鉴定的申请不是办案机关做出司法鉴定决定的必经程序。

3. 鉴定的委托

是指办案机关决定鉴定后,依法选择司法鉴定机构和司法鉴定人并办理委托事项的过程。司法鉴定委托的程序通常是司法鉴定的委托人应携带鉴定所需的材料以及委托机关出具的司法鉴定委托书到鉴定机构当面委托。在有些特定情况下,也可以通过函件方式进行委托。司法鉴定的委托以司法鉴定委托书的形式书面委托。司法鉴定的委托一般需提供下列有关材料:(1)司法鉴定委托书;(2)鉴定材料及清单;(3)案情介绍资料;(4)被鉴定人的基本情况;(5)如果是重新鉴定,还须提交初次鉴定的意见书及相关附件材料。

(二)司法鉴定受理程序

司法鉴定受理是指司法鉴定机构通过对办案机关的委托鉴定事项、鉴定材料等进行审查后在规定受理时限内做出是否受理的决定并由双方签订委托协议的活动。司法鉴定受理过程:

1. 审查委托方主体资格是否符合法律规定;

2. 听取委托方与鉴定相关的案情介绍和委托的具体要求。

3. 审查鉴定事项及鉴定用途是否合法,是否属于本机构司法鉴定业务范围;

4. 双方共同审查、核对并记录委托方提供的鉴定材料,并签名确认;

5. 在法定期限内决定是否受理;

6. 司法鉴定机构决定受理鉴定委托的,签订司法鉴定委托书。

按照司法鉴定质量管理体系的要求,在司法鉴定受理过程中应进行司法鉴定委托合同评审。包括:

1. 对委托方的鉴定事项及鉴定委托合同的有效性进行评审,确保鉴定机构能完全理解并确认具有满足委托方期望和需求的能力和资源;

2. 司法鉴定机构如需要利用委托方提供的外部信息资料,应对其完整性和可采用性进行核查,适当时,应对有重要影响的外部信息资料进行复检、验证或在报告中注明。

(三)司法鉴定实施程序

司法鉴定的实施是司法鉴定机构受理委托后,由司法鉴定人按照委托要求,对诉讼中涉及的专门性问题进行鉴别和判断并提供鉴定意见的活动。司法鉴定的实施是司法鉴定程序的核心环节,是保障鉴定工作质量的关键。

司法鉴定的实施步骤：1. 指定本机构具有相关鉴定事项执业资格的司法鉴定人进行鉴定，并遵循回避程序；2. 制定鉴定实施方案；3. 鉴定方法确认；4. 鉴定材料处理；5. 鉴定过程实时记录并签名；6. 鉴定复核；7. 出具司法鉴定意见书。

(四) 司法鉴定后续程序

1. 补充鉴定

是原委托鉴定的组成部分，是对原鉴定进行补充、修正、完善的再鉴定活动。补充鉴定应当由原司法鉴定人进行。

2. 重新鉴定

是指经过鉴定的专门性问题，由于鉴定程序、方法、结果的某种缺陷或争议，诉讼当事人或办案机关按程序申请或委托进行重新鉴定产生的一系列活动的过程。

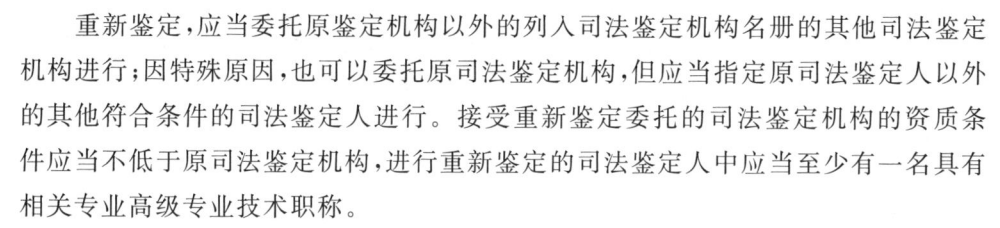

重新鉴定，应当委托原鉴定机构以外的列入司法鉴定机构名册的其他司法鉴定机构进行；因特殊原因，也可以委托原司法鉴定机构，但应当指定原司法鉴定人以外的其他符合条件的司法鉴定人进行。接受重新鉴定委托的司法鉴定机构的资质条件应当不低于原司法鉴定机构，进行重新鉴定的司法鉴定人中应当至少有一名具有相关专业高级专业技术职称。

第五节　司法鉴定意见

司法鉴定意见是司法鉴定人对鉴定中的专门性问题进行鉴别判断后的结论性意见，是司法鉴定人作为个人的认识和判断，表达的只是司法鉴定人个人的意见，鉴定意见是法定的证据种类之一，必须符合证据的要求。同时鉴定意见属于科学证据，强调具有科学性和公正性两重属性。司法鉴定意见书则是鉴定意见的载体，是鉴定程序的产物。

司法鉴定意见书为法庭审判提供科学证据，在审判过程中既能直接证明案件事实解决专业性问题，又能作为证据调查方法帮助法官识别甄别其他证据，是法官借以查明认定案件事实、做出裁判的重要依据，是鉴别、认定其他证据是否真实、可靠的主要手段。司法鉴定意见是民事诉讼的关键证据，在民事诉讼中有着特殊的地位。特别是医疗损害司法鉴定意见，医学是一门极具专业性的学科，受专业知识限制，法官普遍对于医疗纠纷特别是医疗损害责任纠纷案件事实和责任认定存在一定程度上的困难，很大程度上依赖于专家的专业评价和判断。因此，医疗损害司法鉴

定意见书无疑是法官审理此类纠纷的关键证据。

司法鉴定意见书是司法鉴定机构和司法鉴定人根据法律、法规和规章的规定，按照鉴定的科学规律和技术操作规范，依法独立、客观、公正进行鉴定并出具的鉴定意见，不受任何个人或者组织的非法干预。司法鉴定意见书是否作为定案或者认定事实的根据，取决于办案机关的审查判断，司法鉴定机构和司法鉴定人无权干涉。鉴定意见属于鉴定人的专业意见。当事人对鉴定意见有异议，应当通过庭审质证或者申请重新鉴定、补充鉴定等方式解决。

一、司法鉴定文书的分类

根据《司法部关于印发司法鉴定文书格式的通知》规定，司法部下发了7种文书格式：

（一）司法鉴定委托书；（二）司法鉴定意见书；（三）延长鉴定时限告知书；（四）终止鉴定告知书；（五）司法鉴定复核意见；（六）司法鉴定意见补正书；（七）司法鉴定告知书。

二、司法鉴定意见书的内容和格式

《司法部关于印发司法鉴定文书格式的通知》规定了司法鉴定意见书文书格式，包含了司法鉴定意见书的基本内容，各省级司法行政机关或司法鉴定协会可以根据不同专业的特点制定具体的格式，司法鉴定机构也可以根据实际情况作合理增减。

（一）司法鉴定意见书的基本内容

1. 基本情况

应当简要说明委托人、委托事项、受理日期、鉴定材料等情况。

2. 基本案情

委托资料提供的基本案情。

3. 资料摘要

应当摘录与鉴定事项有关的鉴定资料，如法医鉴定的病史摘要等。

4. 鉴定过程

应当客观、翔实、有条理地描述鉴定活动发生的过程，包括人员、时间、地点、内容、方法，鉴定材料的选取、使用，采用的技术标准、技术规范或者技术方法，检查、检验、检测所使用的仪器设备、方法和主要结果等。

5. 分析说明

应当详细阐明鉴定人根据有关科学理论知识，通过对鉴定材料、检查、检验、检测结果,鉴定标准,专家意见等进行鉴别、判断、综合分析、逻辑推理,得出鉴定意见的过程。要求有良好的科学性、逻辑性。

6. 鉴定意见

7. 附件

(二)司法鉴定意见书的格式

司法鉴定意见书应使用 A4 纸,文内字体为 4 号仿宋,两端对齐,段首空两格,行间距一般为 1.5 倍。

司法鉴定意见书各页之间应当加盖司法鉴定专用章红印,作为骑缝章。司法鉴定专用章制作规格为:直径 4 厘米,中央刊五角星,五角星上方刊司法鉴定机构名称,自左向右呈环行;五角星下方刊司法鉴定专用章字样,自左向右横排。印文中的汉字应当使用国务院公布的简化字,字体为宋体。民族自治地区司法鉴定机构的司法鉴定专用章印文应当并列刊汉字和当地通用的少数民族文字。司法鉴定机构的司法鉴定专用章应当经登记管理机关备案后启用。

三、司法鉴定意见的审查、质证与认证

(一)司法鉴定意见的审查

根据诉讼法律的规定,鉴定意见是证据之一,证据必须经过查证属实才能作为定案的根据。因此,从程序方面审查鉴定意见是否合法,从实质方面审查鉴定意见是否科学是诉讼法的法定程序。

具体的审查内容主要包括:

1. 鉴定委托主体的合法性;

2. 鉴定机构和鉴定人的合法性:是否具有法定资质,是否超范围执业;

3. 是否遵循回避程序;

4. 鉴定材料是否充足可靠,来源的真实性,处理链条(唯一性标识);

5. 鉴定对象的合法性;

6. 鉴定过程和鉴定方法的科学性;

7. 鉴定意见的依据及与鉴定要求的一致性;

8. 司法鉴定意见书作为法律文书的完整性及规范性。

(二)司法鉴定意见的质证

鉴定意见的质证是指在庭审过程中,由控辩双方或者诉讼当事人对鉴定人提供的鉴定意见在法庭上进行审查、核实,以确定鉴定意见作为证据具有证明力的活动。

根据《决定》及相关法律法规规定,在诉讼中,当事人对鉴定意见有异议的,经人民法院依法通知,鉴定人应当出庭作证,回答与鉴定事项有关的问题。

(三)司法鉴定意见的认证

司法鉴定意见的认证是指审判人员在审理案件过程中,为了证实案件事实和情节,通过鉴定意见的举证、质证等一系列的活动,就鉴定意见的客观性、关联性和合法性进行最终的审查认定,以确认其有无证据效力及证明力的大小的一种职权行为。

对鉴定意见的认证的实质是对鉴定意见证据能否被采用和如何采用的问题。主要从两个方面进行:一是对司法鉴定意见有无证据效力进行认证;二是对鉴定意见证明力大小的认证。

在诉讼过程中不同的鉴定意见在案件中的证明力不同。一般而言,能够证明案件的主要事实的鉴定意见,其证明力大于其他证据;对人的鉴定意见的证明力大于对物的鉴定意见;同一认定鉴定意见的证明力大于种属认定鉴定意见;认定事实真伪、事实有无、事实因果和事实程度的鉴定意见的证明力大于其他证据。

思考与练习题:

1. 简述司法鉴定的一般程序。
2. 简述司法鉴定的范围。
3. 医疗损害司法鉴定的内容有哪些?
4. 医疗损害鉴定意见应当载明的内容有哪些?
5. 简述司法鉴定意见的审查内容。

(昆明医科大学　彭艳霞　邓虹)

第十一章 医疗纠纷预防和处理法律制度

学习目标

掌握：医疗纠纷的概念与特征；处理医疗纠纷的途径；医疗事故的概念；不构成医疗事故的情形

熟悉：我国医疗纠纷预防与处理的立法情况；医疗纠纷的预防；医疗责任保险和医疗意外保险

了解：医患沟通与医疗纠纷投诉接待制度

第一节 医疗纠纷预防和处理法律制度概述

一、医疗纠纷概述

（一）医疗纠纷的概念及特征

根据《医疗纠纷预防和处理条例》第二条的规定，医疗纠纷是指医患双方因诊疗活动引发的争议。这种争议往往是医患双方对医疗服务行为及其后果和原因产生异议所引发的，它具有以下特点：

1. 医疗纠纷的主体是医患双方

医方主要指依法设立的各级各类医疗机构及其工作人员。这里说的工作人员不仅指医护人员，还包括负责管理和后勤的工作人员，因为医疗行为不仅仅是单纯的诊疗护理工作，而且是一个包括组织、消毒、配药等诸多环节在内的完整系统。这个复杂而又互相关联的系统中任何一个环节出错，都有可能导致系统失灵，造成损害，引发纠纷。

患方不仅指患有某种疾病、伤痛或功能障碍的患者；还包括并未患病或受伤，只要求医疗机构提供健康检查、免疫接种及其他服务（如美容、绝育手术等）的就诊人员；以及就诊人员发生残疾或死亡时，与他们有抚养或赡养关系的利害关系人（如患

者的配偶、子女或父母）。

2. 医疗纠纷的客体为医患双方的合法权益

《医疗纠纷预防和处理条例》的宗旨是，预防和妥善处理医疗纠纷，保护医患双方的合法权益，维护医疗秩序，保障医疗安全。在医疗纠纷中，医患双方的分歧往往围绕着患者的生命健康是否受到医疗行为的损害、损害的程度，以及这种损害是否是按照合理、合法的方式展开的。换句话说，医疗纠纷是围绕该医疗行为是否实施了违反诊疗护理规范、常规的诊断、治疗和操作等，以及该医疗行为是否直接导致患者出现了不良后果而展开的。

此外，医疗机构正常的医疗秩序也是法律所保护的重要法益。受诸多因素影响，部分患者有"大闹大赔、小闹小赔、不闹不赔"的心理，甚至形成了专门捏造、寻找、介入他人医患矛盾，故意扩大事态，寻衅滋事，向医务人员、医疗机构敲诈勒索的职业医闹分子，出现了数量不少的涉及医闹的刑事、治安案件。因医疗机构的正常医疗秩序被扰乱，也会引发部分医疗纠纷。医疗纠纷的预防与处理亦离不开持续深入开展维护医疗秩序、打击涉医违法犯罪的专项行动，对暴力伤医行为实行"零容忍"。

3. 医疗纠纷发生于诊疗活动中

学界一般认为，引起医疗纠纷的原因是医疗行为，即各级、各类医疗机构提供的诊疗康复、预防保健及其他应就诊人的要求而实施的针对就诊人的人身健康的特殊服务行为。《医疗纠纷预防和处理条例》规定，引发医疗纠纷的是"诊疗活动"而不是"医疗行为"。此处的"诊疗活动"宜做扩大解释：既包括诊断、治疗活动，也包括医疗美容活动；既包括积极地提供诊疗服务，也包括消极地拒绝提供诊疗服务；既包括卫生技术人员提供的诊疗服务，也包括医疗管理和医疗后勤人员提供的管理服务[1]。在诊疗活动中，医患双方应当互相尊重，维护自身权益应当遵守有关法律、法规的规定。患者因不理解诊疗活动的内容及其效果，扰乱医疗机构正常医疗秩序，也会引发医疗纠纷。

(二)我国医疗纠纷的现状

2013年到2017年，我国医疗纠纷数量实现了五年小幅递减，全国医疗纠纷总量

---

[1]《医疗纠纷预防和处理条例条文释义与法律适用》，中国法制出版社，申卫星主编，2018年10月第1版，第15页。

累积下降20.1%,涉医案件累计下降41.1%[②]。目前,我国医疗纠纷的数量仍处于高位水平,仅2017年,全国医疗纠纷就超过10万件;以诉讼方式解决纠纷的数量也在增加,患方要求的赔偿数额越来越高。此外,新闻媒介热衷于对医疗纠纷的报道,时有失实或歪曲,对医疗纠纷的增加起到推波助澜的作用。

在诊疗活动中,医患双方应当互相尊重,维护自身权益应当遵守有关法律、法规的规定。县级以上人民政府应当加强对医疗纠纷预防和处理工作的领导、协调。人民政府的各个部门应当分工协作,依法履行职责。卫生主管部门负责指导、监督医疗机构做好医疗纠纷的预防和处理工作,引导医患双方依法解决医疗纠纷。司法行政部门负责指导医疗纠纷人民调解工作。公安机关依法维护医疗机构治安秩序,查处、打击侵害患者和医务人员合法权益以及扰乱医疗秩序等违法犯罪行为。财政、民政、保险监督管理等部门和机构按照各自职责做好医疗纠纷预防和处理的有关工作。处理医疗纠纷,应当遵循公平、公正、及时的原则,实事求是、依法处理。

二、我国医疗纠纷预防和处理的立法情况

自新中国成立以来,我国有关医疗纠纷预防与处理的立法进程大致可以分为四个阶段,分别为《医疗事故处理办法》实施以前、《医疗事故处理办法》实施阶段、《医疗事故处理条例》实施阶段、《侵权责任法》和《医疗纠纷预防和处理条例》实施阶段。

(一)《医疗事故处理办法》实施以前

新中国成立之初,我国尚未形成"医疗纠纷"这一提法,而是用了"医疗事故"这一概念;医疗事故处理和损害赔偿制度亦极度匮乏。20世纪50年代时,我国医疗事故的处理主要侧重法院裁判,即通过司法途径解决。当时,国家在医疗事故的处理上没有立法,在处理医疗事故的实践中采取了"送法院"的办法。法院在审理相关案件时,不组织专家进行鉴定,如果医务人员的过失行为触犯当时的刑法,遵循类推的原则,追究其刑事责任。到了60至70年代,医疗事故的处理主要侧重卫生行政管理部门的行政处理,因而带有极浓厚的行政色彩。这一时期,法院不受理医疗纠纷案件,直接由卫生行政管理部门处理。由于缺少医疗事故处理立法,没有权力机关的监督,部门利益保护现象严重,患者的合法权益很难得到保障。1978年5月,原国家卫生部颁布了《关于预防和处理医疗事故的暂行规定(草案)》,医疗事故的处理开始逐步进入法制轨道。1982年,原国务院卫生部颁布《全国医院工作条例》及《医院

---

② 卫生健康委召开发布会介绍《医疗纠纷预防和处理条例》并答问,中华人民共和国中央人民政府,2018年9月7日,http://www.gov.cn/xinwen/2018-09/07/content_5320152.htm。

工作制度》均提到了预防和减少"医疗差错事故"。这些规章的发布对医疗事故的预防和处理起到了一定的积极作用,为我国医疗事故处理的法制建设奠定了基础。

(二)《医疗事故处理办法》实施阶段

1987年,国务院颁布了第一部专门处理医疗事故的行政法规《医疗事故处理办法》,该办法自1988年1月1日起生效。医疗赔偿制度首次以规范性法律文件的形式得以确立,明确了行政处理和诉讼均可解决医疗事故争议。随后,原国家卫生部发布了《医疗事故分级标准(试行)》和《关于〈医疗事故处理办法〉若干问题的说明》等配套文件。该办法的实施的确为医疗事故的处理提供了法律依据。然而它也有天然的缺陷,一是只能解决因事故造成的纠纷,对事故以外的纠纷无能为力[③];二是在实践中,该办法对医疗损害赔偿诉讼的举证责任分配、补偿标准及医疗事故技术鉴定机构的规定,都遭到了诸多方面的反对,尤其是受到了《民法通则》及司法解释的挑战和突破。

(三)《医疗事故处理条例》实施阶段

1. 立法情况

2002年,国务院颁布了《医疗事故处理条例》,取代了原来的《医疗事故处理办法》。随后又发布了《医疗事故技术鉴定暂行办法》和《医疗事故分级标准(试行)》等配套的规范性法律文件。该条例扩大了医疗事故的范围,将原来医疗事故的等级由三级改为四级划分,将医疗事故的鉴定机构设定为医学会,提高了鉴定的公正性,允许病人复制或者复印病历资料,并且提高了医疗事故的赔偿标准。

2.《医疗事故处理条例》所取得的成效

《医疗事故处理条例》实施以来,我国在医疗事故纠纷方面取得了如下成效:

一是建立了医疗纠纷预防的制度体系。国家卫生行政管理部门按照《医疗事故处理条例》的规定,制定了医疗质量管理、医疗事故报告、医院投诉管理等一系列管理制度,各级各类医疗机构也建立健全了本机构内部相关的规章制度,在保障患者合法权益的同时,加强医疗机构及医务人员风险防范意识。

二是建立起专业的医疗事故技术鉴定体系。《医疗事故处理条例》对鉴定的组织、程序、鉴定专家、鉴定程序等进行了明确的规范,确定了医学会医疗事故鉴定的法律地位。医学会建立了国家-省-市三级医疗事故技术鉴定工作体系,完善了医疗事故技术鉴定程序和操作流程,协助化解了大量的医疗纠纷案件。

---

③ 《我国医疗纠纷预防与处理之立法现状》,王海容,刘毅,《中国卫生事业管理》2017年第11期。

三是确定了医疗事故的赔偿原则和标准。《医疗事故处理条例》建立了医疗事故赔偿机制,依据医疗事故等级、医疗过失行为在医疗事故损害后果中的责任程度、医疗事故损害后果与患者原有疾病状况之间的关系等方面的因素进行赔偿,对赔偿的项目、原则、计算方法、标准、期限等内容进行了明确的规定,为医疗事故的赔偿提供了法律依据。

四是提高了医患双方的法律意识。《医疗事故处理条例》实施后,医疗机构和医务人员依法执业意识不断提高;凸显了对患者权利的保护,为医疗纠纷处理提供了法律依据,促进了患者提高依法维权的法律意识。

五是强化了卫生行政管理部门对医疗事故预防与处理的监督和处罚职能。《医疗事故处理条例》及配套文件的出台,规范了各级卫生行政管理部门和各级各类医疗机构在医疗事故预防与处理方面的职责,并对相关的违法违规行为进行了处罚规定,加大了卫生行政管理部门的监督管理力度。

3.《医疗事故处理条例》的不足

实践中,《医疗事故处理条例》的诸多条款与我国《民法通则》及有关民事法律规范的内容仍然存在冲突。为了调和这种冲突,最高人民法院于2003年颁布了《关于参照〈医疗事故处理条例〉审理医疗纠纷民事案件的通知》,该司法解释第一次提出了"医疗纠纷"的概念,并且将其分为"医疗事故"和"因医疗事故以外的原因引起的其他医疗赔偿纠纷",规定了两种医疗纠纷适用不同的法律、鉴定和审理程序,事实上造成了我国司法实践中法律适用的"二元化"对立。此外,最高人民法院于2003年颁布《关于审理人身损害赔偿案件适用法律若干问题的解释》,其中所规定的人身损害赔偿标准远高于《医疗事故处理条例》第50条规定的标准。最高人民法院表示,"条例施行后发生的医疗事故引起的医疗赔偿纠纷,诉到法院的,参照条例的有关规定办理;因医疗事故以外的原因引起的其他医疗赔偿纠纷,适用民法通则的规定",这就造成了实践中,以医疗事故为由诉至法院的患者所能得到的赔偿数额远低于以医疗过错起诉获得的人身损害赔偿数额,司法实践依据十分混乱。

(四)《侵权责任法》至《医疗纠纷预防和处理条例》的实施阶段

1.《侵权责任法》与医疗损害责任

2010年,《侵权责任法》正式施行。该法专章规定"医疗损害责任",建立了一元化的医疗损害救济制度,概括了全部的医疗损害责任的类型,并确定过错责任原则为医疗损害赔偿的归责原则。然而自该法实施以来,在立法的基本理念和具体问题的处理上仍然存在较多问题。

2.《医疗纠纷预防和处理条例》的出台

自2013年以来,我国在国家层面出台了一系列有关化解医疗纠纷、维护医疗秩序的文件及措施,并积极推动医疗纠纷预防与处理制度的法制建设。2015年1月,原国家卫计委向国务院报送了《医疗纠纷预防和处理条例(送审稿)》。原国务院法制办先后两次征求有关部门的意见,向社会公开征求意见。经过多次调研和专家论证会,并进行了部门协调,在此基础上对送审稿进行了反复修改,形成了《医疗纠纷预防和处理条例(草案)》。2018年4月,国家司法部会同国家卫生健康委员会根据《深化党和国家机构改革方案》,对该草案做了进一步修改完善。2018年6月,国务院常务会议审议通过了《医疗纠纷预防和处理条例(草案)》,2018年7月,国务院正式公布该《条例》,并与2018年10月1日起正式施行。

《医疗纠纷预防和处理条例》是2018年国务院公布的卫生健康领域的重要行政法规,对于保障医疗安全、构建和谐医患关系、维护改革发展稳定大局具有十分重要的意义。《条例》在总体思路上主要把握了以下三点:一是平衡医患双方的权利和义务,维护双方的合法权益。二是关口前移,通过加强医疗质量安全管理,畅通医患沟通渠道,从源头预防和减少纠纷。三是充分发挥人民调解在解决医疗纠纷中的主渠道作用,倡导以柔性方式化解医疗纠纷,减少医患对抗,促进医患和谐。

第二节 医疗纠纷的预防

《医疗纠纷预防和处理条例》明确将预防的理念纳入立法目的之中,并且专设第二章"医疗纠纷预防",通过加强医疗质量安全管理、畅通医患沟通渠道等方式,力争从源头上预防和减少纠纷。医疗机构及其医务人员在诊疗活动中应当以患者为中心,加强人文关怀,严格遵守医疗卫生法律、法规、规章和诊疗相关规范、常规,恪守职业道德。医疗机构应当对其医务人员进行医疗卫生法律、法规、规章和诊疗相关规范、常规的培训,并加强职业道德教育。

《医疗纠纷预防和处理条例》在预防医疗纠纷方面规定了以下三项主要内容:一是加强医疗质量安全的日常管理。《条例》规定,开展诊疗活动应当以患者为中心,严格遵循法律、法规、诊疗相关规范、常规,遵守职业道德;医疗机构应当落实医疗质量安全管理制度,加强对医疗风险的识别、评估和防控;卫生主管部门应当督促医疗机构落实医疗质量安全管理制度,加强监管。二是强化医疗服务关键环节和领域的风险防控。《条例》规定,医疗机构开展医疗技术服务,应当与其技术能力相适应,采用医疗新技术应当开展技术评估和伦理审查,确保安全有效、符合伦理;开展手术、特殊检查、特殊治疗等诊疗活动,应当提前预备应对方案,主动防范突发风险。三是加强医疗服务中的医患沟通。《条例》规定,患者有权查阅、复制全部病历资料;医疗机构及其医务人员应当对患者所提咨询、意见进行解释说明并按规定进行处理,对患者所提疑问进行核实、自查并予以沟通;医疗机构应当建立健全投诉接待制度,方便患者投诉或者咨询。

一、医疗纠纷预防的原则

《医疗纠纷预防和处理条例》第9条第1款规定:医疗机构及其医务人员在诊疗活动中应当以患者为中心,加强人文关怀,严格遵守医疗卫生法律、法规、规章和诊疗相关规范、常规,恪守职业道德。这是医疗纠纷预防的基本原则。

(一)以患者为中心

原国家卫生部于2005年开展了以病人为中心,以提高医疗服务质量为主题的医院管理年活动,旨在探索建立医院科学管理的长效机制,不断提高医疗服务质量和水平,使医疗服务更加贴近群众、贴近社会,这对于提高医疗质量、确保医疗安全、提高医疗服务水平有着深刻影响。2018年,新条例新增"以患者为中心"的内容,旨在推动我国医疗机构的工作理念由传统的"以疾病为中心"转变为加强对患者的人文关怀。许多医院已经开展了24小时门诊、夜门诊、预约挂号、自助打印检查单、一卡通、单病种限价、检查结果互认、专家集中会诊、住院费用一日清单等方便患者、优化流程、控制费用、提升质量安全的措施,这也是医疗服务发展的必然趋势。

(二)恪守医疗行为规范

1. 严格遵守医疗卫生法律、法规和规章

狭义的医疗卫生法律是由全国人大及其常委会制定的,目前包括《精神卫生法》《国境卫生检疫法》《红十字会法》《母婴保健法》《职业病防治法》《中医药法》《食品安全法》《药品管理法》《人口与计划生育法》《传染病防治法》《执业医师法》和《献血法》12部。

卫生法规和规章则分别由国务院及国务院卫生行政管理部门所制定。前者如《母婴保健法实施办法》《艾滋病防治条例》《医疗机构管理条例》《血液制品管理条例》《中药品种保护条例》等;后者如《传染病防治法实施办法》《学校卫生工作条例》《性病防治管理办法》等。

此外,医疗机构及其医务人员仍需遵守地方性法规与地方政府规章。前者由地

方人大及其常委会所制定,如《北京市精神卫生条例》;后者由地方人民政府所制定,如《上海市传染病防治管理办法》等。

2. 严格遵守诊疗护理常规

《医疗机构管理条例实施细则》将"技术规范"明确定义为:"由国家卫生计生委、国家中医药管理局制定或者认可的与诊疗活动有关的技术标准、操作规程等规范性文件。"

3. 严格遵守医师职业道德

2016年,中国医师协会制定并发布《中国医师道德准则》,规定医生应该遵守的基本道德准则。其中规定了基本准则、医师与患者、医师与同行、医师与社会以及医师与企业等5个方面的内容,规范了医师的道德底线,促使医师把职业谋生手段升华为职业信仰。医师应遵从行业自律的要求,以医师职业为荣,笃行中国医师道德准则,赢得社会的尊重,让医学的文化得以传承和发扬。

此外,为了帮助医务人员了解并遵守相关行为规范,医疗机构应当对其医务人员进行医疗卫生法律、法规、规章和诊疗相关规范、常规的培训,并加强职业道德教育。

二、医疗质量安全管理制度及医疗服务风险管理制度

(一)医疗质量安全管理制度

强化医疗质量安全管理是保障患者权益、预防医疗纠纷的重要措施。《医疗纠纷预防和处理条例》第10条规定:"医疗机构应当制定并实施医疗质量安全管理制度,设置医疗服务质量监控部门或者配备专(兼)职人员,加强对诊断、治疗、护理、药事、检查等工作的规范化管理,优化服务流程,提高服务水平。医疗机构应当加强医疗风险管理,完善医疗风险的识别、评估和防控措施,定期检查措施落实情况,及时消除隐患。"

我国医疗机构众多,不同地域、不同级别和类别医疗机构间医疗质量存在着较大差异。医疗服务量的快速增长和新技术的不断涌现,管理意识和能力的逐级衰减,是医疗质量管理工作面临的形势和挑战。为加强医疗质量管理,规范医疗服务行为,保障医疗安全,原国家卫计委于2016年11月1日起正式施行《医疗质量管理办法》,该办法共分8章48条,规定了以下主要内容:

1. 建立国家医疗质量管理与控制制度,明确由国家卫生行政管理部门负责建立国家医疗质量管理控制体系,各级卫生行政管理部门组建或指定各医疗质控组织

落实,充分发挥信息化手段在医疗质量管理领域的重要作用。

2. 建立医疗机构医疗质量管理评估制度,医疗机构应熟练运用医疗质量管理工具开展医疗质量管理与自我评价;建立本机构单病种管理指标体系,定期开展患者和员工满意度监测;开展全过程成本精确管理,建立本机构医疗质量内部公示制度,将医疗质量管理情况纳入医疗机构考核指标体系。

3. 建立国家医疗质量安全不良事件报告制度,鼓励医疗机构及人员主动上报不良事件。医疗机构应建立不良事件信息采集、记录和报告制度,建立药品不良反应、药品损害事件和医疗器械不良事件监测报告制度。

4. 医疗质量管理实行院、科两级责任制,各级各类医疗机构是医疗质量管理的第一责任主体,临床科室以及药学、护理、医技等部门主要负责人是本科室医疗质量管理的第一责任人。二级以上医院、妇幼保健院及专科疾病防治机构设立专门组织机构和人员管理医疗质量。医院应成立医疗质量管理委员会,各业务科室应成立本科室医疗质量管理工作小组。《办法》总结提炼了18项医疗质量安全核心制度,要求医疗机构及其医务人员在临床诊疗工作中严格执行。

5. 县级以上地方卫生行政管理部门应组织开展医疗机构质量管理第三方评估,定期在行业内发布结果,重点加强对县级医院、基层医疗卫生机构和民营医疗机构的管理和监督,建立医疗卫生机构医疗质量管理激励机制和约谈制度。国家卫生行政管理部门还将建立全国医疗质量管理与控制信息系统,省级建立本行政区域的信息系统,并实现与国家系统的互联互通。

国际著名杂志《柳叶刀》2018年5月发布全球195个国家医疗质量和可及性排名,中国由2015年的第60位提升到2016年的第48位,1年时间提升12位,是进步最快的国家之一。通过持续开展改善医疗服务行动,优化服务流程,提高服务效率,改进服务模式,使看病就医更加便捷,群众获得感不断增强。《医疗纠纷预防和处理条例》从加强医疗质量和医疗安全管理的方面做出明确规定,就是要从源头预防医疗纠纷。

(二)医疗服务风险管理制度

医疗服务风险管理主要包含医疗风险的识别、评估和防控三个重要环节。根据《医疗纠纷预防和处理条例》的规定,医疗机构应当按照国务院卫生主管部门制定的医疗技术临床应用管理规定,开展与其技术能力相适应的医疗技术服务,保障临床应用安全,降低医疗风险;采用医疗新技术的,应当开展技术评估和伦理审查,确保安全有效、符合伦理。医疗机构将未通过技术评估和伦理审查的医疗新技术应用于

临床的,由县级以上人民政府卫生主管部门没收违法所得,并处 5 万元以上 10 万元以下罚款,对直接负责的主管人员和其他直接责任人员给予或者责令给予降低岗位等级或者撤职的处分,对有关医务人员责令暂停 6 个月以上 1 年以下执业活动;情节严重的,对直接负责的主管人员和其他直接责任人员给予或者责令给予开除的处分,对有关医务人员由原发证部门吊销执业证书;构成犯罪的,依法追究刑事责任。

同时,医疗机构应当依照有关法律、法规的规定,严格执行药品、医疗器械、消毒药剂、血液等的进货查验、保管等制度。禁止使用无合格证明文件、过期等不合格的药品、医疗器械、消毒药剂、血液等。开展手术、特殊检查、特殊治疗等具有较高医疗风险的诊疗活动,医疗机构应当提前预备应对方案,主动防范突发风险。

三、医患沟通机制与投诉接待制度

(一)医患沟通机制

医疗机构应当提高医务人员职业道德水平,增强服务意识和法律意识,注重人文关怀;医务人员应当恪守职业道德,以患者为中心,热情、耐心、细致地做好本职工作,把对患者的尊重、理解和关怀体现在医疗服务全过程,完善医患沟通内容,加强对医务人员医患沟通技巧的培训,提高医患沟通能力;医务人员对患者在诊疗过程中提出的咨询、意见和建议,应当耐心解释、说明,并按照规定进行处理;对患者就诊疗行为提出的疑问,应当及时予以核实、自查,并与患者沟通,如实说明情况;医务人员应当尊重患者依法享有的隐私权、知情权、选择权等权利,根据患者病情、预后不同以及患者实际需求,突出重点,采取适当方式进行沟通。医患沟通中有关诊疗情况的重要内容应当及时、完整、准确记入病历,并由患者签字确认;医疗机构可以结合实际情况,制定医疗风险告知和术前谈话制度,规范具体流程,以患者易懂的方式和语言充分告知患者,并取得其书面同意。

(二)投诉接待制度

医疗机构应当建立健全投诉接待制度,设置统一的投诉管理部门或者配备专(兼)职人员,在医疗机构显著位置公布医疗纠纷解决途径、程序和联系方式等,方便患者投诉或者咨询。2019 年 4 月 10 日,《医疗机构投诉管理办法》正式施行,根据该办法,医疗机构应当按照如下要求,规范投诉管理工作。

1. 设立投诉管理部门

医疗机构主要负责人是医疗机构投诉管理的第一责任人。二级以上医疗机构应当设置医患关系办公室或者指定部门(以下统称投诉管理部门)统一承担投诉管理工作。其他医疗机构应当配备专(兼)职人员,有条件的也可以设置投诉管理部门。二级以上医疗机构应当指定一名医疗机构负责人分管投诉工作,指导、管理医疗机构投诉管理部门的有关工作。投诉管理部门履行的职责包括:组织、协调、指导本医疗机构的投诉处理工作;统一受理投诉,调查、核实投诉事项,提出处理意见,及时答复患者;建立和完善投诉的接待和处置程序;参与医疗机构医疗质量安全管理;开展医患沟通及投诉处理培训,开展医疗风险防范教育;定期汇总、分析投诉信息,提出加强与改进工作的意见或者建议,并加强督促落实。

二级以上医疗机构应当建立医疗机构、投诉管理部门、科室三级投诉管理机制,医疗机构各部门、各科室应当指定至少1名负责人配合做好投诉管理工作。医疗机构各部门、各科室应当定期对投诉涉及的风险进行评估,对投诉隐患进行摸排,对高发隐患提出针对性的防范措施,加强与患者沟通,及时做好矛盾纠纷排查化解工作。医疗机构应当鼓励工作人员主动收集患者对医疗服务、医疗质量安全等方面的意见和建议,通过规定途径向投诉管理部门或者有关职能部门反映。

二级以上医疗机构应当健全投诉管理部门与临床、护理、医技和后勤、保卫等部门的联动机制,提高医疗质量,保障医疗安全,维护正常医疗秩序。医疗机构应当逐步建立健全相关机制,鼓励和吸纳社会工作者、志愿者等熟悉医学、法律专业知识的人员或者第三方组织参与医疗机构投诉接待与处理工作。

2. 畅通投诉渠道

畅通医疗机构投诉渠道、规范投诉管理,是预防纠纷的必要举措。根据投诉反映的问题落实整改措施,也是医疗质量安全持续改进的有效手段。

医疗机构应当建立畅通、便捷的投诉渠道,在医疗机构显著位置公布投诉处理程序、地点、接待时间和联系方式。鼓励医疗机构加强舆情监测,及时掌握患者在其他渠道的诉求;医疗机构应当设置专门的投诉接待场所,接待场所应当提供有关法律、法规、投诉程序等资料,便于患者查询。

医疗机构投诉实行"首诉负责制",患者向有关部门、科室投诉的,接待投诉的部门、科室工作人员应当热情接待,对于能够当场协调处理的,应当尽量当场协调解决;对于无法当场协调处理的,接待的部门或者科室应当主动将患者引导到投诉管理部门(含投诉管理专(兼)职人员,下同),不得推诿、搪塞。投诉接待人员应当认真听取患者意见,耐心细致地做好解释工作,避免矛盾激化;应当核实相关信息,如实记录患者反映的情况,及时留存书面投诉材料。

3. 规范投诉管理

医疗机构投诉管理部门接到投诉或者卫生健康主管部门交办的投诉后,应当及

时向当事部门、科室和相关人员了解、核实情况,在查清事实、分清责任的基础上提出处理意见,并反馈患者。投诉涉及的部门、科室和相关人员应当积极配合投诉管理部门开展投诉事项调查、核实、处理工作。对反复接到相同或者相似问题的投诉,医疗机构投诉管理部门应当汇总并报告医疗机构负责人,医疗机构对有关投诉可视情况予以合并调查,对发现的引发投诉的环节或者多次引发投诉的医务人员应当根据调查结果,及时予以相应处理。

医疗机构投诉管理部门应当及时处理投诉,能够当场核查处理的,应当及时查明情况;确有差错的,立即纠正,并当场向患者告知(或出具)处理意见。涉及医疗质量安全、可能危及患者健康的,应当立即采取积极措施,避免或者减轻对患者身体健康的损害,防止损害扩大。情况较复杂,需调查、核实的,一般应当于接到投诉之日起5个工作日内向患者反馈相关处理情况或者处理意见。涉及多个科室,需组织、协调相关部门共同研究的,应当于接到投诉之日起10个工作日内向患者反馈处理情况或者处理意见。对投诉已经处理完毕,患者对医疗机构的处理意见有争议并能够提供新情况和证据材料的,按照投诉流程重新予以处理。

投诉内容涉及医疗纠纷的,医疗机构应当告知患者按照医疗纠纷处理的相关法律法规的规定,积极协商;不能协商解决的,引导患者通过调解、诉讼等途径解决,并做好解释疏导工作。投诉涉及医疗机构工作人员违法违纪问题的,投诉管理部门应当及时移交相关职能部门依法依规处理。下列情形之一的,投诉管理部门不处理,但应当向患者说明情况:患者已就投诉事项向人民法院起诉的或者向第三方申请调解的;患者已就投诉事项向卫生健康主管部门或者信访部门反映并作出处理的;没有明确的投诉对象和具体事实的;投诉内容已经涉及治安案件、刑事案件的;其他不属于投诉管理部门职权范围的投诉。

医疗机构应当建立健全投诉档案,立卷归档,留档备查。

4. 落实对投诉的监督管理

县级以上地方卫生健康主管部门应当加强对本行政区域内医疗机构投诉管理工作的监督检查,加强日常管理和考评。县级以上地方卫生健康主管部门应当收集、分析并反馈本行政区域医疗机构投诉及医疗纠纷相关信息,指导医疗机构改进工作,提高医疗服务质量。

对在医疗机构投诉管理中表现优秀、有效预防重大群体性事件或者其他严重后果发生的医疗机构及有关人员,卫生健康主管部门应当予以表扬。对行政区域内未按照规定开展投诉管理工作的医疗机构,卫生健康主管部门应当通报批评,并对医疗机构主要负责人进行约谈。

医疗机构应当规范投诉管理工作,定期统计投诉情况,统计结果应当与年终考核、医师定期考核、医德考评、评优评先等相结合。

5.明确违反投诉接待制度规定的法律责任

医疗机构未建立投诉接待制度、未设置统一投诉管理部门或者配备专(兼)职人员的,由县级以上人民政府卫生主管部门责令改正,给予警告,并处1万元以上5万元以下罚款;情节严重的,对直接负责的主管人员和其他直接责任人员给予或者责令给予降低岗位等级或者撤职的处分,对有关医务人员可以责令暂停1个月以上6个月以下执业活动;构成犯罪的,依法追究刑事责任。

医疗机构违反本办法规定,有下列情形之一的,由县级以上地方卫生健康主管部门责令限期整改;逾期不改的,给予警告,并处以一万元以下罚款;造成严重后果的,处以一万元以上三万元以下罚款,并对医疗机构主要负责人、直接负责的主管人员和其他直接责任人员依法给予处分:(1)未制订重大医疗纠纷事件应急处置预案的;(2)投诉管理混乱的;(3)未按规定建立健全医患沟通机制的;(4)未按规定及时处理投诉并反馈患者的;(5)对接待过程中发现的可能激化矛盾,引起治安案件、刑事案件的投诉,未及时向当地公安机关报告的;(6)发布违背或者夸大事实、渲染事件处理过程的信息的。

医务人员泄露投诉相关患者隐私,造成严重后果的,由县级以上地方卫生健康主管部门按照《执业医师法》《护士条例》等法律法规的有关规定处理。

第三节 医疗纠纷的处理

《医疗纠纷预防和处理条例》的施行,标志着我国已经构建起医疗纠纷的多元化解决机制,以医患协商、人民调解、行政调解、司法诉讼以及法律法规规定的其他途径,全方位立体地防范并解决医疗纠纷。

一、处理医疗纠纷的原则

《医疗纠纷预防和处理条例》第4条规定:"处理医疗纠纷,应当遵循公平、公正、及时的原则,实事求是,依法处理。"

(一)公平原则

公平原则意味着,医患双方在医疗事故处理过程中的法律地位是平等的,权利

义务是统一的,在适用法律上是一视同仁的,这也是"法律面前人人平等"这一宪法基本原则在医疗纠纷处理领域的具体体现。

(二)公正原则

公正原则是公平原则的具体体现,是公平适用法律的必然结果。在处理医疗事故过程中,公正原则应体现在两个方面:一是实体上的公正,二是程序上的公正。实体上的公正是程序上公正所追求的目标,程序上的公正是实体上公正的前提和保障。就实体公正而言,要求有关主体对医疗纠纷的处理既要合法,又要合理。同样的情形同样处理,不同的情形差别处理。就程序公正而言,任何与医疗纠纷处理结论有利害关系的单位和个人都应当及时回避,不偏袒医患关系的任何一方,并充分听取医患双方的意见和建议。

(三)及时原则

及时原则是指医疗事故发生之后,无论是医疗机构还是卫生行政管理机关,首先应当根据相应的法律法规,主动地、公正地、及时地对医疗事故进行处理,及时解决医患双方因此发生的纠纷或争议。及时原则有利于督促相关部门尽早介入医疗纠纷,调查清楚事实,为医疗纠纷的处理提供事实依据。

二、处理医疗纠纷的途径

《医疗纠纷预防和处理条例》构建了新型的医疗纠纷多元化解决机制,以应对当前社会背景与发展态势下解决医疗纠纷的新需求。根据条例第 22 条的规定,发生医疗纠纷,医患双方可以通过下列途径解决:(一)双方自愿协商;(二)申请人民调解;(三)申请行政调解;(四)向人民法院提起诉讼;(五)法律、法规规定的其他途径。

(一)双方自愿协商

《医疗纠纷预防和处理条例》第 30 条对医疗纠纷的协商解决进行了明确规定,从协商的基本程序、协商的基本原则、赔付金额的确定以及签署和解协议书等四个方面为医患双方自愿协商提供了必要的指导,具有形式灵活、可操作性强、交易成本低等显著优势,在实践中得以大量运用。

1. 协商的基本程序

医患双方选择协商解决医疗纠纷的,应当在专门场所协商,不得影响正常医疗秩序。良好的医疗秩序是社会和谐稳定的重要体现,也是增进人民福祉的客观要求。维护正常医疗秩序,有利于保障医患双方的合法权益,为患者创造良好的看病就医环境,为医务人员营造安全的执业环境,从而促进医疗服务水平的整体提高和医药卫生事业的健康发展。医患双方自愿协商的专门场所可以是医疗机构设置的医患关系办公室、调解室等;医院应当设立医患关系办公室、医疗投诉科等部门来统一承担医院投诉管理、医患协商等工作。

在涉及人数较多的情况下,医患双方应当推举代表进行协商,每方代表人数不超过5人。协商参与者的人数过多不利于形成良好的协商秩序,可能会影响协商进度、降低协商效率,从而对双方共识的达成造成负面影响[④]。

2. 协商的基本原则

协商解决医疗纠纷应当坚持自愿、合法、平等的原则,尊重当事人的权利,尊重客观事实。医患双方应当文明、理性表达意见和要求,不得有违法行为。

3. 赔付金额的确定

协商确定赔付金额应当以事实为依据,防止畸高或者畸低。对分歧较大或者索赔数额较高的医疗纠纷,鼓励医患双方通过人民调解的途径解决。

4. 签署和解协议书

医患双方经协商达成一致的,应当签署书面和解协议书。

和解协议书的签署需要满足以下要件:第一,当事人必须有相应的主体资格与完全民事行为能力,即患者通常为患者本人,或其法定代理人、委托代理人以及继承人等;医方通常为医疗机构的法定代表人或者得到其授权的其他人员。第二,双方意思表示真实、自愿,不存在欺诈、胁迫、重大误解与乘人之危等情形。第三,和解协议书应采用书面形式订立,而非口头形式或其他形式。第四,和解协议的内容不得违反法律、行政法规的强制性规定,不违反公序良俗,也不存在《合同法》导致合同无效的情形。

(二)申请人民调解

医疗纠纷处理实践表明,人民调解是化解矛盾、定纷止争的一个有效途径,它以相对柔性的方式解决纠纷,缓解了医患对抗,有利于促进医患和谐。截至2018年底,全国已建立医疗纠纷调解委员会3511个,每年超过60%的医疗纠纷采用人民调解方式,调解成功率在85%以上。当前,医疗纠纷人民调解组织已经覆盖全国80%以上的县级行政区域,拥有两万多名调解员[⑤]。同时,医疗纠纷人民调解具有快捷便

[④]《医疗纠纷预防和处理条例条文释义与法律适用》,中国法制出版社,申卫星主编,2018年10月第1版,第203页。

[⑤]《医调委何以成为医疗纠纷调解神器》,中华人民共和国司法部 中国政府法制信息网,http://www.moj.gov.cn/Department/content/2019-04/01/611_231858.html

利、不收取费用、公信力较高以及专业性较强等优势,已逐渐成为医疗纠纷多元解决机制中的主渠道。本书第十二章专章讲解医疗纠纷人民调解的法律制度。

(三)申请行政调解

由卫生行政主管部门对医疗纠纷进行行政调解是处理医疗纠纷的合法途径,它以双方当事人的自愿为调解基础,并遵守法律法规所规定的职权与程序。《医疗纠纷预防和处理条例》对医疗纠纷行政调解的申请、受理以及调解期限进行规定,通过参照适用医疗纠纷人民调解相关规定的方式,减少与人民调解的差异,增强了调解工作的公正性、规范性,便于当事人选择纠纷解决途径。

1. 医疗纠纷行政调解的申请

医患双方应当共同向医疗纠纷发生地县级人民政府卫生主管部门提出医疗纠纷行政调解的申请;一方申请调解的,县级人民政府卫生主管部门在征得另一方同意后进行调解。

申请人可以以书面或者口头形式申请调解。书面申请的,申请书应当载明申请人的基本情况、申请调解的争议事项和事由等;口头申请的,县级人民政府卫生主管部门应当当场记录申请人的基本情况、申请调解的争议事项和事由等,并经申请人签字确认。

2. 医疗纠纷行政调解的受理与调解

卫生主管部门应当自收到申请之日起5个工作日内做出是否受理的决定。当事人已经向人民法院提起诉讼并且已被受理,或者已经申请医疗纠纷人民调解委员会调解并且已被受理的,卫生主管部门不予受理;已经受理的,终止调解。

卫生主管部门调解医疗纠纷需要进行专家咨询的,可以从医疗损害鉴定专家库中抽取专家;医患双方认为需要进行医疗损害鉴定以明确责任的,可以由医患双方共同委托医学会或者司法鉴定机构进行鉴定,也可以在取得医患双方同意后,由卫生主管部门进行委托。

医患双方经卫生主管部门调解达成一致的,应当签署调解协议书。

3. 医疗纠纷行政调解的期限

卫生主管部门应当自受理之日起30个工作日内完成调解。需要鉴定的,鉴定时间不计入调解期限。超过调解期限未达成调解协议的,视为调解不成。

(四)提起民事诉讼

民事诉讼是解决医疗纠纷的最终途径。根据《医疗纠纷预防和处理条例》的规定,发生医疗纠纷,当事人协商、调解不成的,可以依法向人民法院提起诉讼。当事人也可以直接向人民法院提起诉讼。

(五)法律法规规定的其他途径

比如仲裁、法院调解等其他途径也可用于处理医疗纠纷。这是《医疗纠纷预防和处理条例》设置的兜底条款,此条规定充分展示了我国医疗纠纷处理途径的多元化、立体化,也充分尊重了医患双方对纠纷处理方式的自主选择权。

三、医疗风险分担机制

在诊疗活动中,风险无处不在,如患者疾病自身的风险、医疗技术局限的风险、药品和医疗器械的质量缺陷风险、"窗口期"血液的隐蔽性风险以及医务人员技能和过失风险等。《医疗纠纷预防和处理条例》第7条规定,国家建立完善医疗风险分担机制,发挥保险机制在医疗纠纷处理中的第三方赔付和医疗风险社会化分担的作用,鼓励医疗机构参加医疗责任保险,鼓励患者参加医疗意外保险。医疗风险分担机制有助于将医疗纠纷引到医院之外,合理妥善解决医疗纠纷,并从源头上遏制医闹现象。

(一)医疗责任保险

医疗责任保险是指投保医疗机构及其医务人员在保险期间内,在保险合同载明的范围内从事医疗活动,因医疗过失造成患者人身损害,由患者或其近亲属在保险期间向被保险人提出损害赔偿请求,依法由被保险人承担的经济赔偿责任,保险人根据保险合同的约定负责赔偿。与保险公司订立保险合同,并按照合同约定负有支付保险费义务的个人或企事业单位,是医疗责任保险合同的投保人。凡是取得《医疗机构执业许可证》的医疗机构,可以成为医疗责任保险合同的被保险人。医疗机构发生涉及保险责任范围的事故后,收到患者或其近亲属的损害赔偿请求时,应当在48小时之内通知保险人,保险人对属于保险责任的案件进行立案处理。

我国医疗责任保险起步较晚,从20世纪80年代开始医疗责任保险试点。2000年中国人民保险公司和其他几家保险公司才出台相关医疗责任保险条款[6]。2007年,保监会等多部门共同发布《关于推动医疗责任保险有关问题的通知》,为医疗责任保险提供政策支持。2015年,多部门共同发布《关于深入开展创建"平安医院"活动依法维护医疗秩序的意见》,明确医责险发展目标,提出提高参保率的具体措施。

---

[6] 刘鑫、张宝珠主编,《医疗纠纷预防和处理条例理解与适用》,中国法制出版社,2018年10月第1版,第545页。

(二)医疗意外保险

医疗意外保险是指被保险人在保险期间因医疗意外导致的不良后果,保险公司在保险合同约定的保障范围与保障金额范围内,根据保险合同约定承担相应的保险金给付责任的一种人身意外保险。医疗意外保险的被保险人是患者本人,基于自身风险保障需求,患者自愿购买医疗意外保险,一是直接保障患者的就医风险,二是避免医务人员因惧怕"冒风险"而推诿、拒绝收治危重、疑难病人。其投保人主要是患者本人,或者是与被保险人具有保险利益的其他人,如配偶、父母、子女,与被保险人有抚养、赡养或者扶养关系的家庭其他成员、近亲属,与被保险人有劳动关系的用人单位等。医疗意外保险的标的主要为意外死亡、特约残疾、特约并发症等,一般采取约定的方式确定具体的保障范围。

(三)医疗产品责任保险

医疗产品责任保险,是指承保被保险人因制造、销售和使用有缺陷的医疗产品或不合格血液,致使患者遭受人身损害或财产损害而依法由被保险人承担赔偿责任的一种责任保险。《侵权责任法》第59条规定,因药品、消毒药剂、医疗器械的缺陷,或者输入不合格的血液造成患者损害的,患者可以向生产者或者血液提供机构请求赔偿,也可以向医疗机构请求赔偿。患者向医疗机构请求赔偿的,医疗机构赔偿后,有权向负有责任的生产者或者血液提供机构追偿。目前,我国医疗产品保险责任保障体系较为落后,几乎处于空白地带,《医疗纠纷预防和处理条例》在鼓励医疗机构参加医疗责任保险,鼓励患者参加医疗意外保险的同时,强调国家建立完善医疗风险分担机制,也具有发展并完善医疗产品责任保险制度的目的。

第四节 医疗事故处理法律制度

《医疗事故处理条例》于2002年开始实施,自《医疗纠纷预防和处理条例》生效之后,它仍然有效,主要适用于医疗事故的行政处理。

一、医疗事故处理法律制度的含义及内容

医疗事故是指医疗机构及其医务人员在医疗活动中,违反医疗卫生管理法律、行政法规、部门规章和诊疗护理规范、常规,过失造成患者人身损害的事故。

医疗事故处理法律制度,是指关于医疗事故界定、医疗事故技术鉴定、医疗事

处理、医疗事故损害赔偿、医疗事故法律责任以及医疗事故预防等相关法律制度的总称。我国医疗事故处理法律制度主要包括医疗事故的界定、医疗事故的预防、医疗事故技术鉴定、医疗事故的处理、医疗事故的法律责任等制度。

二、医疗事故的分级

根据医疗行为对患者人身造成的损害程度,将医疗事故分为四级。

(一)一级医疗事故

一级医疗事故,是指造成患者死亡、重度残疾的事故,又分为一级甲等医疗事故和一级乙等医疗事故。一级甲等医疗事故,是指造成患者死亡的事故。一级乙等医疗事故,是指造成患者重要器官缺失或功能完全丧失,其他器官不能代偿,存在特殊医疗依赖,生活完全不能自理的事故。如造成患者下列情形之一的:植物人状态;极重度智能障碍;临床判定不能恢复的昏迷;临床判定自主呼吸功能完全丧失,不能恢复,靠呼吸机维持;四肢瘫,肌力0级,临床判定不能恢复。

(二)二级医疗事故

二级医疗事故,是指造成患者中度残疾、器官组织损伤导致严重功能障碍的事故。二级医疗事故又分为二级甲等医疗事故、二级乙等医疗事故、二级丙等医疗事故和二级丁等医疗事故四等。

(三)三级医疗事故

三级医疗事故,是指造成患者轻度残疾、器官组织损伤导致一般功能障碍的。又分为三级甲等医疗事故、三级乙等医疗事故、三级丙等医疗事故、三级丁等医疗事故和三级戊等医疗事故五等。

(四)四级医疗事故

四级医疗事故,是指造成患者明显人身损害的其他后果的医疗事故。如造成患者:双侧轻度不完全性面瘫,无功能障碍;面部轻度色素沉着或脱失;一侧眼睑有明显缺损或外翻;拔除健康恒牙;器械或异物误入呼吸道或消化道,需全麻后内窥镜下取出;口周及颜面软组织轻度损伤等16种情形之一的。

三、医疗事故的行政处理

医疗事故的行政处理是指卫生行政管理部门对医疗事故的处理,即在医疗事故发生后,卫生行政管理部门对所发生医疗事故、医疗事故纠纷的处理以及对医疗事

故责任的追究。

(一)医疗事故的报告

医务人员在医疗活动中发生或者发现医疗事故、可能引起医疗事故的过失行为或者发生医疗事故争议的,应当立即向所在科室负责人报告,科室负责人应当及时向医疗机构负责医疗服务质量监控的部门或者专(兼)职人员报告;负责医疗服务质量监控的部门或者专(兼)职人员接到报告后,应立即进行调查、核实,将有关情况如实向医疗机构的负责人报告,并向患者通报、解释。

发生医疗事故的,医疗机构应当按照规定向所在地的卫生行政管理部门报告。发生下列重大医疗过失行为的,医疗机构应当在12小时内向当地卫生行政管理部门报告:导致患者死亡或者可能为二级以上的医疗事故;导致3人以上人身损害后果的;国务院卫生行政管理部门和省、自治区、直辖市人民政府卫生行政管理部门规定的其他情形。

发生医疗事故以后,无论双方当事人协商解决还是经人民法院调解或判决的,医疗机构都应当在7日内向所在地的卫生行政管理部门做出书面报告,并附具协议书或者调解书、判决书。

(二)医疗事故争议的调查与处理

卫生行政管理部门在接到医疗机构的医疗事故报告后,应当立即组织人员进行调查,调查应尊重事实,尊重科学,做到客观、公正、全面。在调查核实的基础上,对于无法判定是否属于医疗事故,或者无法认定重大医疗过失行为与患者人身损害之间是否存在因果关系以及损害程度和医疗方的责任程度的,卫生行政管理部门应当交由负责组织医疗事故技术鉴定工作的医学会组织鉴定。在这种情况下,卫生行政管理部门的移交鉴定是履行监督管理职权的主动行为,这种启动方式可以防止或减少医疗机构规避医疗事故技术鉴定以掩盖医疗事故情形的发生。

卫生行政管理部门收到负责组织医疗事故技术鉴定工作的医学会出具的医疗事故技术鉴定书后,应当对参加鉴定的人员资格和专业类别、鉴定程序进行审核,必要时,可以组织调查,听取医疗事故争议双方当事人的意见。

卫生行政管理部门经审核,对符合《医疗事故处理条例》规定而做出的医疗事故技术鉴定结论,应当作为对发生医疗事故的医疗机构和医务人员作出行政处理以及进行医疗事故赔偿调解的依据;经审核,发现医疗事故技术鉴定不符合《医疗事故处理条例》规定的,应当要求重新鉴定。

（三）医疗事故争议的解决

《医疗事故处理条例》第 46 条规定,发生医疗事故赔偿等民事责任争议,医患双方可以协商解决;不愿意协商或者协商不成的,当事人可以向卫生行政管理部门提出调解申请,也可以直接向人民法院提起民事诉讼。可见,因医疗事故损害赔偿等民事责任的承担问题而产生的争议,医患双方有三种解决途径可供选择:双方协商解决;向卫生行政管理部门提出调解申请;向人民法院提起民事诉讼。

四、医疗事故技术鉴定

医疗事故技术鉴定,是指符合《医疗事故处理条例》规定的鉴定机构及其人员,按照一定的程序,对医疗行为给患者造成的人身损害,是否构成医疗事故以及等级所做出的权威性结论的过程。其目的是对医疗损害做出鉴别与判定,即以事实和法律为根据,以医学科学为指导,通过调查研究和技术性处理,分析事故产生的原因以及与损害后果之间的关系,最终判明事故的性质。医疗事故技术鉴定,无论是在医患双方协商解决、申请行政调解还是提起民事诉讼,都起着十分关键的作用。科学、公正的鉴定结果,是判定医疗损害行为是否属于医疗事故、医患双方所承担的责任等的基本根据。

（一）医疗事故技术鉴定的鉴定机构

医疗事故技术鉴定由医学会负责组织实施,保证了医疗事故技术鉴定的独立性、公正性和中立性,对保护患方的合法权益、公平、公正处理医疗事故争议,提供了法律上的保障。

医学会,是指按照 1998 年 10 月 25 日发布的《社会团体登记管理条例》的规定,经县级以上人民政府民政部门审查同意、登记成立的医学社会团体,即由医学科学工作人员、医疗技术人员等中国公民自愿组成,为实现会员共同意愿、按照其章程开展活动的非营利性医学社会组织。医学会应当具备法人资格,属于社会团体法人。

在我国,全国设立中华医学会,各地方设立地方医学会。

（二）医疗事故技术鉴定的基本制度

1. 合议制度

所谓合议制度,是指参加医疗事故技术鉴定的专家组成员必须由三人以上单数组成,在做出医疗事故技术鉴定结论时,由专家鉴定组成员共同决定。合议制体现了民主集中制的原则,可以充分发挥鉴定专家的集体智慧,弥补鉴定人员个人能力的不足与主观片面性,提高鉴定质量。其最终目的是为了提高医疗事故技术鉴定结

论的客观性、公正性。

根据《医疗事故处理条例》第 25 条的规定,专家鉴定组进行医疗事故技术鉴定,实行合议制。专家鉴定组人数为单数,涉及的主要学科的专家一般不得少于鉴定组成员的 1/2;涉及死因、伤残等级鉴定的,应当从专家库中随机抽取法医参加专家鉴定组。

2. 回避制度

所谓回避制度,是指参加医疗事故技术鉴定的专家组鉴定人员,如果与医患双方当事人有法律上的利害关系或者其他关系,而这种关系的存在,有可能影响鉴定结论的客观公正性时,应当主动申请或者依照医患双方当事人中的任何一方的申请,退出专家组鉴定工作的一项制度。

回避的方式有三种:一是鉴定组成员自行回避,即鉴定人员符合《医疗事故处理条例》第 26 条所规定的回避情形时,应当向专家组或者鉴定机构主动请求退出鉴定组,不参加该项工作。自行回避是鉴定组成员应当履行的一项法定义务。二是申请回避,即医患双方当事人的任何一方,认为专家鉴定组成员与案件当事人之间有《医疗事故处理条例》第 26 条所规定的回避情形,可能影响公正鉴定时,有权以口头或者书面形式提出申请,要求其退出鉴定组。医疗事故技术鉴定回避制度的规定,有利于从程序上保障鉴定结论的客观公正性。三是指定回避,适用于应当回避的鉴定人员本人没有自行回避而医患双方当事人的任何一方也没有申请其回避的情形。

3. 独立鉴定制度

所谓独立鉴定制度,是指专家鉴定组成员在依法进行医疗事故技术鉴定的过程中,以医疗事故发生的事实为基础,以医疗卫生管理法律、行政法规、部门规章和诊疗护理规范、常规为依据,运用医学科学原理和医学专业知识,独立进行医疗事故技术鉴定,不受任何外界力量和外在因素的干涉和影响,自主做出鉴定结论的一项制度。

《医疗事故理处理条例》第 27 条规定:专家鉴定组依照医疗卫生管理法律、行政法规、部门规章和诊疗护理规范、常规,运用医学科学原理和专业知识,独立进行医疗事故技术鉴定,对医疗事故进行鉴别和判定,为处理医疗事故争议提供医学依据。任何单位或者个人不得干扰医疗事故技术鉴定工作,不得威胁、利诱、辱骂、殴打专家鉴定组成员。

4. 两级鉴定制度

医疗事故技术鉴定分为首次鉴定和再次鉴定。

设区的市级地方医学会和省、自治区、直辖市直接管辖的县(市)级地方医学会负责组织专家鉴定组进行本地区首次医疗事故技术鉴定工作。省、自治区、直辖市医学会负责组织本行政区域内医疗事故争议的再次鉴定工作。医患双方认为需要鉴定的,应当首先申请首次鉴定。当事人对首次医疗事故技术鉴定结论不服的,可以自收到首次鉴定结论之日起15日内向医疗机构所在地卫生行政管理部门提出再次鉴定的申请。

当事人对首次医疗事故技术鉴定结论有异议,申请再次鉴定的,卫生行政管理部门应当自收到申请之日起7日内交由省、自治区、直辖市地方医学会组织再次鉴定。

必要时,中华医学会可以组织疑难、复杂并在全国有重大影响的医疗事故争议的技术鉴定工作。

(三)医疗事故技术鉴定的程序

1. 启动医疗事故技术鉴定

根据《医疗事故处理条例》第20条的规定,医疗事故技术鉴定程序的启动主要有三种方式:一是由卫生行政管理部门移交医学会鉴定;二是由医患双方共同委托医学会鉴定;三是司法机关委托医学会鉴定。

2. 受理医疗事故技术鉴定

负责组织医疗事故技术鉴定工作的医学会,应当自受理医疗事故技术鉴定之日起5日内通知医疗事故争议双方当事人提交进行医疗事故技术鉴定所需的材料。当事人应当自收到医学会的通知之日起10日内提交有关医疗事故技术鉴定材料、书面陈述及答辩。对不符合受理条件的,医学会不予受理。不予受理的,医学会应说明理由。

医学会不予受理医疗事故技术鉴定的情形有:(1)当事人一方直接向医学会提出鉴定申请的;(2)医疗事故争议涉及多个医疗机构,其中一所医疗机构所在地的医学会已经受理的;(3)医疗事故争议已经人民法院调解达成协议或判决的;(4)当事人已向人民法院提起民事诉讼的(司法机关委托的除外);(5)非法行医造成患者身体健康损害的;(6)卫生部规定的其他情形。

3. 组成专家鉴定组

医学会应当根据医疗事故争议所涉及的学科专业,确定专家鉴定组的构成和人数。专家鉴定组组成人数应为3人以上单数。医疗事故争议涉及多学科专业的,其中主要学科专业的专家不得少于专家鉴定组成员的1/2。

医学会应当提前通知双方当事人,在指定时间、指定地点,从专家库相关学科专

业组中随机抽取专家鉴定组成员。医学会主持双方当事人抽取专家鉴定组成员前,应当将专家库相关学科专业组中专家姓名、专业、技术职务、工作单位告知双方当事人。医学会对当事人准备抽取的专家进行随机编号,并主持双方当事人随机抽取相同数量的专家编号,最后一个专家由医学会随机抽取。双方当事人还应当按照上款规定的方法各自随机抽取一个专家作为候补。涉及死因、伤残等级鉴定的,应当按照前款规定由双方当事人各自随机抽取一名法医参加鉴定组。随机抽取结束后,医学会当场向双方当事人公布所抽取的专家鉴定组成员和候补成员的编号并记录在案。

4. 进行医疗事故技术鉴定

医学会应当做好医疗事故技术鉴定的准备。在鉴定的7日前,将鉴定的时间、地点、要求等书面通知双方当事人,并书面通知专家鉴定组成员。双方当事人应当按照通知的时间、地点、要求参加鉴定。专家鉴定组成员接到医学会通知后认为自己应当回避的,应当于接到通知时及时提出书面回避申请,并说明理由;因其他原因无法参加医疗事故技术鉴定的,应当于接到通知时及时书面告知医学会。

医疗事故技术鉴定由专家鉴定组组长主持,并按照以下程序进行:(1)医患双方当事人在规定的时间内按患方先、医方后的顺序,陈述意见和理由;(2)专家鉴定组成员根据需要可以提问,医患双方应如实回答。必要时,可以对患者进行现场医学检查;(3)医患双方当事人退场;(4)专家鉴定组对双方当事人提供的书面材料、陈述及答辩等进行讨论;(5)经合议,根据半数以上专家鉴定组成员的一致意见形成鉴定结论。专家鉴定组成员在鉴定结论上签名。专家鉴定组成员对鉴定结论的不同意见,应当记录在案。讨论确定的鉴定结论笔录应由鉴定组的成员签名留存。

5. 医疗事故技术鉴定书

医疗事故技术鉴定书是鉴定结论的书面形式。鉴定书的主要内容有:(1)医患双方当事人的基本情况及要求;(2)当事人提交的材料和负责组织医疗事故技术鉴定工作的医学会的调查材料;(3)鉴定过程;(4)医疗行为是否违反医疗卫生管理法律、行政法规、部门规章和诊疗护理规范、常规;(5)医疗过失行为与人身损害后果之间是否存在因果关系;(6)医疗过失行为与其在医疗事故损害后果中的责任程度;(7)医疗事故等级;(8)对医疗事故患者的诊疗护理医学建议。

专家鉴定组应当综合分析医疗过失行为在导致医疗事故损害后果中的作用、患者原有疾病状况等因素,判定医疗过失行为的责任程度。医疗事故中医疗过失行为责任程度分为:完全责任,指医疗事故损害后果完全由医疗过失行为造成;主要责任,指医疗事故损害后果主要由医疗过失行为造成,其他因素起次要作用;次要责任,指医疗事故损害后果主要由其他因素造成,医疗过失行为起次要作用;轻微责任,指医疗事故损害后果绝大部分由其他因素造成,医疗过失行为起轻微作用。

医学会应当将专家鉴定组成员签名的鉴定结论、由专家鉴定组组长签发的医疗事故技术鉴定书文稿和复印或者复制的有关病历资料等存档,保存期限不得少于20年。医疗事故技术鉴定书应当根据鉴定结论作出,其文稿由专家鉴定组组长签发。医疗事故技术鉴定书盖医学会医疗事故技术鉴定专用印章。

五、医疗事故的行政责任

医疗事故的行政责任,是指医疗事故发生后,医疗机构及其医务人员根据有关法律的规定所应承担的法律后果。根据《医疗事故处理条例》的规定,卫生行政部门应当依照该条例和有关法律、行政法规、部门规章的规定,对发生医疗事故的医疗机构和医务人员做出行政处理,这种处理既包括行政处罚,也包括行政处分。

行政处罚是由行政机关对实施违法行为的直接责任者所作的具有惩戒性的行政行为,主要有以下几种形式:警告;罚款;没收违法所得、没收非法财物;责令停产停业;暂扣或者吊销许可证、暂扣或者吊销执照;行政拘留;法律、行政法规规定的其他行政处罚。行政处罚应当由卫生行政部门依照法定程序做出。

行政处分,是由国家行政机关或者其他组织依照行政隶属关系,对违法失职的国家公务员或者所属人员所实施的惩戒性措施,包括警告、记过、记大过、降级、撤职和开除。卫生行政部门应根据医疗事故等级、医方责任程度等因素进行综合判定后做出对医疗机构或医务人员予以行政处分的决定。

思考与练习题:

1. 简述我国医疗纠纷预防和处理的立法情况。
2. 医疗纠纷与医疗侵权有哪些不同?
3. 《医疗纠纷预防和处理条例》规定了哪些解决医疗纠纷的途径?
4. 医疗风险分担机制如何防止发生医疗纠纷?

(重庆医科大学 田尧)

第十二章 医疗纠纷第三方调解制度

学习目标

掌握:医疗纠纷第三方调解的含义、特征及方式;医疗纠纷第三方调解的基本原则;医疗纠纷人民调解委员会的性质;医疗纠纷第三方调解协议司法确认;医疗责任保险的含义;医疗责任保险构建原则

熟悉:医疗纠纷多元化解决机制;医疗纠纷第三方调解与其他解决方式的衔接;医疗责任保险理赔处理

了解:国外医疗纠纷第三方调解机制现状

第一节 医疗纠纷第三方调解制度概述

一、基本概念

(一)调解的含义、特征及方式

调解是人类社会进程中的一种解决矛盾,化解纠纷,构建和谐社会的实践活动,是中国传统法文化的重要资源。调解是指双方当事人以外的第三者,以国家法律、法规和政策以及社会公德为依据,对纠纷双方进行疏导、劝说,促使他们相互谅解,进行协商,自愿达成协议,解决纠纷的活动。

调解的主要特征:第一,调解以当事人自愿为基础。无论是调解的进行、调解协议的达成还是调解协议的履行,都需要当事人的自愿和合意。当事人的自愿是调解能否进行的基本条件。第二,调解没有严格的固定程序。调解并没有固定的规则,如果当事人一方不愿意继续调解,可以马上终止,因而具有较大的灵活性。第三,调解书不具有强制执行效力。调解书没有法律上的强制执行力,其所规定的当事人的权利和义务能否实现,主要依靠道义力量。

我国调解方式主要是人民调解、行政调解和司法调解。

人民调解委员会的调解是指双方当事人共同向调解委员会申请调解,由后者主持调解达成协议。这种调解程序规范,达成的协议如果没有法定撤销事由,就成为合法协议,并且不收取任何费用。近年来各地纷纷设立医疗纠纷人民调解委员会,免费为市民调解医疗纠纷。医疗纠纷人民调解委员会受理本辖区内医疗机构与患者之间的医疗纠纷。受理范围包括患者与医疗机构及其医务人员就检查、诊疗、护理等过程中发生的行为、造成的后果及原因、责任、赔偿等问题,在认识上产生分歧而引起的纠纷。医疗纠纷人民调解委员会调解医疗纠纷不收费。委员会由具有较强专业知识和较高调解技能、热心调解事业的离退休医学专家、法官、检察官、警官,以及律师、公证员、法律工作者组成。

行政调解是指卫生行政部门对于医疗纠纷的调解。就我国的情况而言,卫生行政机关在医疗纠纷调解中占据着核心地位,2002年《医疗事故处理条例》对此作了专门规定:卫生行政机关调解的范围是当事人之间关于医疗事故的赔偿等民事争议;调解是可选择的并且不具有强制力,其履行取决于当事人的意愿。实践中,卫生行政部门作为行政机关以及行业主管机关,其所具有的权威性对医疗纠纷的调解具有重要作用,许多医疗纠纷都通过调解获得解决。2018年出台的《医疗纠纷预防和处理条例》保留了医疗纠纷行政调解。

司法调解也称诉讼调解,是指医疗纠纷进入诉讼程序后,由法院组织进行、医疗纠纷双方当事人自愿同意的调解。我国民事诉讼法规定,人民法院审理民事案件,根据当事人自愿的原则进行调解。所谓自愿,一是从程序意义上讲,双方当事人自愿以调解的方式解决争议;二是从实体意义上讲,调解协议的内容必须是双方当事人意愿。这是调解不同于判决的一个重要特点。以调解的方式解决当事人之间的纠纷,是法律赋予当事人的一种诉讼权利,人民法院有权在当事人自愿的前提下主持调解,无权强迫当事人接受调解。调解协议必须是双方当事人互谅互让、自愿协商的结果。

(二)医疗纠纷第三方调解的概念与特点

医疗纠纷第三方调解无官方定义,理论界一般认为医疗纠纷的第三方调解,是在第三方的主持下,依据国家法律、法规、规章政策和社会公德,对医患双方进行劝说和斡旋,促使双方相互谅解,通过协商消除纠纷的活动。在内涵上包含以下要素:(1)主体是独立于医患双方的第三方;(2)客体是医患双方之间的矛盾;(3)依据的是社会规范和医疗事实。广义的医疗纠纷第三方调解包括行政调解和司法调解;狭义的医疗纠纷第三方调解则排除这两种调解方式,是指在司法行政部门的指导下,运

用人民调解机制,医患双方之外的第三方介入医疗纠纷的调解,促成当事人达成协议,化解医患矛盾的一种纠纷解决方式。

与传统的和解、行政调解、诉讼等医疗纠纷解决方式相比,医疗纠纷第三方调解具有明显的优势。第一,具有中立性、公平性、客观性、独立性、保密性、形式灵活、保证双方谈判地位平等等特点。第二,具有经济、节约的特点。《人民调解法》中规定:县级以上地方人民政府对人民调解工作所需经费给予必要的支持和保障,人民调解委员会调解民间纠纷不收取任何费用,既节约了患方、医方的纠纷解决成本,也节约了诉讼成本和司法成本。第三,具有平和性。医调委作为第三方调解组织,既能实现将医患矛盾引至院外,避免矛盾进一步激化,也有利于缓和医患关系。第四,调解机制能与医疗责任保险相结合,实现"调保结合",转移院方医疗风险,实现医患双方的共赢。

医疗纠纷第三方调解在实践中也存在着一定问题:第一,机构运行方面,由于政府投入有限,采用免费调解模式的医调委运行经费捉襟见肘;同时调解员专业化程度不高、专业调解员较少。第二,调解过程方面,医调委缺少法律赋予的调查权和鉴定权;同时,尚未建立统一的调解程序和赔偿标准,调解结果存在较大随意性。第三,外部机制方面,一是医调委的公信力、中立性存疑,医患双方的认知度和认可度不高;二是调解结果法律效力不清、不具强制力;三是医疗责任保险等配套机制不健全;四是监管存在脱节,可能存在"廉价正义"和"和稀泥"。

二、医疗纠纷第三方调解的基本原则

(一)自愿原则

自愿原则是指发生医疗纠纷后,双方当事人进入第三方调解程序,有权自愿选择鉴定地点、自愿选择达成和解协议的方式和自愿选择调解程序是否公开。医疗纠纷的鉴定,本着异地鉴定的原则,当事人可以通过协商选择本地进行鉴定,也可以选择在外地作鉴定;在坚持调解前置的前提下,双方当事人可以通过第三方调解机构的调解达成调解协议,也可以选择不通过第三方调解机构的调解而自行达成和解协议;因医疗纠纷案件大多会涉及患者的隐私权或医疗机构的声誉,故医疗纠纷第三方调解机构在处理纠纷时原则上不公开调解过程,但是如果当事人觉得有必要公开调解过程的,也可以向医疗纠纷第三方调解机构申请公开。

(二)因地制宜原则

《侵权责任法》第57条规定:"医务人员在诊疗活动中未尽到与当时的医疗水平

相应的诊疗义务,造成患者损害的,医疗机构应当承担赔偿责任。"因此,在医疗纠纷第三方调解过程中,调解机构应充分考虑纠纷发生地医疗水平的实际情况来判别医务人员是否未尽到诊疗义务并进行调解。可见,因地制宜原则不是"区别对待个体生命健康权"。医疗机构和医务人员必须遵守法律法规所规定的其应当遵守的一般规则;但是,医疗水平由于地区不同而有差距是现实存在的,故我国《侵权责任法》增加了医疗水平标准。

(三)不公开原则

不公开原则是指医疗纠纷第三方调解机构在处理医疗纠纷的时候,不设旁听席,不允许群众参加旁听,整个过程不向新闻媒体开放,不允许媒体进行报道;同时,参与此次纠纷调解的人员(包括医生、律师、鉴定人、书记员、翻译人员和双方当事人等)均有保密义务,对当事人双方争议的内容和调解结果不得向外界披露。不公开的原则是充分考虑到医患双方当事人的隐私权和名誉权等切身利益而提出的,体现了第三方调解机制在解决医疗纠纷时对人权的充分尊重。就患者来讲,医疗纠纷第三方调解机构处理医疗纠纷过程的不公开,有利于保护患者的隐私权。就医方来说,医疗纠纷第三方调解机构处理医疗纠纷过程的不公开有利于保护医疗机构行业信誉,避免医疗纠纷对医疗机构造成的不良影响。

三、医疗纠纷第三方调解方式

根据调解风格的不同,调解的方式可分为评价式、促进式、转化式、叙事式调解等。其中,前两种为主要调解方式。在目前实施人民调解制度的过程中,我国普遍所采用的是评价式调解方式,国外广泛使用的促进式调解方式。

(一)评价式调解与促进式调解的界定

评价式调解又称为评估式调解,是指居于中立地位的第三方调解人,根据其经验、专业判断为当事人提供意见和建议,使其尽快明确自己的法律权益以及处境的优劣,抛弃不切实际的要求,作出妥协和让步,从而迅速解决纠纷。在医疗纠纷第三方调解中,评价式调解是指医疗纠纷调解员提供与争议有关的法律规定、事实依据,以及提供相关意见,试图借此说服医患双方解决纠纷。促进式调解方式是指作为中立地位的第三方调解人主要是发挥中介作用,以促进合意为基本目标,一般不向当事者提供意见、判断和建议。在医疗纠纷第三方调解中,促进式调解则是指医疗纠纷调解员为了消除医患之间的认知分歧、促进自主对话,为医患双方构筑一个平等沟通和感情宣泄的平台,并在调解员的帮助下,找出双方共同的利益所在,实现修复

医患之间良好关系的目标。

(二)评价式调解的优势与困境

1. 优势

将医疗纠纷及时引导到院外处理,避免患者与医院的直接冲突;行业性、专业性的第三方调解组织通过由医学专家、法律专家等对医疗行为的评鉴,依法进行理赔,为医疗纠纷的解决提供重要依据;具有快速、中立等优势。

2. 困境

一是虽可厘清医疗过错和责任大小以及金钱的赔偿等方面,但难以实现医患双方对感情、人际关系修复的需要。二是调解员代替当事者解决问题时一定程度上阻碍了医患对话和情感的传达。三是在医疗纠纷个案处理过程中,存在着向患者倾斜保护的思维定式,忽视对医方的心理关怀。四是在具体事实的认定和是非的明辨比较困难的情况下,不能更好地贯彻当事者的意思自治原则。

(三)加强我国促进式调解队伍的职业化建设

1. 调解员职业伦理"三不"及"三要"原则

"三不":不表示个人的价值或是非观、不介入评断当事人的是非、不表露对案件的情绪。

"三要":要引导双方了解各自的利益点、要引导双方一起来寻找共同的利益所在、要用中立的态度控制场面。

2. 调解员职业伦理规范的建立

做自主对话的促进者。医疗纠纷调解员不是相互传达双方当事人的意见,代替双方当事人进行对话,而是努力提供双方当事人对话的场所,促成他们之间面对面的自主对话。

并不发表自身的判断、见解和评价。医疗纠纷调解员站在中立立场,倾听来自医患双方的诉求,理解和感受双方的处境,不压制双方的对话。

医疗纠纷调解员的工作目标,不只是医疗纠纷的解决,而是重在良好医患关系的修复。医疗纠纷即使解决了,医患双方仍然有很多地方希望得到对方真心诚意的说明。医疗纠纷调解员的使命,正是将这未完的对话努力向前推进。

医疗纠纷调解员要富有同理心,用心倾听来自双方的倾诉。切身感受双方的处境,设身处地地理解双方的苦衷,敏锐捕捉住问题背后纠纷产生的真正原因。

3. 促进式调解员培训教育体系的开发

医疗纠纷调解培训教育制度应在社会建构论的基础上,以叙事医学为核心,结合谈判学理论而创建。促进式调解考虑的因素不仅要接纳双方的感情诉求,要注重挖掘当事者背后心理、社会、环境的影响因素,更要寻找当事者深层的共同利益点,努力促成合意。所以,在课程开发过程中,要加大叙事医学引入课程的力度,充实课程的人文关怀理念。同时,要注意与传统人民调解技能相区别。不要预设立场,放空、放下自己的想法,不表明好恶,充满好奇、专注倾听、温柔地陪伴。针对评价式人民调解的"东方经验",开发出技能比较课程,加强促进式调解技能的专业化、规范化训练。

4. 开展包括促进式调解员资格认证在内的行业自治管理

资格认证是促进式调解得以职业化的必要前提。建立调解员的资格认证制度,规定从业人员必须具备的知识结构、专业技能和工作经验等,能够提高从业人员的进入门槛,防止参差混杂的现象。对于在职人员推行资格认证制度,能够改变对工作绩效评价模糊状态,使有贡献、有责任心的调解员快速成长起来。资格认证意味着要有一个具体负责创设调解员资格标准的组织或机构,为符合标准的人颁发执照,并负责对调解员资格、培训和评估进行审查。

四、国外医疗纠纷第三方调解机制现状

域外许多国家和地区基本都建立了较为完善的医疗纠纷第三方调处机制,并成为这些国家和地区解决医疗纠纷的主要途径。如美国医疗纠纷解决委员会的调解、德国医师协会的调停所和鉴定委员会的纠纷解决、法国的地区医疗事故损害调停·补偿委员会的处理以及日本医师协会医师赔偿责任保险的纠纷处理等。

(一)美国医疗纠纷解决委员会的调解

为了缓和医患关系,避免患者的无谓诉讼,美国从20世纪60年代就探索由医疗专家组成的机构作为医疗纠纷处理机关以替代法院审判。基于此,美国各州的医师协会和保险公司相互配合,成立了医疗纠纷处理机构。该机构是指在医疗事故发生以后,患者提起诉讼前的一段时间内,由其所聘请的专家组成的审查会采取任意的或者强制的方式,对于该医疗事故是否有必要向法院提交等问题进行事前研究的一种非诉讼处理医疗纠纷的机构。其设立目的在于根据专家进行的审查,对当事人在诉讼中提出的情况及其诉讼判决结果进行预测,它的主要结果是防止当事人滥用诉讼权利造成不应有的损害后果,减轻社会因处理医疗事故所需要的一些不必要的费用。专家们最主要的是对医疗纠纷的基本事实向当事人进行说明,并且分析医疗纠纷诉讼的价值。20世纪90年代末,美国仲裁协会(AAA,American Arbitration

Association)、美国律师协会(ABA,American Bar Association)、美国医学协会(AMA,American Medical Association)联合成立了医疗纠纷解决委员会(CHCDR,Commission on Health Care Dispute Resolution)。该委员会旨在通过发展医疗纠纷的替代性解决模式和正当程序标准,向公众提供一个于诉讼之外迅速、公正、高效地解决医疗纠纷的系统。其后,多伦多美国律师协会年会上,委员会公布了一份报告,建议使用调解和仲裁方式解决医疗纠纷,并对调解模式提出具体建议,内容涉及当事人对调解的约定、对调解的要求和调解计划、调解员的条件和对调解员的选择、调解参加人的准备工作、调解的开始及参与、调解员的作用、调解协议以及调解费用等方面。在政府及私立机构的一系列改革计划中,替代性解决模式也被广泛应用于医疗纠纷的解决中。

(二)德国医师协会调停所和鉴定委员会的纠纷处理

自20世纪70年代起,德国医疗过失诉讼急剧增加,不断攀升的损害赔偿费用不仅会招致医疗保险危机,还有可能导致医务人员采取保守诊疗的方法。当时的德国,医患关系非常紧张,那些因缺乏医学知识而沮丧失意的患者为获取医疗记录而动辄启动刑事调查程序。医界希望通过设立诉讼外解决机制来缓解医患之间的紧张气氛,并表达其开诚布公之意。特别是,他们也愿意从专业角度帮助患者,支持其有根据的权利主张,并促使其放弃无据之要求。由此德国各地的医师协会创设了医疗纠纷诉讼外处理程序即调停所(委员会)(Schlichtungsstelle)和鉴定委员会(Gutachterkommission)。德国医师协会调停所和鉴定委员会的共同之处体现在任意性、中立性、透明性、对抗性程序、无偿性、无强制力等方面。调停所主要是于诉讼之外处理医师的赔偿责任,而鉴定委员会仅对医师的治疗是否存在过错作出鉴定。调停所和鉴定委员会均以鉴定为工作重心,且都具有任意性、免费和无强制力三个特征,同时两者的设立模式、功能定位,以及程序申请和启动的条件与费用承担等具体制度设计上也存在一定区别。德国医师协会设有四个调停所,调停程序都以当事人的书面申请而启动;各调停所(委员会)的费用都由医师协会负担,鉴定委员会的费用由保险公司负担,当事人只需负担各自的律师费用。德国医师协会现有五个鉴定委员会,各鉴定委员会的基本程序是一致的,如委员长均由法律人士担任;程序都以当事人的书面申请而启动;委员会的费用和鉴定费用由医师协会负担,当事人只需负担各自的律师费用等等。鉴定委员会的鉴定程序因当事人提交申请书而启动。实践中,申请几乎都由患方提出。调停所和鉴定委员会的差异主要体现在设立模式、功能定位、程序申请与启动条件以及费用承担方面。德国医师协会的调停所根据各州医师协会同赔偿·伤害·汽车保险协会之间的协议而设立。鉴定委员会则是各州医师协会独立设立的组织，与保险公司之间没有关系。调停所的作用是于诉讼之外解决医患之间关于医师责任的纠纷，裁定医师有无赔偿责任及损害赔偿的数额，以医师赔偿责任保险来填补受害人的损害。鉴定委员会接受主张医疗过错的患者和否认医疗过错的医师双方提出的申请，对该案件中的事实进行鉴定，并将鉴定结果通知当事人。鉴定委员会只对案件进行纯粹的医学上的鉴定，仅就是否存在医疗过错进行公正的判断，不对是否存在赔偿责任或损害赔偿的数额做出裁定。因而，即使在鉴定结果表明确实存在医疗过错的情况下，患方也只能依据该鉴定另外向保险公司提出损害赔偿请求。调停所的程序只有在作为被保险人的医师同加盟HUK的保险公司签订医师赔偿责任保险的情形下，当事人才能够提出调停申请。除了患者和医生，医师所参加的责任保险公司从一开始也作为当事人参加调停程序。如果保险公司不同意，调停所的程序原则上就不能进行。但是，无论医师是否同保险公司签订医师赔偿责任保险，都不影响鉴定委员会程序的启动与进行。在鉴定委员会的程序中，只有医师和患者是当事人，保险公司不参与程序。调停所的调停费用原则上由保险公司负担。但在鉴定委员会的程序中，鉴定费用不是由保险公司负担，而由医师协会来负担。

（三）法国的地区医疗事故损害调停·补偿委员会

法国从20世纪80年代起就有在医疗纠纷解决制度中引入调解程序的构想，至2002年3月4日的法律修改以落实。在此之前，患者为获得赔偿，只能向法院起诉或者直接与医疗机构或保险公司交涉。2002年3月4日，法国出台了《患者权利和卫生系统质量法》。该法修改了《公共健康法典》的部分规定，在法国本土以及法属殖民地设置多个"地区医疗事故损害调停·补偿委员会"，同时还成立了国家赔偿办公室和全国医疗事故委员会，该委员会任务是制作医疗事故专家国家名单，同时负责专家的培养、制定专家的工作指南等。医疗损害调停委员会不具有独立的法人资格，其预算由国家赔偿办公室拨付，但国家赔偿办公室并不干涉医疗损害调停委员会的业务，以保证医疗损害调停委员会裁定程序的中立性。医疗损害调解委员会的目的是实现发生在患者与医疗从业人员或医疗机构之间的纠纷的和解决。委员会的主要任务在于对事实关系以及是否存在过错等，依据专家的报告书实施鉴定程序，在此基础上做出裁定。医疗损害调停委员会的裁定程序分为申请程序、鉴定程序、裁定程序、补偿/赔偿程序等阶段，有些案件可能还存在调停程序。

1. 申请程序

患者需满足一定条件方可提出医疗损害调停委员会的裁定程序申请。即便向

地方委员会提出申请，患者仍可向法院起诉。反之亦可，即便向法院提起了诉讼，仍可以向地方委员会提出申请。申请书上必须注明如下事项：受害人姓名、性别、出生年月日、出生地、住址、电话号码、受到损害时的职业、申请时的职业、社会保险号码、健康保险信息、医院等医疗机构的名称、药品和医疗器械的制造、研发或零售商的名称及住所。还应该具体写明损害的发生时间、症状及造成的经济损害。此外，患者还应向地方委员会提交病历、手术记录、载明损害性质及功能丧失比例的诊断书、社会保险证复印件、休业证明、工资证明、如从保险公司处获得赔偿的赔偿证明等资料。患者可要求医疗从业人员和医疗机构等提供关于损害状况及其原因的资料，后者15日内必须提供病历、手术记录的复印件等资料。申请书上还应注明申请人是否打算起诉，如果已经起诉则写明起诉的时间和法院。为避免患者重复获得赔偿，申请书上必须注明患者就同一损害是否已获得赔偿金或者是否请求赔偿金。最后，还要签署申请书制作的时间和制作人。申请书应以邮寄或亲自递交的方式提交给对事件具有管辖权的地方委员会，如果向无管辖权的地方委员会提交了申请书，接到申请书的地方委员会应将申请书移交至有管辖权的委员会，而不能以无管辖权为由驳回申请。向地方委员会提出申请的期间，为自医疗事故或院内感染等发生之日起10年之内。

2. 鉴定程序

申请被受理后，应由多名专家实施鉴定，在此基础上，地方委员会自受理之日起6个月内就下列事项做出裁定：关于损害的事实关系、原因、损害程度及范围、是否存在瑕疵等赔偿责任的法律性质等。原则上，鉴定程序应由多名专家合议进行，并制作报告书。地方委员会可以基于全国医疗事故委员会制作的国家医疗事故专家名单选任专家。实践中，要求尽可能地从其他地区的医师中选任专家，以更好地确保鉴定质量。此外，鉴定原则上应自受理之日起3个月之内完成。专家可以要求当事人及第三人提交病历等必要记录，医疗机构不得以职业秘密等为由拒绝。随后，在专家的主持下，当事人双方到场进行辩论。专家对鉴定中所得知的信息负有保密义务，如果违反将被予以刑事处罚。专家费用原则上由补偿公社负担。当事人不用负担专家费用。

3. 裁定程序

专家鉴定报告书制作出来后，委员长将召集会议并首先对报告书陈述意见，之后委员们进行相互讨论，在此基础上根据少数服从多数的原则进行集体表决，就下列事项做出裁定：关于损害的事实关系、原因、损害的范围、有无过失等赔偿责任的法律性质及损害的程度等。当无法形成多数意见时，依据委员长的意见作出裁定。

作出裁定不受鉴定报告书的约束。在裁定中,不得就补偿金或赔偿金的具体金额做出提示。裁定本身也没有强制力,当事人可以自由地决定是否接受裁定。值得注意的是,在决议前的一个月,委员会应通知双方当事人出席决议程序,当事人可以聘请一名合作医生或律师作为辅助人。

4. 赔偿/补偿程序

裁定作出后,将通知患者、医疗从业人员、保险公司等利害关系人以及补偿公社。对于其后的赔偿/补偿程序,分为两种不同的情形。根据《公共健康法典》,如果地方委员会认定医疗机构或医疗从业人员存在过失,则其保险公司必须在裁定作出后4个月内决定是否在保险合同的范围内接受并履行该裁定。如果保险公司和被害人或其继承人均认可该裁定,则保险公司应在被害人或其继承人表示认可该裁定后的1个月内提示赔偿额。如果患者同意这一数额,当事人之间就成立和解。如果保险公司在患者做出同意赔偿额的决定后一个月内未支付赔偿额,则必须对未支付部分加付两倍于一般法定利息的利息。被害人从社会保险等第三人处获得的金钱将从赔偿额中扣除,直接返还至该第三人。此外,在过失被认定的情形下,保险公司还应当向补偿公社支付鉴定费用。在被害人认为保险公司提示的赔偿额过低而拒绝接受时,被害人可以向法院起诉。如果法院认定保险公司提示的赔偿额确实过低,应命令保险公司向患者支付适当金额的赔偿金。如为补偿公社向患者支付补偿金的情形,则法院可以要求补偿公社支付损害额的15%以上作为制裁金。这样就能够防止保险公司不恰当地提示过小的赔偿额。上述制裁金纳入补偿公社的预算,用来支付对患者的补偿和鉴定费用。在医疗从业人员未参加保险或保险公司对裁定不予回应或不认可的情形下,则由补偿公社代替保险公司或医疗从业人员支付赔偿金。补偿公社可以对保险公司和未加入保险公司的医疗从业人员提起代位诉讼。法院可以命令保险公司和未加入保险公司的医疗从业人员向补偿公社多支付患者赔偿额的进行审查并基于少数服从多数的原则作出决议。

(四)日本世纪之交的"医疗 ADR"实践

自20世纪90年代起,日本的医疗事故诉讼急剧增加,案件积压现象严重。而且,诉讼并不能很好地满足患者及其家属提出的"查明真相""医方坦诚以对""防止事故再次发生""经济赔偿"等所有要求。根据一项调查,日本有过医疗诉讼经验的患者及其家属中,66%的人对律师表示不满,71%的人不能接受诉讼结果。为此,日本一方面修改民事诉讼法律制度,并在最高法院下设置"医事关系诉讼委员会",在全国各主要地方法院设立专审医疗诉讼案件的"医疗诉讼集中部"或"联络协议

会"等,以期实现医疗诉讼案件的迅速审理;另一方面,也积极寻求医疗纠纷的ADR解决。2004年11月,日本国会审议了《关于促进诉讼外纠纷解决程序之利用的法律》(简称《日本 ADR 法》),该法于同年12月1日公布。自2007年4月1日起正式施行。《日本 ADR 法》的核心是设立了民事纠纷解决程序业务认证制度。开展民间纠纷解决程序之业务者,可以就该业务获得法务大臣的认证。认证须提出认证申请书,对于符合法定条件的认证申请,法务大臣应该做出认证。法务大臣对符合一定条件的调停机构进行认证,以增强调停机构的社会信任。此外,该法还将关于时效中断等的特例等予以制度化,使纠纷的当事人能够更容易地选择 ADR。该法颁行之后,日本各地陆续出现了形式各异的医疗纠纷 ADR,其共同特征有五方面:一是程序的迅速化和简易化,二是费用的削减,三是回避了对立的尖锐性,四是专家判断为主。ADR 中充分利用各个领域的专家作为程序实施者或辅助者,使得专业型纠纷更容易获得解决。五是秘密保持,ADR 原则上是非公开的,纠纷解决的内容以及纠纷本身都是秘密。

(五)其他国家

澳大利亚新南威尔士州健康投诉管理委员会,负责接受患者和医疗机构投诉。任何人如果认为医疗服务者的诊疗行为影响了个人的治疗及恢复效果等都可向该委员会投诉。该委员会采用的是公务员管理制度,都有编制,其运营经费由政府支付,该委员会的评估部门和调解部门对投诉案件的双方进行调解。调解成功后,当事人仍可以向法院提起诉讼,其调解内容不能作为将来起诉的证据。

1997年新加坡开设了医疗纠纷调解中心,调解不免费,根据患方申请索赔的金额大小收取一定的费用,一般比较低。这种调解方式要求定赔不定责,重在化解纠纷,只求解决问题,因而调解人员按照争执双方的要求设置解决方案,灵活解决各种纠纷。双方签订的调解协议具有法律约束力,协议中可以添加双方约定的条款,如道歉和后续治疗费用等内容,调解采取不公开方式进行,不允许除医患双方、律师和调解员以外的人参与,并且不准旁听和媒体报道。这有利于双方当事人沟通和保护隐私,但其中立性难保证。

第二节　医疗纠纷人民调解委员会

《医疗纠纷预防和处理条例》自 2018 年 10 月 1 日起施行,《条例》明确将人民调解作为处理医疗纠纷的法定途径和重要渠道,根据医疗纠纷的特点和各地实际,对医疗纠纷人民调解组织队伍作出明确规定。设立医疗纠纷人民调解委员会,一要遵守《中华人民共和国人民调解法》的规定,始终保持人民调解的群众性、自治性、民间性属性,确保医疗纠纷人民调解工作的中立性、权威性、公信力;二要符合本地实际需要,对医疗机构集中、医疗纠纷易发多发、确有必要单独设立的要积极推动设立,不具备条件的可以建立调解室或工作站,也可以纳入现有人民调解委员会工作范围;三要履行备案程序,成立医疗纠纷人民调解委员会要及时向所在地县级以上地方人民政府司法行政部门备案。《条例》对调解员的专业化、职业化提出要求,要求医调委根据情况聘任一定数量的具有医学、法学等专业知识且热心调解工作的人员担任专(兼)职人民调解员。2018 年 3 月,中央全面深化改革委员会第一次会议审议通过了《关于加强人民调解员队伍建设的意见》,已由中央政法委、最高人民法院、司法部、民政部、财政部、人力资源和社会保障部联合印发。各地要结合《意见》的贯彻落实,积极吸纳退休政法干警、律师、医生、专家等担任人民调解员,努力争取为每个医调委配备至少 3 名以上专职人民调解员。要进一步健全医疗纠纷人民调解咨询专家库,积极发展调解志愿者和信息员队伍,广泛动员社会人士和专业人士参与医疗纠纷排查化解工作。

一、医疗纠纷人民调解委员会的性质

医疗纠纷人民调解委员会简称医调委,是依法设立的调解医疗纠纷的专业性、群众性自治组织。它独立于卫生行政、司法部门之外,通过聘请既懂医疗和法律又懂调解和政策的领域专家在纠纷一线开展工作,给医患搭建能够平等沟通、协商解决的平台。调解不收取任何费用,其出具的调解协议书具有法律约束力。医疗纠纷人民调解委员会的队伍构成,通常包括四种人:一是医学专家,二是法律工作者,三是心理学专家,四是具有一定调解工作经验同时又热衷于公益事业的社会各界人士。

(一)医调委是具备一定的官方性质的群众性组织

医调委业务受司法行政部门的指导,是独立于卫生行政部门、保险机构和医患

双方之外的第三方人民调解组织。医调委不隶属于任何行政机构,其工作经费和调解员的补贴经费来自各级财政,不接受其他经济利益相关机构的捐赠和注资;医调委的工作人员不应为就职于各级医疗机构的医务人员,并且和相关的机构如医疗机构没有利益往来,这样处理问题不受外界影响,确保公正、客观地解决医疗纠纷。《人民调解法》规定:国家鼓励和支持人民调解工作,县级以上地方人民政府对人民调解工作所需经费应当给予必要的支持和保障,对有突出贡献的人民调解委员会和人民调解员按照国家规定给予表彰奖励。

(二)医调委是专业化的群众性组织

由于医疗纠纷的解决过程中涉及医学和法学等专业知识,一般人很难对医疗纠纷的性质、损害事实及因果关系等问题做出客观的判断。医调委发挥作用的基础是,调解机构及其调解人员具备较高的专业化要求。因此,医调委会聘请和吸纳具有实践经验和专业知识的医学专家、医疗卫生法学专家、律师、卫生管理专家等具有多学科相交叉的,且受过专业培训并取得调解员资格的专业人员参加,依据学科专业组的名录分别设置医学专家和法学专家的调解人员专家库。在调解过程中,组成专家调解组,由专业的调解人员通过讲解相关的医学知识、释法析理,引导患方正确维权,提高调解纠纷的能力,使医疗纠纷得以高效解决。

(三)医调委是中立性的群众性组织

中立性是医调委开展调解活动的基础,是医调委能否获得医患双方当事人信任的关键。医调委调解站在中立的第三方立场上,帮助纠纷当事人协商解决纠纷。其中立性表现在两个方面:一是医调委机构的设置具有独立性。依据《人民调解法》的相关规定,医疗纠纷第三方调解组织只接受司法行政部门的工作指导和法院的业务指导,不存在行政上的隶属关系。这种既独立于医疗卫生系统,又独立于保险机构,与当事的医患双方没有利害关系的机构,从制度上保证了医疗纠纷第三方调解组织的中立性。二是医调委的经费是由政府财政拨款,保证了在调解过程中不掺杂其他机构或人员的利益因素。

(四)医调委是公益性的群众性组织

医疗卫生服务的公共产品属性决定了医疗纠纷化解的特殊性,根据相关规定,医调委调解医疗纠纷不收取任何费用,体现其公益性。公益性的维持除了第三方调解机构的理念坚守和自我约束外,政府的支持和引导作用更为重要。一方面,政府的经费保障是保证第三方调解公益性的基础。政府必须担负起公共产品和服务提供者的责任,为第三方调解机构的运行提供必要经费保障。另一方面,政府的政策指引是保证第三方调解公益性的关键。社会治理是国家治理体系的重要组成部分,政府理应在其中发挥"主导作用"。社会主体要克服天然的逐利倾向、防范权力滥用,离不开政府有效的政策指引和行为规制。

二、医疗纠纷人民调解委员会的工作原则与内容

(一)工作原则

1. 依法调解原则

医调委调解必须遵循的原则首先是依法调解。近年来,在政府主导、行业推动和医务人员的不懈努力下,我国医疗技术能力和医疗质量水平显著提升。然而,由于医学本身具有未知性及风险性的特点,以及患者高期望值和医学本身局限性矛盾依然存在,医疗纠纷时有发生,部分医疗纠纷矛盾激化甚至引发激烈冲突,损害了医患双方合法权益,扰乱了正常医疗秩序,影响了社会和谐稳定。2018年8月31日,国务院发布《医疗纠纷预防和处理条例》(《条例》),已于10月1日起施行。医调委必须依据法律、法规、规章和政策进行调解,法律、法规、规章和政策没有规定的,依据社会良知及道德规范进行调解。医调委要破除以往"讲情重于讲法"的观念,在医疗纠纷调解过程中遵守法律制度以及合理的程序,以保证医疗纠纷调解的公正性。由于国内许多医疗纠纷的产生是因为医患双方信息不对称造成,因此,在医疗纠纷调解过程中应增加信息的透明度,以争取更多的信任和支持,还要加大对第三方调解的宣传力度,通过媒体手段宣传其政策措施、调解程序、成功案例等。在确保第三方调解机构自身中立性、公正性和专业性的前提下,辅以多重手段,以提升医调委调解的公信力。

2. 平等公正原则

医调委调解必须遵循平等公正原则。医疗纠纷必须在双方当事人自愿平等的基础上进行调解;尊重当事人的诉讼权利,不得因未经调解或调解不成而阻止当事人向人民法院起诉。医调委亦应建立完善的监督机制,首先是内部监督,医调委的每件医患纠纷案必须由两个调解员全程参加,两个调解员之间相互监督;此外,医调委特有的评审评鉴体系,在对医疗纠纷进行法律与医学认证过程中,有媒体的全程监督。通过强大的监督体系,使每一个案件都有事实基础,都有客观依据,把握医患双方各自的情与理。因此强化对医调委调解的多方位监督机制也应该成为构建第三方调解机构公信力的关注重点。

3. 及时便民原则

医调委调解必须遵循及时便民原则。医调委具备官方性,其受司法局的业务指

导,是独立于卫生行政部门、保险机构和医患双方之外的第三方人民调解组织。医调委调解是义务性为医患双方提供服务,调解医疗纠纷不收取任何费用;经调解解决的医疗纠纷,按照当事人要求,制作书面调解协议。根据2011年实施的《人民调解法》第33条规定,调解协议出具后的30日内,双方当事人可以向法院申请司法确认。经司法确认为有效的,调解协议就被赋予了强制执行力。医调委调解协议具有可申请强制执行的效力。对于未经司法确认的调解协议书,一方当事人起诉至法院要求撤销或确认无效的,法院受理后将审查以下几个方面:一是是否出于双方当事人的真实意思表示;二是协议双方当事人是否有行为能力;三是调解书是否违反法律、法规的强制性规定;四是调解书是否存在重大误解,显失公平。如果不存在上述情况,当事人的请求就不能得到支持。

4. 人文关怀原则

医调委调解解决医疗纠纷的整个过程中应关心、尊重医患双方,关注、尊重和重视医患双方的诉求,包括精神和情感上的需要。在调解过程中充分运用调解技巧,以理服人、以情动人,只有做到让医患双方从心理上相信医调委,取得双方当事人的理解与配合,才能顺利地解决医疗纠纷。

(二)工作内容

1. 依法调解医疗纠纷,防止医疗纠纷激化;
2. 通过调解工作宣传法律、法规、规章和医学知识,引导医患双方当事人依据事实和法律公平解决纠纷;
3. 向医疗机构提出防范医疗纠纷的意见、建议;
4. 经调解解决的医疗纠纷,按照医患双方当事人要求,制作书面调解协议书;
5. 向患者及其家属或者医疗机构提供医疗纠纷调解咨询和服务;
6. 向政府有关部门反映医疗纠纷和调解工作的情况。

三、医疗纠纷人民调解委员会运行中的功能冲突

医调委是国家为了更好化解医患矛盾的最重要的制度回应,承载着国家治理医患矛盾的政治需求,医调委作为第三方人民调解组织,在国家的指导和推动下建构,要具备三个功能属性:满足患方的权利诉求、维护医疗机构的合法权益、维护社会秩序稳定。在医调委运行的实践中,存在着一定问题。

(一)主体运行缺乏独立性

现阶段,各地医调委设立主体并不统一,有隶属于司法局的模式,如上海市各区

县的医调委;有隶属于保险公司的模式,如广州市医调委;也有独立设置"群众性组织"的模式,如北京市医调委、天津市医调委。虽然绝大多数地区的医调委已经与卫生行政部门脱离了隶属关系,但一部分医调委依然缺乏独立性,依托于司法行政机关或者保险公司。在这种情况下,医调委往往被当事人视为其上级部门的"代言人",其独立运行的中立性受到质疑。

(二)调解过程缺乏透明性

除了医学鉴定的鉴定意见,由医调委调解人员和外部专家完成的专家评估意见也是调解过程中认定医患双方责任的主要依据。一些地区的医调委虽告知当事人确切的赔偿数额,但不会向当事人披露专家评估意见书的具体内容以及其他细节,包括医患双方的责任分配、赔偿金额的计算方式等。这种专家评估意见不透明的做法可能会引起患方的质疑,无法充分说服医方,在一定程度上增加调解人员的工作难度。在调解结果与当事人预期不符的情况下,调解人员难以针对当事人的疑虑对调解结果的推断过程进行充分的解释,导致当事人对调解协议的认可度降低。

(三)运行过程缺乏有效监督

现阶段,大部分地区的医调委由当地司法行政部门监管。具体而言,医调委工作人员的推荐、招聘、管理、培训、考核均由司法行政部门直接负责。然而,针对医调委调解人员和外部专家的鉴定评估工作,却缺乏充分、有效的监督,或者仅仅流于形式。在这种情况下,即使专家评估意见与患者实际情况存异较大,调解人员和外部专家的责罚不明确。另外,医调委的外部监督力量明显缺位,调解过程不透明,缺乏有效监督。

四、医疗纠纷人民调解委员会的完善

(一)提高医疗纠纷第三方调解队伍专业化水平

通过立法明确医疗纠纷第三方调解员的准入标准、调解员享有的权利和应当承担的义务、调解的标准流程以及最终调解协议的法律效力。提高医疗纠纷第三方调解队伍专业化水平,将医疗纠纷第三方调解机构打造发展成一种行业性、专业性的医疗纠纷权威处理平台,使其在医疗纠纷解决问题上发挥权威性作用。

(二)建立完善专家咨询库制度

医疗纠纷专业性强且直接关系到当事人的切身利益。为了提升医调委专业能力,必须有更加专业的医疗团队作为"智囊团",在调解过程中听取其意见。另外在

建立专家咨询库制度时还要配套建立专家回避制度，保证在一个案件中咨询的专家与案件所涉医院没有关联。回避制度能使调解制度更加中立、公正，能取得当事人双方的信任。

（三）提高第三方调解机构公信力

保障机构本身的中立性。调解机构是中立性和公益性的群众性组织，其业务受司法行政部门指导，而不隶属于任何行政机构，其工作经费和调解员的补贴经费来自各级财政，不接受其他经济利益相关机构的捐赠和注资。第三方调解机构的工作人员不应为就职于各级医疗机构的医务人员，并且和相关的机构如医疗机构没有利益往来。要破除以往"讲情重于讲法"的观念，在医疗纠纷调解过程中遵守法律制度以及合理的程序，以保证医疗纠纷调解的公正性。

（四）完善多方位的监督体系

在医疗纠纷调解过程中建立对第三方调解机构全方位的监督机制，既要保证内部监督，也要实现社会监督。首先是内部监督，医调委的每件医患纠纷案必须由两个调解员全程参加，两个调解员之间相互监督。此外，医调委特有的评审评鉴体系，在对医疗纠纷进行法律与医学认证过程中，有媒体的全程监督。通过强大的监督体系，使每一个案件都有事实基础，都有客观依据，医患双方都合情合理。在医疗纠纷调解过程中应增加信息的透明度，以争取更多的信任和支持，加大对第三方调解的宣传力度，通过媒体手段宣传其政策措施、调解程序、成功案例等。总之，在确保第三方调解机构自身中立性、公正性和专业性的前提下，辅以多重手段，以提升第三方调解机构的公信力。规范机构内外制度构建，排除干预，增加群众认可度。

第三节　医疗纠纷第三方调解与其他解决方式的衔接

一、医疗纠纷多元化解决机制

多元化纠纷解决机制是当今世界各国普遍应用的纠纷解决机制。诉讼案件剧增是世界各国普遍的社会现象。传统的审判机制已难以应对日益沉重的诉讼，且诉讼的高成本和审判的迟延成为世界性的问题，从而构成民众"接近正义"的障碍和司法制度的危机，由此引发了全球范围的司法改革运动。各种替代性纠纷解决方式（Alternative Dispute Resolution，简称 ADR）应运而生并逐渐得到各国立法、司法机

关的重视。替代性纠纷解决方式既可以根据字面意义译为"替代性(或代替性、选择性)纠纷解决方式",亦可根据其实质意义译为"审判外(诉讼外)纠纷解决方式"或"非诉讼纠纷解决方式""法院外纠纷解决方式"等。ADR概念源于美国,原来是指20世纪逐步发展起来的各种诉讼外纠纷解决方式的总称,现在一般已引申为对世界各国普遍存在着的、民事诉讼制度以外的非诉讼纠纷解决方式或机制的称谓,具有自主性、灵活性、快捷性和经济性等特点。国外替代性纠纷解决方式的种类包括协商、调解、小型审理、仲裁等方式。

医疗纠纷多元化纠纷解决机制,是指综合运用调解、仲裁、行政处理、诉讼等多种模式和途径,使之相互衔接、有机整合,从而形成一个类型多样、功能互补、灵活高效的动态化纠纷解决系统,以更好地满足医疗纠纷化解的社会需求。

二、医疗纠纷第三方调解与其他解决方式的衔接的必要性

医疗纠纷第三方调解与其他解决方式的衔接,是指一切与医疗纠纷第三方调解发生相互作用、相互联系,且有助于提高调解结果科学性和公正性的机制或方式,不限于具体的组织或部门,多元化纠纷解决机制便是一项能够实现诉讼内外解纷的良性循环,以及自行和解、人民调解、行政调解、行业调解、诉讼调解等医疗纠纷解决机制有机结合的衔接机制。

(一)建立多部门衔接机制是医调委建设过程中的必由之路

早在2010年司法部、卫生部、保监会联合出台的《关于加强医疗纠纷人民调解工作的意见》中,便指出"各级司法行政部门、卫生行政部门要积极与公安、保监、财政、民政等相关部门沟通,指导各地建立医疗纠纷人民调解委员会,为化解医疗纠纷提供组织保障。"2016年1月5日,司法部、中央综治办、最高人民法院、民政部联合发布的《关于推进行业性专业性人民调解工作的指导意见》中表明,司法部、中央综治办、最高人民法院、民政部都要将医调委建设、指导工作纳入自己的职责范围,切实加强各相关部门对医调委的组织领导,从而提高医调委的专业性,不断提高调解成功率,全力化解医疗纠纷。《医疗纠纷预防与处理条例》第5条规定:"县级以上人民政府应当加强对医疗纠纷预防和处理工作的领导、协调,将其纳入社会治安综合治理体系,建立部门分工协作机制,督促部门依法履行职责。"因此,建立多部门衔接机制是医调委建设过程中的必由之路。

(二)建立医调委与医疗机构之间的衔接机制是医患关系处理需要

建立医调委与医疗机构之间的衔接机制,首先可以加强医疗机构对医疗纠纷调

解组织的信任,促进医疗机构对医疗纠纷调解组织工作的认可,将纠纷交给医调委解决,实现纠纷由院内转移至院外。其次,通过医疗机构与医调委之间的衔接机制,开展纠纷预防工作,保证医疗机构在院内积极宣传医疗纠纷调解组织,促进患方对医疗纠纷解决途径的认识,在其权益受损时,能够通过合法文明的途径解决,而不是通过"医闹""暴力伤医"等方式。再者,建立衔接机制可以实现医疗纠纷调解组织在纠纷发生的第一时间介入纠纷,及时处理问题,防止矛盾恶化,增强医患之间信任感,促进医患关系和谐稳定。

(三)与其他解决方式的衔接是医疗纠纷第三方调解制度本身的需要

由于医疗纠纷所涉及的医学领域专业性强、疑难复杂案例多,为保护医患双方合法权益,调解中常常需要医学专家对争议纠纷进行医学层面的责任判定。医疗纠纷调解工作还涉及法学、心理学等专业知识,较为复杂,对调解员有较高的要求。因此,建立一支专业调解队伍是提高医调委专业性的首要任务。通过建立医调委与司法行政部门、卫生行政部门、人民法院等相关部门的衔接机制,由这些部门开展对调解员的专业培训,从而加强医疗纠纷人民调解员队伍建设。

三、建立医调委与医疗机构、行政机关、司法机关的衔接机制

应急联动机制的完善和有力的体系支持是医患纠纷第三方调解中心保持生命力的基础。医调委单靠自身的力量无法化解一场医患矛盾。需要医院、公安、政府、媒体、保险、社会救助等不同部门的共同配合。首先医院和第三方调解中心建立密切的联合,保持信息畅通。如派调解员去纠纷多的医院巡点,及时向中心报告纠纷动态。由此使调解介入更主动,也易于将纠纷化解在第一线。另外第三方调解机构保持与公安部门的密切联合,可以在第一时间借助公安的力量维持医疗机构的工作秩序。如在医调中心设立警务室的方法值得推广。媒体的力量也不容忽视,对于引导老百姓遇到医患纠纷,用法治的力量来维权是重要助力。因此要加大对医疗纠纷第三方调解的宣传力度。目前,第三方调解机制的运作迫切需要各个方面的理解和支持。

(一)建立医调委与医疗机构的衔接机制,促进医疗机构对医调委工作的认可

各医疗机构应当对医调委的各项信息包括受案范围、调解程序、办公地点、办公电话等进行公示。通过这样扩大宣传和普及,提高医调委的知晓度,引导医患双方选择医调委解决纠纷。医疗机构发生纠纷时,医调委及时主动介入,将纠纷外引,促

进双方沟通,消除误会和矛盾,有效避免"医闹"与"暴力伤医"等恶性医疗纠纷的发生。纠纷调解中,医调委应遵循中立、公正的原则;医疗机构对医调委的工作给予一定支持,比如提供案件相关资料,配合医调委的调查工作,允许医调委工作人员对涉事医务人员进行一定的访问等,从而共同提高纠纷解决效率。纠纷解决后,医调委对医疗机构进行及时的反馈,通过纠纷案件的统计分析,总结纠纷发生原因,向各医疗机构提出针对性预防策略。医疗机构或医务人员存在过错的,医调委积极主动提出建议,促进医疗机构及时改正,有效防止同样错误再次发生。

(二)建立医调委与行政主管部门的衔接机制,提高医疗纠纷调解的专业性

司法行政部门、卫生行政部门等行政主管组织建立专家库、对医调委调解员展开专业培训,全面提高医调委的调解专业性。由卫生行政部门负责建立医学专家库,为医调委工作过程中遇到的疑难案件提供咨询,充分保证责任判定的专业性。鉴于调解员有限的法律知识,司法行政部门还应当组建法学专家库,为调解员提供专业法律咨询,帮助医调委做到依法、规范调解,并对医调委调解员的工作进行定期评估,帮助他们不断改进工作。卫生行政部门和司法行政部门联合或分别组织医调委调解员进行医学、法学、调解技巧等培训,不断提高医疗纠纷人民调解员的法律知识、医学专业知识、业务技能和调解工作水平,建立一支专业的医疗纠纷人民调解员队伍,保证医调委的专业性。

(三)建立医调委与人民法院的衔接,促进调解结果的认可

要保证调解协议的履行,最有效的方式便是与人民法院建立衔接机制,对调解协议进行司法确认,将人民调解协议所欠缺的部分在法治框架下予以解决,从而提高协议履行率。医调委与人民法院的衔接方式形式多言,如人民法院建立司法协议确认的快速通道,对于医调委制作的调解协议,当事人申请司法确认的,法院应当优先进行;人民法院通过选任人民调解员担任人民陪审员、邀请人民调解员旁听民事案件审理等形式,对人民调解工作进行业务指导,提高人民调解员的业务能力;诉调结合,将医调委调解作为医疗纠纷案件的诉前程序,或者医调委成员参与法院诉前调解,不仅有利于充分发挥医调委在医疗纠纷处理方面的专业性,也能够大幅节约司法成本。

四、医疗纠纷的第三方调解协议司法确认

(一)医疗纠纷调解协议司法确认的含义

为了使医患之间已达成的调解协议发挥积极的作用,增强其权威性,我国法律及司法解释作出明确的规定,调解协议经过司法确认程序后,就具备了法律执行的效力。2010年最高人民法院发布了《关于建立健全诉讼与非诉讼相衔接的矛盾纠纷解决机制的若干意见》,该意见规定:"经行政机关、人民调解组织、商事调解组织、行业调解组织或者其他具有调解职能的组织调解达成的具有民事合同性质的协议,经调解组织和调解员签字盖章后,当事人可以申请有管辖权的人民法院确认其效力。"该意见确立的司法确认制度被2011年1月1日起施行的《人民调解法》通过立法对司法确认制度予以明确。2011年3月最高法院发布的《关于人民调解协议司法确认程序的若干规定》初步建立了司法确认程序。2012年9月修订的《民事诉讼法》,从根本上解决了民间调解协议的法律效力。即该法第十五章"特别程序"增设的"确认调解协议案件"一节确立了调解协议的司法确认程序,明确规定各级法院对当事人自愿达成的民事纠纷调解协议,赋予其法律执行的效力。

医疗纠纷调解协议司法确认是指对于涉及的医患之间权利义务的纠纷,经中立的第三方居间调处,达成纠纷解决的具有民事合同性质的协议,经调解组织和调解员签字盖章,或双方当事人签署协议之后,医患双方共同到有管辖权的人民法院申请确认其法律效力的活动。司法确认是人民法院运用司法权对人民调解工作给予的一种有力支持和保障,同时也是对当事人的司法救济和司法保障。

(二)医疗纠纷调解协议司法确认的意义

1. 增强医疗纠纷非诉讼调解的强制执行力

非诉讼调解的薄弱点在于缺乏能够强制当事人履行调解协议的力量,不论这种强制是现实的强制还是潜在的强制。审判方式较调解方式的优势就在于其裁判结果具有强制力量。对医疗纠纷调解协议进行司法确认有利于充分发挥调解的作用,增强强制执行力。

2. 节约司法资源、降低诉讼成本,维护医患和谐

医疗纠纷是社会矛盾在特定领域的集中反映。医疗纠纷中涉及的专业知识较多,处理起来纷繁复杂。医疗纠纷调解为患者争取了部分"话语权",使之与医院沟通更对等。调解亦最大限度地节约社会和当事人在纠纷解决中的成本,促进司法资源和效益的最大化,有效补救司法和诉讼偏弊。它的存在符合当代自主、自

律、平等协商的精神,在现代社会越发凸显其纠纷解决、保障当事人意思自治、协调社会关系和提供积极对话渠道等不可或缺的作用。

(三)医疗纠纷调解协议的司法确认注意事项

司法确认程序客体范围的扩大化、司法确认案件之裁判文书的秘密化和司法确认案件之考核权重的失当化是司法确认程序当前存在的主要误区。公众对国家健全司法制度的需求并未满足,医疗纠纷调解协议司法确认制度在现实应用中仍存在着问题。

1. 司法部门对调解协议的司法确认指导欠缺

医疗纠纷调解协议的司法确认使用较少,图节省时间、减少麻烦遇到问题就鼓励群众走诉讼程序,忽视调解协议司法确认同诉讼程序同样具有法律执行效力且更加便捷群众的特点。使得医疗纠纷第三方调解制度逐渐背离为减少司法资源浪费的初衷,导致无法发挥其正常的定纷止争的作用。

2. 调解员素质能力达不到司法确认的标准

医疗纠纷有其特殊的专业性,所以在调解过程中需要专业人士提供专业知识以达成协议。有的调解员在调解工作中显现了其文化知识欠缺,或一味按自己所谓的经验办事,数十年不进行变革更新,极个别的调解员调解态度恶劣,一味敷衍了事,为一己私利收受当事人好处等,使得调解协议达不到司法确认的标准。

3. 协议审查范围及审查方式

法院对医疗纠纷调解协议的审查,可以分为形式审查和实体审查两类。形式审查仅仅是审查申请确认的事项是否属于法院的管辖范围、当事人是否具有相应行为能力等事项。因医疗纠纷有其特殊性和专业性,有时医疗纠纷所涉及的是患者的健康甚至生命,因此形式审查的内容不足以确保医疗纠纷调解协议的司法确认公平公正,切实保护当事人双方的权益。实体审查是指既要审查程序性事项,还需要审查调解协议是否是当事人双方的真实意思表示、是否违反法律、是否损害国家和集体的利益以及第三人的合法权益,是否损害公序良俗等。由此保障医疗纠纷调解协议执行工作的顺利展开。审查的方式有三种。第一,书面审查。只需要当事人提交书面申请、调解协议、当事人的相关证明材料,法官仅仅审查当事人提供的书面材料,并且以此作为是否确认调解协议的基础。第二,庭审审查。法官不仅审查书面材料,并且要询问当事人,以便法官详细了解案情,在必要时,主持调解的人民调解员也会被要求出庭说明有关情况。第三,书面为主,当面询问为辅。《最高人民法院关于人民调解协议司法确认程序若干规定》中规定的审查方式就属于此类。在司

确认过程中，审判人员如果认为调解协议符合了确认的条件，在审查当事人申请、调解协议、当事人的相关证明材料的基础上直接做出予以确认或不予确认的决定。但是，如果法官在审查中认为当事人所提供的材料不充分或者有疑义，可以询问当事人或要求其补充相关材料。书面为主，当面询问为辅的审查方式可以充分保护当事人，化解矛盾纠纷，树立人民法院的司法权威，有利于维护社会和谐。

第四节　医疗责任保险理赔处理

一、医疗责任保险概述

(一)医疗责任保险的含义

医疗责任保险是指，投保医疗机构和医务人员在保险期内，因医疗责任发生经济赔偿或法律费用，保险公司将依照事先约定承担赔偿责任。具体地医疗责任保险是指按照权利义务对等的原则，由保险公司向被保险人收取一定的保险费，同时承担对被保险人所发生的医疗事故给付赔偿金的责任。既可由医生个人投保，也可由医院投保，保险公司承担医疗机构及医务人员在从事与其资格相符的诊疗护理工作中，因过失发生医疗事故造成的依法应由医院及医务人员（即被保险人）承担的经济赔偿责任。

20世纪80年代末，医疗责任保险开始进入中国人的视野，部分地区开始对医疗责任保险进行尝试。目前，第三方调解模式成熟的北京、上海、天津、福建、山西等省(市)已基本实现医疗责任保险的统保，建立了包括医疗纠纷人民调解中心与医疗责任保险相结合的医疗纠纷处理机制，形成了各具特色的模式，如北京模式、天津模式、南平解法以及宁波解法等。

(二)医疗责任保险构建原则

1. 健康权至上的原则

保障公民健康乃卫生法领域重要原则，是基于宪法规范的具体和延伸。我国《宪法》规定："国家发展医疗卫生事业……保护人民健康。"基本医疗卫生服务发展至今，日益凸显公民健康权的重要性及其意义。以保护公民健康权为最高宗旨，应当是所有公共卫生政策有关法律规范和社会规范确立与践行的原则、出发点和最高目标。回归医疗责任保险模式的构建，其实质是对《侵权责任法》中医疗损害补偿机制的二次分配，强化医疗机构的诉讼力和赔偿力，以定纷止争。经由分配正义理念的指引,医疗责任保险介入公共卫生产品,其商业属性弱化,而公益属性强化,不可避免受到公共卫生政策的管制和约束,必须在市场与公益之间自我调适,以"公益为主,市场为辅",不得偏离服务公民健康的宗旨。

2. 促进医学发展原则

医疗责任保险并非单纯是为抵御医疗风险,分散损失并转移支付能力,更应当在医学发展中扮演好激励者角色,鼓励正当冒险医疗,减少防御性医疗。冒险医疗与防御医疗处于正常医疗的两极,对于医学的发展都存在或正或负的影响力。有研究表明,医疗过失责任保险费的变化与医疗服务的减少或停止具有显著的相关性。同时,医疗责任保险服务和理赔方面的深广度也间接影响医方的医疗行为。如果保险成本与理赔成本偏高,对医方医疗行为不但是负激励,还会引发防御性医疗,束缚医学发展。将医疗损害责任保险定位于预防医疗损害、分散医疗风险、促进医学发展的激励工具,体现了功利主义的法学思维和侵权法的立法本意,满足我国公共卫生政策的政治公益诉求。

3. 利益共同体原则

由于医疗责任保险涉及医方、患方、保险机构、政府等多方的利益于是就产生"管制"与"自治"、个人利益与公共利益、个人利益之间的博弈。医疗服务具有私人产品和公共产品的双重属性。政府对公共产品享有当然的管制权:一方面,政府积极干预医疗责任保险双方的自治,对医疗责任保险关系主体进行有效的管理和控制;另一方面,政府要尊重保险双方的自主协商与合意,将保险合同关系交由双方自己调节。在管制与自治中多方主体的循环博弈,应当遵循利益共同体的原则,即根本目的是为了使整个社会的收益增大其对于涉及经济、法律和公共利益的医疗责任保险的制度设计,存在一个公平和效率的价值目标平衡问题。保障医疗责任保险各法律关系主体各自享有的健康权、行医权、保险权、参与权及救济权等等,需要认真研究如何在制度设计和司法实践中良性运作,以实现利益共同体原则下的最优模式和价值目标。

(三)与医疗责任保险相关的主体

1. 政府部门

就医疗服务公共产品属性而言,政府具有一定的管理权力,一般通过经济手段、推行政策、制定法律等方式实现监管。政府在推进医疗责任保险进程中主要采用政策手段,以纲领、决议、指示、命令、办法等方式。政策是国家或政党为实现一定的政治、经济、文化等目标任务而确定的行动指导原则与准则,通过制定政策,以确定行

动的目的、方针和措施。

2. 保险公司与医疗机构

医疗责任保险作为一种保额相对较高的商业险,由于国家政策推行行政指令性强制保险后,掺杂了些许公益色彩,仍需遵循保本微利的原则。但在现有法律未对保险公司与医疗机构的法律关系作出精细化规定时,其主导和控制作用显而易见,有时甚至会牵制调解和侵权诉讼的策略。由此产生了保险经纪公司等中介组织,从中起到一定的沟通协商、合理评估的平衡作用。

保险公司与医疗机构作为平等民事主体签订医疗责任保险合同。医疗责任保险合同作为特殊的民事合同,由于多方利益主体的介入,使得二者产生不平等的微妙关系,既相互合作又相互牵制,但保险公司始终处于主导地位。保险合同中保险费率的制定、双方权利义务的厘定、理赔过程中的抗辩决定权等格式条款,医疗机构并没有协商的余地,政府从中调控的力度微乎其微。

3. 第三方调解机构等纠纷解决机构

2010年出台《关于加强医疗纠纷人民调解工作的意见》鼓励各地按照"调解优先"原则,引入第三方调解工作机制。医疗纠纷解决机制在全国范围内逐步形成以第三方调解为主、行政调解、仲裁和诉讼为辅的格局。第三方调解机构与医疗责任保险公司是紧密联系、相互影响的两个单位。一些保险公司的《医疗责任保险统保项目保险协议书》中会列明:"保险人接到被保险人的索赔申请后,有权聘请专业技术人员参与调查,但调查意见作为人民调委会调解参考,处理意见应尊重人民调委会的调解意见。"可见,第三方调解机构的调解效力相较保险公司的调查评估意见更具权威性;由保险公司筹建医疗责任保险理赔服务中心,并与医患调解处置中心建立密切联系的工作机制。因此,调解应在自由和效率最大化的维度内又确保法律的公正、公平、正义的理性。2018年10月1日起施行的《医疗纠纷预防和处理条例》明确规定:财政、民政、保险监督管理等部门和机构按照各自职责做好医疗纠纷预防和处理的有关工作。国家建立完善医疗风险分担机制,发挥保险机制在医疗纠纷处理中的第三方赔付和医疗风险社会化分担的作用,鼓励医疗机构参加医疗责任保险,鼓励患者参加医疗意外保险。

二、医疗责任保险理赔处理机制

(一)医疗责任保险的责任与责任免除

1. 医疗责任保险的责任

对于医疗责任保险的责任,有以下三种观点。医疗损害说:即把医疗机构无过

错和有过错的医疗损害都纳入承保范围。医疗差错说：即把因医务人员过失所引起的医疗事故和不构成医疗事故的医疗差错纳入承保范围，不涵盖医疗意外和医疗事故事件。医疗事故说：即仅仅把因医务人员过失所引起的医疗事故纳入承保范围。

医疗责任保险在我国属于医疗机构责任保险，即属于法人保险；一般由医疗机构作为投保人，对于其医务人员在诊疗过程中因过失而给患者造成损失的，医疗机构作为被保险人所应承担的损失由其保险人按保险合同约定承担。所谓过失是指因疏忽而犯的错误，即医务人员在诊疗护理工作中对自己的医疗行为应该预见到会有不良后果，但却未能预见，或因过于自信而使病人造成不良的后果。可见，我国医疗责任保险的范围采用的是医疗差错说。与《侵权责任法》相吻合。

2014年7月9日国家卫生计生委、司法部、财政部、保监会、国家中医药管理局发布《关于加强医疗责任保险工作的意见》（以下简称《医责险意见》）规定："要统一组织、推动各类医疗机构特别是公立医疗机构实现应保尽保。到2015年底前，全国三级公立医院参保率应当达到100%；二级公立医院参保率应当达到90%以上。"到2017年底许多地区取得了一定成绩，如上海、安徽等省、市，但是《医责险意见》落实的情况还有许多不如人意的地方，比如一些省份的医疗责任保险范围只集中在个别市县地区，没有做到真正的全面覆盖，离《医责险意见》中的目标还有距离。

2. 医疗保险的责任免除

责任免除又称除外责任，指根据法律规定或合同约定，保险人对某些风险造成的损失补偿不承担赔偿保险金的责任。责任免除是保险合同中规定保险人不负给付保险责任的范围。责任免除大多采用列举的方式，即在保险条款中明文列出保险人不负赔偿责任的范围。从逻辑上讲，责任免除中列举的内容本属于保险责任范围，但从中予以剔除。各大保险公司设计的医疗责任保险都设计了责任免除条款，即被保险人由于条款中列举的原因造成了损失、费用和责任，保险人不负责赔偿。

（二）被保险人范围

我国的医责险中被保险人指依法设立、有固定场所并取得《医疗机构执业许可证》的医疗机构。各地在医责险理赔实践中，被保险人一般以缴费名单为准。真正法律意义、商业意义上的医疗责任保险被保险人范围应包括：

1. 法人型医疗机构，包括公立医院、私立医院。
2. 法人型医疗机构的临床科室。
3. 法人型医疗机构的医护个人。
4. 医生集团。

5. 多点执业医生。

6. 个人诊所。

(三)理赔程序

加快培养同时具备医学、法学和保险学专业知识的核保和理赔人员,强化服务意识,建立稳定专业的服务团队,优化理赔程序,拟定理赔标准化规范,及时迅速进行赔付。

保险公司的理赔包括受理、告知、调查、答复、协商和调解、理赔与核算、反馈与报告。

1. 受理

医院出现医疗纠纷后报案,保险公司会确保及时到达现场受理。随后,医疗纠纷调解委员会及时将医疗纠纷处理从医院内转移到医疗机构外,表明身份,及时了解情况。

2. 告知

理赔处理中心受理纠纷后,口头或书面告知医患双方在医疗纠纷处理中的权利、义务及医疗纠纷处理的办法、途径、程序和地点。

3. 调查

理赔处理中心在规定的时间内组织对医疗过程的调查;调查后,理赔处理中心集体讨论和评估。

4. 答复

理赔处理中心在规定的工作日内告知患者初步评估结果,并做好解释工作。

5. 协商和调解

经调查会诊或医疗损害鉴定,表明医疗机构及其医务人员存在医疗过错、医疗过失或医疗事故并应承担责任的,由理赔处理中心代表医疗机构与患方进行协商。理赔协商成功,双方同意签订调解协议。

6. 理赔与核算

经理赔处理中心协商、医调委调解达成协议的,以及人民法院调或终审判决的,理赔处理中心将协议或调解书、判决书、填写的《赔偿各项费用计算书》提交保险机构进行理算、核赔、支付赔款。理赔处理中心在规定工作日内按赔付协议主动支付赔款。

7. 反馈与报告

医疗纠纷处理完毕后,理赔处理中心向医疗机构及其主管机关反映有关医疗纠纷处理情况,提出防范医疗纠纷的建议和意见。

三、我国医疗责任保险推进过程中存在的问题

(一)医疗责任保险实施的强制性不足、投保随意

由于现阶段医疗责任保险立法相对缺位,从目前各地医疗责任保险推进情况看:一是投保主体以公立一级及以上的医院为主,民营医疗机构投保意愿不强,作为体制外的医疗机构,属于自愿参保范围,因此,存在侥幸心理。民营医疗机构的接诊人数较多,但自身风险防范能力却较弱,实际上更需要纳入投保范围。参保率有待进一步提高。二是从续保率低,少数公立一级及以上的医疗机构在一年期医疗责任保险到期后,选择风险自留。

(二)医疗责任保险产品同质化严重、费率厘定缺乏科学性

医疗责任保险产品品种单一、保险责任相似,无法满足不同医疗岗位面临的不同风险转嫁需求。而且由于我国医疗责任保险起步较晚,保险机构缺乏相关历史数据资料,往往是根据风险评估或者参照和借鉴国外的一些经验做法进行的损失概率估算,因此与实际概率之间的误差客观存在,由此厘定的保险费率并不能很好地体现投保人面临风险的可能性大小。

(三)医疗责任保险相关服务不完善

医疗责任保险对承保和理赔工作人员的要求较高,需要同时具备医学、法学和保险学专业知识。目前,保险企业兼具专业医学、法学知识的从业人员较少,难以为医疗机构和患者提供满意的保险服务。医疗机构面对复杂的投保和理赔程序,以及投保后依然需要自己面对医患关系的协调处理问题,逐渐倾向于风险自留。

(四)相关宣传教育培训不到位

医疗机构在购买医疗责任保险时,首先是计算收益与成本是否平衡,而没有真正理解保险的目的和性质。医疗机构医疗安全管理与医疗风险防范意识欠缺。基于对市场各方成熟度的考虑,对医疗责任保险的公众宣传踯躅不前。

四、推进我国医疗责任保险的路径选择

(一)确立医疗责任保险实施的法律强制性

目前医疗责任保险的购买只是具有一定的行政强制性,仍然属于市场行为,应当以立法的形式推动其发展。首先,医疗行为的实验性和摸索性,使得医疗风险与

医学发展并存,而实施强制医疗责任保险制度可以为医务人员构建潜心医术研究所需的良好医学发展环境。其次,由于医疗风险事关国家的公共卫生事业,通过市场行为很难自行分散,同时医疗责任保险虽然直接保障的对象是医疗机构及其医务人员,但是间接保障的是广大患者及其家属,所以需要政府介入。再次,大数定律应用于保险得出最有意义的结论是:当保险标的数量足够大时,通过以往统计数据计算出来的估计损失概率与实际概率的误差将很小,从而使承保条件和费率更加趋于科学性。最后,责任保险既是法律制度走向完善的结果,也是保险业直接介入社会发展进步的具体体现。医疗责任保险作为责任保险的一种,其发展需要立法的推进。

(二)优化医疗责任保险的产品设计

在医疗责任保险产品设计上,应充分考虑不同地域和不同类型的医疗机构、不同科室和不同岗位的医务人员面临的医疗风险特点,梳理出相应的保险责任和责任免除,提高产品的针对性,以满足不同投保人的保障需求。以医疗责任保险作为主险,附加:医务人员遭受伤害责任保险、医疗机构场所责任保险、医务人员法定传染病责任保险等,丰富产品设计,给予医疗机构及医务人员在人身和财产方面更全方位的保障。在费率厘定上,保险公司必须掌握大量的经验数据,依据过去的损失和费用统计记录,对即将发生的损失及费用进行预测。同时要兼顾公平合理原则、充分原则、相对稳定原则和促进防范医疗风险的原则。

(三)提升保险服务质量和水平

从保险企业角度,加快培养同时具备医学、法学和保险学专业知识的核保和理赔人员,强化服务意识,建立稳定专业的服务团队,优化理赔程序,拟定理赔标准化规范,及时迅速进行赔付。缓解医患关系的关键在于通过制度重建医疗机构、医务人员与患者之间的信任。因此,积极推动各地医调委的建设,提升医调委的专业性,完善调节机制,由保险公司、医调委与医疗机构一起协调处理医患关系。

(四)强化医疗责任保险的宣传教育培训

加强对医疗机构及医务人员的保险意识培训。保险是一种危险损失转移机制,它使众多单位和个人结合起来,变个体对付危险为大家共同对付危险,从整体上提高了对危险事故的承受能力。针对医疗机构及医务人员、公安、司法及相关部门开展医疗安全管理与医疗风险防范培训,以多方联动、快速处置、有效转移医疗风险,解决医疗纠纷。通过多渠道、多形式积极培育成熟、理性的医疗责任保险市场。

思考与练习题：

1. 医疗纠纷第三方调解方式有哪些？
2. 国外医疗纠纷第三方调解机制有何特点？
3. 医疗纠纷人民调解委员会运行中的功能冲突有哪些？
4. 什么是医疗纠纷调解协议的司法确认？有哪些注意事项？
5. 医疗责任保险的含义是什么？
6. 如何理解我国医疗责任保险理赔处理机制？

（哈尔滨医科大学　王萍）

参考书目

黄丁全．医事法[M]．北京：中国政法大学出版社,2003．
黄丁全．医疗 法律与生命伦理[M]．北京：法律出版社,2004．
蒲川．医疗侵权行为法研究[M]．成都：电子科技大学出版社,2006．
龚赛红．医疗损害赔偿立法研究[M]．北京：法律出版社,2001．
柳经纬,李茂年．医患关系法论[M]．北京：中信出版社,2002．
王利明．合同法[M]．中国人民大学出版社．2016．
刘鑫．医事法学[M]．中国人民大学出版社．2015．
梁慧星．民法总论[M]．法律出版社．2011．
韩世远．合同法总论[M]．法律出版社．2011．
刘铭荦．我国医疗服务合同立法研究[D]．华中科技大学．2013．
吴玉玺．医疗合同典型化研究[D]．中国人民大学．2017．
陈征．医疗服务合同研究[D]．中国政法大学,2012．
李云霞．医疗服务合同重要法律问题初探[D]．中国政法大学．2010．
李海洋,薛雷．论医疗合同的特征[J]．法制与社会．2011(3)：258－259．
黄洪强,彭学．医疗服务合同的违约责任研究[J]．赣南医学院学报．2010(5)：700－701．
易琳．论医疗合同的性质[J]．新疆职业大学学报,2018(3)：83－85．
陈绍辉,俞大军．论医疗违约行为的认定及其标准[J]．医学与哲学,2014(11)：56－59．
潘宏丽．论医疗合同中的附随义务[D]．黑龙江大学．2010．
袁凌音．医疗服务合同法律适用研究[D]．河南大学．2015．
朱夏娣．医疗合同中的附随义务研究[J]．医学与社会．2006(11)：36－37．
林志红．医疗合同有名化的探讨[J]．湖北经济学院学报．2011(2)：77－78．

宋儒亮.论医疗服务合同与人身损害[J].中国循证医学杂志.2005(11):64—71.

敬梓源,陈承哲.医疗服务合同能否适用《消费者权益保护法》—关于赵某医疗纠纷案的法律分析[J].法制与经济,2015(11):94—95.

周艳.论医疗违约与医疗侵权竞合时的民事责任[J].常州工学院学报.2012(1):76—80,111.

郑嘉颖,罗施福.责任竞合视角下医疗损害责任的适用[J].龙岩学院学报,2016(4):73—78.

后 记

党的十九大报告中指出:"人民健康是民族昌盛和国家富强的重要标志。"进入新时代,党和国家高度重视对人民的生命健康权益的保障,提出了实施健康中国战略。为了推进健康中国建设,中共中央、国务院2016年10月颁布了《"健康中国2030"规划纲要》,指出:要加强健康法治建设,加强重点领域法律法规的立法和修订工作。这充分体现了法治建设在保障群众健康权实现过程中的重要地位。

医患关系是在实现健康权保护目标活动中最为重要的一类社会关系,国家能否恰当调整这一类关系,不仅直接影响到群众健康权的实现,而且会对社会稳定发挥重要作用,从而深层次地影响到国家政治、经济、文化等各项事业的全面发展。因此,必须构建医事法律体系,将医患关系纳入法制轨道,采取多种途径调整医患关系,一方面有效预防医患纠纷的产生,另一方面在发生医患纠纷时,能够公平、公正地予以解决。

医患纠纷的解决从《民法通则》到《医疗事故处理条例》,均未能恰当分配医患纠纷中双方的举证责任与利益,医患矛盾愈演愈烈。2010年7月1日开始实施的《侵权责任法》用专章对医疗侵权进行了规定,重新分配举证责任。然而遗憾的是,该法仅仅解决的是医患纠纷发生后有关赔偿的问题,对于"如何预防"并没有立法上的明确规定。为了弥补这一缺陷,国务院颁布了《医疗纠纷预防与处理条例》,2018年10月1日开始实施,这使得"医疗纠纷的多元化解机制"从地方实践升格为国家立法,医事法再向前迈出了坚实的一步。以上法律规范完善了我国医患关系处理的法律制度体系。随着时间的推移,我国的卫生法制建设更加健全,原教材中的部分内容已经过时,迫切需要修订。

因此本教材在事隔12年之后进行了较大修改,在章节上压缩了原有的部分章节内容,使其与卫生法学教材有更大的区分度,修订的内容主要体现在对原有错误和过时的内容的更正和删除,对新的内容的增加和完善。在横向上纳入了最新的有关医事法律的理论与法律规范;在纵向上理清了医事法发展的历史脉络,从而帮助读者更深刻地理解现行法律规范的价值与未来发展趋势。

　　本教材由重庆医科大学、大连医科大学、哈尔滨医科大学、天津医科大学、昆明医科大学、西南医科大学、成都医学院等院校共同编写完成，按照编写顺序，编写者为：蒲川（第一章）、罗秀（第二章）、张放（第三章）、孙雪（第四章）、王安富（第五章）、蒋祎（第六章）、李晓堰、邓虹（第七章）、冯磊（第八、九章）、彭艳霞、邓虹（第十章）、田尧（第十一章）、王萍（第十二章）。本书由蒲川、王安富、蒋祎、罗秀统改定稿，由蒲川审定，重庆医科大学硕士研究生刘茜、白钧琪、贺玲玲、黄锐协助进行了校对和统稿。

　　本书在修订的过程中，得到了许多同行专家的理论指导。同时参阅借鉴了许多专家学者的研究成果，在此一并表示感谢。

　　由于修订时间相对仓促，虽尽努力，但缺点错误恐难避免。希望同行专家学者不吝赐教，提出宝贵意见。

编者
2020 年 4 月